別人怎麼愛你，
都因為你怎麼愛自己

黃啟團——著

作者序
從「我」到「我們」

兩個本來獨立的個體生活在一起，不是一件容易的事。雖然今年是我走進婚姻的第三十年，我依然這樣認為。

當然，在蜜月期，關係是甜蜜的。但蜜月期一過，矛盾、衝突就會接踵而來，我太太甚至抱怨我就是根木頭，絲毫不懂得愛。於是，原來的甜蜜美好煙消雲散，取而代之的是失望、痛苦。

幸運的是，我有機會走進心理學的世界，開始明白兩個獨立的「我」是無法親密的，為了保護這個「我」，要嘛身上長滿防衛的刺，要嘛穿起厚厚的盔甲。原來的我之所以像根木頭，就是因為我穿著厚厚的盔甲。兩個相互防衛的人又如何能夠親密呢？

親密，是從「我」到「我們」的過程。在心理學的幫助下，我慢慢卸下自我防備的盔甲，嘗試在伴侶面前敞開自己，用真我與對方連接，讓兩個「我」變成一個「我們」。當我這樣做的時候，開始變得有血有肉，就如我太太所說，我越來越像個人了。

儘管我今天的婚姻依然會有衝突和矛盾，但相比以前實在好太多了，三十年的婚姻，依然是一個在親密、激情和承諾中尋找真我的旅程。所以，我把這個旅程寫成了這本書。我相信，「一根木頭」都可以做到親密，你當然也可以遇見更成熟、美滿的親密關係！

那如何才能由「我」到「我們」，重塑自己的親密關係呢？

托爾斯泰在《安娜．卡列尼娜》一書中說：「幸福的家庭都是相似的，不幸的家庭各有各的不幸。」但以我二十多年的婚姻諮詢經驗來看，可以把這句話改一下，反過來說——「不幸的婚姻都是一樣的，幸福的婚姻各有各的幸福。」因為我發現，不幸的婚姻之所以不幸，是因為絕大多數人都犯了一個致命的錯誤，那就是錯把需求當成愛。

什麼是「愛」呢？所謂愛就是，你願意為你愛的人奉獻和付出，希望他的人生因為你而過得更加美好，這種發自內心的付出就叫愛。

需求是索取，愛是奉獻。

所以，你對你的伴侶是出於愛，還是只是因為你需要他？

需求的背後是匱乏。

當一個人內心匱乏之時，表現出來的其實都是需求。在一段親密關係中，如果彼此都期待對方來滿足自己的需求，一定會以失望告終，因為沒有誰可以完全滿足對方的需求。當需求得不到滿足時，人就會失望。長期失望的累積就會變成抱怨、指責，甚至攻擊，原本親密的關係就會走向冷淡、疏離，這也是大多數關係破裂的根本原因。

而愛的前提是富足。

當一個人內心充滿了愛，他自然就懂得去愛別人。因為，愛是內心富足後的自然反應，它是付出、是奉獻，而不是索取。當關係雙方都願意為對方奉獻，都由衷地希望對方因為有「我」而變得更好時，關係自然會親密，婚姻自然會幸福。

可惜，我們中的絕大多數人總習慣於在關係中索取，卻不懂得奉獻。為什麼呢？答案很簡單，因為我們內在的匱乏。飢餓的人，其焦點都在尋找食物上；而吃飽了的人，自然懂得分享。愛也一樣，從小缺愛的人就像飢餓的人一樣，會到處尋找愛。可是，一個人永遠給不了別人自己都沒有的東西，只有充滿愛的人才有能力去愛。這就是親密關係的秘密所在。

如何才能讓自己充滿愛呢？

一個曾被這個世界溫柔以待的人，也會溫柔地對待這個世界；一個曾被粗暴對待過的人，往往會用同樣粗暴的方式對待這個世界。被愛過才有能力去愛別人。遺憾的是，我們中的大多數人都或多或少地存在愛的缺失。親密關係中的很多人也並不是不愛，只是愛而不得法。所以，一段關係的美滿和幸福，至少需要其中一方開始學習、成長和療癒，當然，如果雙方能夠一起成長會更好。這本書講述了在親密關係中成長和療癒的方法，這些方法曾經像一束光一樣照亮過我的人生，療癒了我的親密關係，我相信同樣能療癒你的親密關係。我希望把這些光分享出去，照亮更多人的生命。

一段關係的破裂，不僅事關兩個人，還關係到幾個家庭以及孩子的一生，所以，為了你愛的人和愛你的人，花點時間學習改善親密關係的方法吧。任何能力都需要用心學習，愛的能力也不例外。我相信，只要你願意學習和成長，不管你現在的親密關係如何，以後都可以變得越來越好。

作為一名從業超過二十年的心理學導師，我有一個基本原則：做我所講，講我所做。所以，我的每一部作品分享的都是自己歷經風雨過後的一點收穫，以及幾十年的心理學從業經驗和思考。

我從貧困的小山村到在大都市擁有立足之地，從上班族到老闆，從老闆到投資人，再從投資人到作家……我的人生實現了層層突破，於是我寫了一本書叫《圈層突破》，分享給更多想要突破固有階層，從而過上不一樣人生的朋友。

我從心理學中汲取了豐富的營養，人際關係也得以改善——從原來的衝突不斷，到今天能夠跟不同類型的人和諧相處、愉快合作甚至成為朋友。心理學改變了我，我也從中發現了一些人際關係的規律，所以我寫了一本書叫《別人怎麼對你，都是你教的》，跟大家分享如何調整自己的人生模式，活出全新的自己。

我曾經窮困潦倒，為錢所困，今天基本上實現了財富自由，雖然算不上什麼有錢人，但從貧困到富足，我算得上一個「過來人」，也總結了一些賺錢的心得和方法，希望這些心得和方法能夠幫那些跟曾經的我一樣為錢所困的人早日跳出困局，所以我寫了一本關於財富的書，叫《別人怎麼賺錢，是你不會的》。

我從事心理學傳播事業二十多年，自己的人生發生了巨大的改變，也見證了數以十萬計的學員的人生發生改變。讓生命發生改變的工具是語言，我領略了語言的威力，也掌握了一定的語言技巧，所以我寫了一本書叫《別人怎麼對你，都因為你說的話》。

透過分享，我影響、幫助到了更多的人，這是我一直以來都在做的一件事情，也是我著書立說的全部理由。

而這本《別人怎麼愛你，都因為你怎麼愛自己》，是我至今所思所得最精華也是寫得最用心的一本。

希望它能夠真正幫助你解決親密關係中的困惑。

最後，感謝我太太在過去三十年來對我的包容和接納，沒有她的包容和接納，我沒有機會走到今天。同樣，我也希望正在讀這本書的你，能給你的伴侶多點包容和接納，兩個不同性別、不同出生背景、不同價值觀的人生活在一起，需要彼此顧念才能走得長遠。

願天下有情人終成眷屬，更願已成眷屬的有情人能親密、幸福地生活。

目錄

Chapter 4

承諾：讓親密關係可以長久的力量

結語

附錄

Chapter 1

什麼是愛？別錯把需求當成愛

那些笑著嫁給「愛情」的人，後來為什麼哭了？

「這個世界很公平，你以什麼樣的方式得來的愛情，最後也會以什麼樣的方式失去。」

——電影《如影隨心》

為什麼我們會愛上一個自己討厭的人？

大多數人結婚前都對婚姻有一種美好的憧憬，比如誓詞裡說的「白頭偕老」、「不離不棄幸福永遠」，還有所謂的「嫁給愛情」。

這些誓詞聽起來很暖人心，可是一項心理學研究的數據卻讓人寒心：那些因為「愛情」，尤其是「一見鍾情」而靠近彼此的伴侶，至少有80％都堅持不過三個月……即便走進了婚姻殿堂，也未必就能相守到老。二〇一八年的數據顯示：一九八七年至二〇一七年，三十一年來，結婚率連續四年下降，離婚率連續十五年上漲，上漲了六．五三倍，近五年來晚婚現象明顯……

我在課堂上、諮詢中也見到太多情侶訴說從相愛結婚時的幸福慢慢走向平淡、冷漠，甚至是惡意攻擊、彼此傷害，到最後疲憊不堪的經歷。他們說得最多的話是：「我真是瞎了眼，怎麼會嫁／娶了這樣的人。」

當初明明愛得死去活來，如今怎麼就「瞎了眼」呢？難道當年的愛是假的？

如果是假的，當年怎麼會有那麼強烈的感覺呢？

如果是真的，今天怎麼會覺得自己瞎了眼呢？

當局者迷，旁觀者清。也許別人的故事能讓你更容易看清自己。

在過去的二十多年裡，我做過數不清的婚姻諮詢，我試著把常見的故事歸為如下幾個類型：

「幽默大師」與「完美主義者」

王七先生是個典型的幽默大師。他在跟我訴說和太太李一婚姻中的種種痛苦時，都是笑著的，時不時還鋪個哏，像在說脫口秀。

和太太認識是在他的第一份工作中，李一當時是部門主管。他到現在還記得，那天去公司報到時走進李一辦公室的震撼：桌椅收拾得乾乾淨淨，一塵不染；地板拖得光滑明亮，走上去能映出人影來……不知道為什麼，他對這個比他大好幾歲的女人有種著了魔一樣的感覺。

李一天天都穿白襯衫，永遠熨得筆挺。同事們都私下議論，這是個冰冷、不近人情的女人，但他卻不這麼覺得。他看到她無論遇到什麼棘手的事都能處理得井井有條，跟她在一起，有一種說不清道不明的安全感。他越來越喜歡她了，於是對她展開了猛烈的追求。

一開始李一就拒絕了，她覺得王七簡直太年輕、太衝動了，這不是什麼成熟的選擇，但抵不住他三年如一日的攻勢。更重要的是，跟王七在一起時她感到很快樂，因為王七很會玩，總能變著花樣讓她開心。最終，他倆走進了婚姻的殿堂。

聽到這裡，也許大家都覺得，真好，婚姻就該這樣「互補」，王七一開始也是這樣認為的。當時的他怎麼也沒想到，結婚是痛苦的開始。

李一的「整齊劃一」體現在生活的方方面面：玄關的鞋要仔細擺，擠牙膏必須從底部擠，衣櫃的衣服要從淺到深、從厚到薄依次排開，食不言、寢不語……

兩人每天都為洗澡換衣服之類的小事吵個不停，他覺得自己找了個「管家婆」，簡直煩透了，煩到第一次有了「離婚」的念頭。他不知道，當初那個讓他著迷的女人，如今怎麼就變得那麼讓人討厭了呢？難道自己變心了？

我用催眠的方法把王七帶回他的童年時才發現，原來他有一個嚴苛的媽媽，從小就各種控制他——吃東西要「以碗就口」，被子要疊成「豆腐塊」。可他從小皮得很，沒少挨揍。他煩透了，就和媽媽唱反調，被子從來不疊，鞋子亂扔，反正買把鎖鎖住房間，老媽也沒辦法。

看到這一幕時，他突然驚醒：「天啊，我從十二歲就沒和媽媽住一起了，怎麼還會找一個和她那麼像的人呢？而且，我當時確實被李一迷得死去活來啊……」

是啊，親愛的讀者們，為什麼他逃離了一輩子的媽媽，成年後卻會被和媽媽類似的女人吸引呢？曾經「愛」得有多深，後來痛苦就有多深。到底是為什麼呢？

別急，請看下一個案例。

「受害者」與「迫害者」

可柔是我課堂上的一個學員，她在講台上讓我救救她，說自己在婚姻中變得痛苦而卑微。

起初，故事是很美好的。她二十二歲去銀行辦業務時初遇現在的丈夫，他在銀行上班，幫客戶做理財規劃，溫文儒雅，待人彬彬有禮。

有一次，她忘了把東西帶走，他親自幫她送到公司。她最恨那些粗魯的男人，因為她父親就是那樣的男人。因此，當這個看起來溫文儒雅的男士走進她的世界時，那簡直是上天賜給她的禮物，她像灰姑娘遇到白馬王子般興奮，感覺自己掉進了愛河中。

她說，那時候，無論她看到什麼，不管是自己單調的灰色水泥公寓，還是樓下污水橫流的溝渠，她都能從中看到一片鮮豔的顏色，彷彿有一道彩虹融進了她的雙眼。

但是結婚後，噩夢就開始了。有一次她沒有及時把食物冰起來，惹得他大動肝火，不僅動手打了她，更恐怖的是，他直接把餿掉的食物往她嘴裡塞。她無法想像，這個曾讓她瘋狂的男人怎麼一下子就成了惡魔？不過第二天，他又變回了白馬王子，一直跪在地上認錯，還買了一條漂亮的洋裝給她賠禮道歉。

有人說，家暴只有零次和無數次，這個說法很有道理。自從有了第一次之後，就有了後來的無數次。她在每一次被家暴後都決心離婚，可是第二天這個男人的行為又讓她心軟。從他的懺悔中，她能感受到這個男人是真心愛她的。在沒有家暴的日子裡，她也認定再也找不到比他更愛她的男人了。

他一次次懺悔，一次次變本加厲，一次次買禮物討好她，一次次撕碎她的心。家暴就是一種癮，閘門一次都不能鬆開，一旦奔瀉，就是無邊苦海。

她說自己活在苦海裡痛苦度日，想要掙脫，可是那些沒有家暴的日子又令她無比留戀，哪怕前方是一片水深火熱的苦海……她也說不清到底是為什麼，於是讓我幫她做諮詢。

我帶她「回到」原生家庭時發現，其實她從小就出生在一個充滿暴力的家庭。從記事起，父親就只會做兩件事——喝酒和打人。

兩、三歲的時候她發高燒，家裡依舊雞飛狗跳，沒人注意已經燒得不省人事的小孩，送到醫院時，醫生說再晚來幾小時，孩子的耳朵就一輩子聾了。十九歲考上大學後，她再也沒回過家，特意嫁了一個文質彬彬的丈夫，以為他不像她父親那樣，但是現實卻「啪啪」打臉。

她很不解：為什麼？我明明嫁的是一個很溫柔的人啊，我故意不找和爸爸一樣的，怎麼還會再次走入地獄呢？

是啊，這是為什麼呢？

「討好者」與「指責者」

雪兒是這麼說起和丈夫傲天交往的經歷的：

剛認識丈夫時，她覺得一切都像在夢裡。那時他已經在大學教書了，是最年輕的副教授，讀研究所的她每每看到他在講台上侃侃而談，都一臉崇拜。

他身邊不乏追求者，但一堆人裡，他卻選擇了她。他們亦師亦友，她在學習上從來不主動，作業和論文總是拖拖拉拉的，全靠著他的鞭策，她才能畢業。每當她有壓力時，別的男友可能會安慰自己的女朋友不要心急，但他卻直接指出她的弱點，讓她迎難而上。她不能辜負他的期待，於是，努力用最好的成績回饋他。畢業後，兩人走入婚姻的殿堂，成了眾人眼中的「高知識夫婦」，這可羨煞了一眾女生。

可是慢慢地，雪兒便察覺出了跟傲天在一起，自己真是苦多樂少：他經常數落她這裡沒做對、那裡沒做好；從來不誇獎她，只有指責和打壓——

「這麼簡單的東西都不會，蠢到沒藥醫。」

「就妳這低智商，還想升職？」

雪兒越來越覺得，是自己不夠好，才總是惹他生氣，是自己配不上他。可是，她怎麼也弄不明白，自己當年也是榜首啊，怎麼今天就變成了「低智商」呢？雪兒從小就是一個逆來順受的人，所以不管傲天如何指責她，她都不會跟他爭吵。而且，傲天確實很優秀，是學校最受歡迎的教授之一。

他們倆是熟人眼中的模範夫妻，從來沒有人看到過他們吵過一次架，看起來總是那麼和諧，而且還有一個學習成績優異的孩子，這樣的家庭實在令人羨慕。不過在婚後的第八個年頭，雪兒憂鬱了，整個人陷入了崩潰的邊緣，直到這時，她都覺得既然自己病了，更不能拖累他。

她來到我的課堂，是傲天帶她來的。傲天一再跟我說：「團長，你幫我好好治治她，她太自卑了！」

我給他們夫妻分別做了原生家庭雕塑，卻得出了一個讓所有人都驚訝的結果：這段關係中，比雪兒更自卑的人，是傲天。

傲天是一個自我價值感非常低的男性，從小就在一個充斥著各種負面的家庭氛圍中長大，只要不是全年級第一名，他就是不好的。他清楚地記得，有一次，他考了全年級第二名，父親大發雷霆，連飯都不讓他吃。為了得到父親的認可，他只好拚命努力，最終以榜首的成績考上了頂尖大學。就算如此，他一刻也不敢讓自己鬆懈下來，他必須用各種頭銜來證明自己，因為只要不是第一名，他就會感到十分痛苦。就算是如今，他成了系裡最年輕的教授，他依然拚命努力，彷彿後面總有一隻老虎在追著他，他一刻也不敢停下來休息。

雪兒跟他不一樣，雖然有一個跟傲天父親性格一樣的爸爸，採用各種嚴苛的手段把她逼成了榜首，但自從跟父親分開住後，她就有了一種逃脫魔掌般的解脫感。自離開學校後，她就不再愛看書了，因為當年在父親的逼迫下讀書的感覺實在太苦，她不想再過那樣的生活了。正因為如此，同為榜首的雪兒，在傲天面前才會顯得有點「低智商」。

可是，積極進取的傲天當年怎麼就看上了不思進取的雪兒呢？更讓雪兒很不解的是，既然當年在父親的逼迫下讀書那麼「痛苦」，自己為何會如此「迷戀」傲天的鞭策呢？自己拚命逃離了父親的「魔掌」，怎麼又會主動跳進另一個深淵呢？

「脆弱不堪」與「控制狂人」

依依在向我訴說自己的婚姻時有點喘不上氣來。

她說，剛和丈夫雷霆認識的時候，她只是一家外商公司的小職員。一次參加主管的生日派對，西餐廳裡忽明忽暗的曖昧燈光，一群人推杯換盞開著有顏色的玩笑。隔壁桌一群小混混藉著酒勁過來鬧事，因為她是這一桌裡最年輕漂亮的，所以小混混直接摟著她讓她喝酒。公司同事們看著小混混人多勢眾，誰也不敢站出來為她解圍，她嚇得牙齒都在打顫。

這時，作為受邀客戶代表的雷霆端著酒杯站了起來，擋在她面前，對小混混說：「兄弟，小妹不會喝酒，我代她喝！」拿起一大杯酒直接灌到嘴裡。小混混還是不依不饒，繼續騷擾依依，身材高大的雷霆拿起一瓶啤酒，往自己頭上一砸，手裡拿著半個破碎的啤酒瓶，對那群混混說：「有種衝我來！」那氣勢簡直就是電影中的超級英雄！小混混被他強大的氣場鎮住，都灰溜溜退回去了。

飯局後，他讓司機送她回家，自己卻撐傘走入雨中，她都來不及說句謝謝。看著他雨中離去的帥氣背影，她突然下定決心：非他莫嫁。

後來，她有意藉工作之名跟他接近，兩人開始熟絡、交往，不久後步入了婚姻的殿堂。她覺得，自己像被籠罩在他羽翼之下的小鳥，不用再擔心風吹日曬、雨淋雪打。

一晃十年過去了，她現在已經是兩個孩子的母親了，可是，如今的她總想逃離這段婚姻，因為她在獲得想要的安全感的同時，卻總有一種讓她難以接受的窒息感。

在親戚朋友眼裡，她太幸運了。丈夫事業有成，而且十分寵她，結婚後她都不用上班，家裡保姆三、四個，從不用她做家務。在別人眼中，她就是幸福的闊太太。那她的窒息感從何而來？原來，她心目中的英雄有著另外的一面，他是個「控制狂」。

家裡的大小事情，都是他說了算，甚至她穿什麼衣服、交什麼樣的朋友都要聽他的。一旦違背他的指令，當年他拿啤酒瓶砸頭的氣勢就出來了，她嚇得氣都不敢喘一下。嫁給他，本就是被他的大丈夫氣概所吸引、所傾倒，沒想到，他原來對付小混混的氣勢，而今卻對付起自己來了。

這段讓外人羨慕的婚姻裡隱藏著一些陰影，正如那句話說的：「鞋好不好，只有腳趾頭知道。」這就是她一直想逃離的原因。可是，她卻不敢邁出半步，用她的話說：「我都快四十歲了，這麼多年沒有工作，我連自己都養活不了，離開他，我怎麼活？」

我在幫她做催眠的時候才發現，她丈夫簡直就是她母親的翻版。依依自幼喪父，母親扛起了整個家，為了不讓別人欺負自己孤兒寡母，一個原本柔弱的女性變得開始扯著大嗓門跟男人說話；她被男同學欺負了，只要告訴媽媽，媽媽就能揪著那個「臭小子」的耳朵一路罵到校長辦公室。

她從小就只敢跟在媽媽後面，所有的事情都是媽媽作主——從穿什麼衣服、梳什麼髮型、學什麼才藝、報考哪所大學……從來由不得自己。

在婚姻中，她又一次複製了童年的模式：一個一直控制，一個脆弱不堪……

可是，自己為什麼非要複製這樣的模式呢？這個世界上一定有溫柔的男性，為什麼就吸引不到她呢？哪有人非給自己找罪受呢？找一個和原生家庭相反的人不就行了？

是嗎？請看下一個案例。

「情緒化」與「超理智」

在婚姻諮詢中，面對那些比較情緒化的案主，我習慣讓當事人先從抱怨開始。可晴兒憋了半天，抹眼淚的衛生紙都扔了半個垃圾桶了，還是說不出老公林木到底哪裡不好，想了很久憋出一句：「反正是個木頭就對了！」

但一開始，晴兒覺得自己嫁了個好老公。

從小到大，自己接觸過的男性好像都有一個共同點，就是：脾氣大，沒本事，愛喝酒。如果不是媽媽能幹，一家人只能喝西北風了。晴兒從小就看不起這樣的男人，包括她父親。

但是林木不同，不僅是知識分子，而且沉著理智，情緒穩定，就算喝酒也會理性克制地不讓自己喝醉。戀愛時，她抱怨部門主管給她使絆子，自己不想幹了，他都能為她分析利弊：不要一時衝動行事，晉升空間有多大，成長範圍有多廣，先規劃好長遠的打算，等等。

「男人和男人之間還真是不一樣呢，我男朋友的頭腦簡直太好用了。」那時候她總是這樣對閨蜜說，一臉甜蜜。

但結婚後，她有點失落，這個理智的人，理智到不像個人。

她看韓劇哭得昏天暗地，說：「我們也要這樣不離不棄。」他說：「這有什麼好哭的，那是演給妳看的，假的。」

她試探性地說：「你同事好漂亮，我要是有她那麼漂亮就好了。」他說：「沒關係，我就喜歡妳這種中等的。」

她去逛街，故意盯著一款戒指看了很久，他沒任何反應。她只好說：「這款戒指挺好看的。」他卻十分認真地對她說：「好看有什麼用？又不能當飯吃，傻子才會花錢買這種東西。」

和他爭吵，總是自己輸，自己從來就沒有贏的時候，聽起來道理總是在他那一邊，可是，自己心裡卻十分難受。

她抱怨說他變了，不愛她了，他的道理讓她無法爭辯：「怎麼就不愛了？妳在這個世界上還能找到比我更愛妳的男人嗎？我所有的錢都交給妳，一分私房錢都不藏，這不是愛嗎？家裡的房子、車子都寫妳的名字，我還不夠愛妳嗎？我努力工作，讓妳好吃好住，這不是愛嗎？妳以為那些男人晚上吃喝嫖賭，第二天送朵花敷衍一下老婆，那就是愛嗎？妳就是身在福中不知福！」

她確實無話可說，因為他說的都是事實。林木的個人能力非常強，可以讓她不為生計煩惱，除了剛結婚那幾年的事業起步期讓她受了點苦之外，之後她一直過著養尊處優的生活。家裡有保姆，她不用像別的女人那樣整天忙於家務。不僅如此，林木還是個大孝子，不但把父母照顧得好好的，還把老丈人和丈母娘也照顧得好好的。可是，跟他生活在一起，晴兒總是十分難受。所以，當我問她婚姻有什麼問題時，她憋了半天只能憋出那句：「他就像個木頭！」

我在做了他倆的原生家庭雕塑後發現，這兩人簡直是一體兩面。

林木自幼因為父母體弱多病，小小年紀就承擔起了生活的重擔，「小大人」的他告訴自己：哭是沒用的。這個世界上只有自己是可以依靠的。於是，他漸漸關閉心門，變得喜怒不形於色。

雖然他的內在也很渴望別人的關心、照顧，但因為他得不到，所以乾脆讓自己別去依賴。於是，他不斷地壓抑自己內心的需要，硬撐著假裝自己沒事。不想麻煩別人，也不想被別人麻煩。

而晴兒從小在一個情緒不穩定的家庭氛圍中長大，她從小就知道爸爸是一個靠不住的人，也許在她的潛意識中，她發過誓一定不嫁給像爸爸那樣沒用的男人。所以，當她看到氣定神閒的林木時，馬上就被他吸引了。

可是，這明明是兩個互相需要的人，當初乾柴烈火般地在一起，最後怎麼就把日子過得亂七八糟了呢？為什麼明明相愛，卻會互相傷害呢？

如果你從前面的故事中還沒有看到你婚姻的影子，那請你繼續看下面的故事。

「聖母」與「巨嬰」

馬麗在台上無奈地說：「團長，拯救渣男成了我一生的宿命。」

第一任丈夫，工作不順就乾脆辭職，蝸居在家靠她養；現任丈夫，三番兩次賭博欠債，每次被她發現，都痛哭流涕發誓再也不會了，等她拚死拚活把債還完，馬上又會發現新的欠債。

可是，一開始在一起的時候，並沒有出現這樣的情況。

就比如遇到第一任丈夫，他是工廠裡剛來的技工，家裡窮，吃飯時只能吃榨菜配饅頭，她一看到，本能地就走過去把自己便當裡的肉丸給了他。

他很感激。

後來，兩人越走越近，他一直不敢提結婚的事，覺得自己配不上她。她卻覺得他「惹人憐愛」，更是在生活中多幫他一把，偶爾幫他洗洗衣服，為他做飯，他病了她就請假去宿舍照顧他。

後來，他提到自己家裡的老母身體已然不行了，想在臨終前看到他成家。她想，自己要是再不幫他一把，讓他帶著對母親的遺憾愧疚終生，自己還是人嗎？於是二話不說就去登記結婚。

婚後，她乾脆做起了他的「媽」，家裡家外一手操持。而他呢？家裡的油瓶倒了也不扶一下。在單位他又剛愎自用，得罪了一票人，有一次和主管賭氣乾脆就辭職，從此以後靠她「養」。

想到以後生個孩子會跟著受累，她只好離了婚。誰知道再嫁還是同樣的宿命。

「難道這就是我的命嗎？」她在台上哭著說。

我在幫她做諮詢的時候發現，馬麗在童年時就是個「小媽媽」。

她自懂事起就知道母親看不上無能的父親，所以每天努力工作，成了家裡的頂梁柱。父親不僅無能而且是個道地的渣男，不光養不活自己，還經常在外面跟別的女人鬼混。母親出去工作後，家裡的事情就落在了小小年紀的她身上。於是，她從小就被剝奪了當孩子的權利，承擔起了「小媽媽」的責任，照顧家裡的弟弟妹妹。潛意識裡，「拯救父親」成了她的責任。能替母親分憂，她就是好孩子；如果不能，她就一無是處。長大後，她保留了這種行為模式，屢屢選擇落魄、無責任無底線的渣男，因為在這些渣男面前，她特別有價值感。

馬麗承認，自己有點「享受」照顧別人的感覺。她不明白的是，自己明明討厭、憎恨父親，可怎麼長大後卻總是愛上跟父親一樣的渣男呢？

「小三」與「花心蘿蔔」

與眾多夫妻不同，胡麗晶女士是一個人來做諮詢的。一次企業培訓課堂上，當我講到一個人生命中那些重複出現的事情就是一個人的模式時，她課後私底下找我，說她發現自己有一個模式，讓她十分痛苦。她今年快四十歲了，一直沒有結婚。

她說：「團長，我談了很多次戀愛，每一次分開都是差不多的原因。」

我問是什麼原因，她說：「對方都是有婦之夫。」

她找我是因為相處了三年多的男友一直不肯離婚，她說他愛她，她也愛他，可是，她不甘心長期做「小三」，但對方總是用各種理由拖著不離婚。

「如果這次結不成婚，我不會再結婚了。」她絕望地對我說，「這已經是第三次了，每次分開都像死過一次，我再也禁不起折磨了。」

她非要讓我幫她做諮詢，一般來說，在講課期間我是不接個案諮詢的，因為講課不僅要動腦，還很花體力。但這個個案很特別，儘管有點累，我還是接了。

胡麗晶長得很漂亮，身邊一定不乏單身的追求者。可是，她也不知道為什麼，自己總能在工作、出差，甚至是酒吧喝酒時，「撿到」各式各樣的已婚男。當然，讓她心動的男人都相當優秀，現在這一任我認識，因為後來她把他送進了我的課堂。如果不是她告訴我，以我二十多年心理學的功力，我都看不出這是一個會包二奶的「花心蘿蔔」，因為那位男士不光事業有成、穩重大方，而且思維敏捷，對於他從未接觸過的心理學知識一點就通，我十分喜愛這種有才華的學生。

這些男人都說她才是生命中的摯愛，說家裡的「母老虎」讓自己痛苦。雖然會給她錢花，大多數時候都會跟她膩在一起，但是一到那些重要的節日，他們一定要回家，要陪在太太、孩子的身邊。人家每逢佳節倍思親，她每逢佳節必爛醉，如果不醉，她都不知如何打發那些痛苦的時間。

她為了錢嗎？不是！她根本不需要花男人的錢，因為中產階級的她事業相當成功。那是為了什麼呢？

「當然是因為愛情！」她毫不猶豫地回答我，至少她自己是這樣認為的。

如果偶然一次遇上那樣的男人，可以說是運氣不好。可是，為什麼她三次都是愛上有婦之夫呢？這種小三式的「愛情」背後，是否藏著某種秘密？

我知道，生命中要是反覆出現同樣的模式，一定是以前種下了某個「種子」。生命中之所以會反覆出現同樣的問題，只不過是「種子」在結果而已。

帶著好奇，我用時間線回溯的方法，帶她回到自己的童年。

原來，麗晶出生在一個重男輕女的家庭，父母一看是個女兒，就把她放到鄉下爺爺奶奶家，後來父母又生了兩個弟弟，更沒精力照顧她了。爺爺奶奶漸漸年紀大了，也沒辦法照顧她，於是又把她送到了舅舅家。舅舅還好，但舅媽對她嫌棄的眼神讓她終生都忘不了。

一個一出生就讓父母失望的孩子，一個總被家人遺棄的孩子，她最大的恐懼是不被需要。當有人需要她時，就是她最幸福的時候，也是她的生命最有價值的時候。

有些事業有成、各方面都優秀的有婦之夫，他們在事業上可以指揮千軍萬馬，在公司受到萬人擁戴，可是他們的太太卻未必會把他當一回事，畢竟最優秀的人也會有缺點。如果那些成功人士家裡有一位總是挑毛病的「母老虎」妻子，他們在家裡的日子可想而知。

而胡麗晶這種從小就被遺棄的孩子，被生活訓練出了一種十分敏感的特質——她很輕易就能感受到別人的情緒需要。當她知道心目中偶像級別的男人被「欺負」時，自然會送出母愛般的溫暖，而這份溫暖正好就是這類男人所欠缺的。於是，乾柴烈火一點就燃，這就是大多數「小三」類型愛情的劇本。

很多人都會認為這些做「小三」的女人是壞女人，是狐狸精。當然，我不排除真有這樣的女人。但以團長的經驗來看，這些女人並不都是壞女人，她們只是病人而已。

可是，既然雙方都正好滿足了對方的需要，為什麼胡麗晶三次的小三式愛情都沒有好的結果呢？很簡單，那些被她看上的男人基本上都是某個領域的成功人士，利弊得失他們用腳趾頭都能算清楚，他們怎麼會犧牲家庭、捨去辛辛苦苦賺來的財產呢？所以，像胡麗晶這樣的愛情，只不過是他們的「外賣」而已。

你以為的「愛」，只是錯把需求當成愛

你是否有過這樣一種感覺？一個素昧平生的人，只是第一眼見到就覺得對他很有「感覺」，之前從未透過其他方式對他有所了解，還沒來得及和他有任何的互動，就莫名會被他吸引。

上面七個故事，是我在課堂上、婚姻諮詢中經常遇到的類型。從這些故事中，我不知道你是否能找到自己婚姻的原型？如果還沒有，請聽我用心理學方法分析一下婚姻中的一些規律，從這些規律中，我相信你能找到自己的模式，只要你能清楚地了解這些模式，你就能找到讓婚姻幸福的鑰匙。

也許你會問：「為什麼我們會『愛上』這些會傷害自己的人呢？」就像那句經典台詞所說的：「本以為你會為我遮風擋雨，沒想到所有的風雨都是你帶來的。」為什麼會這樣呢？

當年你遇到這些人時，就像乾柴遇到烈火，氫氣遇到氧氣，久旱逢甘霖，他鄉遇故知……那是一種多麼美好的感覺啊，難道這不是愛情嗎？如果是，愛怎麼會帶來傷害？如果不是，那這種感覺究竟是什麼？

童年的「味道」

跟大家分享一個小故事。

記得有一次我到江門市辦事，江門的同學請我到恩平的一個餐廳吃飯，他點了一道叫「芋苗」的菜。當這道菜上來時，我相當興奮。我曾環遊世界，吃過不同國家和地區各種各樣的美食，就算在米其林餐廳吃上千元一份的牛排，都沒有過這種興奮感。但那天幾十塊錢的芋苗，卻讓我興奮不已！為什麼會這樣呢？難道這盤芋苗有什麼特別的秘方？當然不是。

芋苗只是芋頭的苗醃製而成的鹹菜而已。我是陽江人，小時候家裡窮，沒錢買肉，平時就靠這種廉價的土製鹹菜下飯，這是陪我度過童年的東西，有著特殊的意義。我離開家鄉生活已經二十多年了，很少能吃到這種菜。恩平與陽江相鄰，兩座城市有著相近的飲食習慣。所以，在這樣偶然的機會中，我一下子嚐到了童年的味道，點燃了內心某種潛藏的東西。

讓我興奮不已的芋苗，也許你連筷子都不會動一下。同樣，有沒有一種菜，是你很喜歡，但其他人卻「嗤之以鼻」的？比如有人會喜歡吃折耳根、臭豆腐、納豆等，但另外一些人卻難以理解。在別人眼裡，這些東西有些「廉價」，甚至有些噁心。但不管有多噁心，就是有人會喜歡，就像團長會喜歡芋苗一樣，因為那裡有我童年的味道。那是你「熟悉的味道」！正如那句俗語「金窩銀窩不如自己的狗窩」。

這就是「愛情」的秘密！食物如此，人亦然。當你遇到某個人的時候，莫名地覺得，他就是那個人，這種感覺是怎麼來的呢？是因為他長得帥氣美麗嗎？不是，帥哥美女那麼多，為什麼你不是每一個都有感覺呢？

只是因為，他正好契合了你潛意識深處的某種「熟悉的感覺」。

帶著這個常識，你回頭再想想前面的七個愛情故事，讓他們墜入「愛河」的，是不是都是童年的味道？

故事一中讓王七動心的李一，跟他媽媽多麼相似！

故事二中的可柔看起來十分討厭她的父親，刻意找到了一位看起來跟父親完全不同的男人。可是，到頭來，這個男人卻還是跟父親一樣。也許她的潛意識有一種獨特的「嗅覺」，能讓她「嗅」到老公身上有父親的特質。

故事三中的雪兒，曾努力逃離父親的「鞭策」，可當她遇到鞭策她的副教授時，她無法抗拒地掉入愛河了。

故事四中，在母親控制下長大的依依，遇到具有英雄般氣概的雷霆時，她如何能夠抵擋得了呢？那是一份多大的安全感啊！她在潛意識中彷彿又回到了被母親保護的那些溫暖又踏實的日子。

故事五中的晴兒跟前面幾個稍有不同。表面上看，她並沒有找回童年的味道，因為她找的是一位跟父親的性情完全相反的伴侶。其實，相反的味道也是童年味道的一種，只是另外一種表現形式而已，後面我會詳細跟大家說明。

故事六中的「小媽媽」馬麗，從小就習慣照顧別人，當她遇到那些需要被照顧的男人時，她內心「愛的火花」就被點燃了。

故事七中，一直被遺棄的胡麗晶，她生命中最大的功課就是被需要，當她遇到那些對她有情感需要的男人時，她生命的價值被放到了前所未有的重要位置。可惜的是，她在找到被需要的感覺時，依然逃脫不了童年被遺棄的命運。

當然，這些故事中的人物都是化名，為了保護當事人的隱私，他們的職業和部分情節也都進行了處理。但故事中的人物特質都是真實的。在我的職業生涯裡，這樣的故事還可以繼續整理出很多很多，看起來五花八門，但它們都有一個共同特點——他們以為的「愛」，只不過是滿足了潛意識裡的某種需求而已！就像如果你是釘子，你一定會對錘子有感覺，即使另一顆釘子很好，你們也不會在一起。

著名文學家托爾斯泰曾說過：「幸福的家庭都是相似的，不幸的家庭有著各自的不幸。」這句話反著說也是對的：「不幸的家庭都是相似的，幸福的家庭有著各自的幸福。」**不幸的婚姻之所以不幸，其根本原因就是錯把需求當成愛！**

這裡有兩個點再跟大家補充一下：

第一，從上面的故事中可以看出，像王七、可柔、依依他們，明明在童年時那麼討厭自己的父母，有的甚至憎恨父母，可長大後為什麼還會需要這種童年的味道呢？很簡單，任何事物都是複雜的，都是一體兩面、一分為二的，就像中國的道家思想「陰中有陽，陽中有陰」一樣，再糟糕的事情裡面一定隱藏著好的一面，再徹骨的恨裡面往往也隱藏著沉甸甸的愛。

以團長喜歡的芋苗為例，其實，我童年很討厭芋苗，那時候窮，沒有什麼好菜吃，只能天天吃這種鬼東西，鹹鹹酸酸的，誰會喜歡啊？可是，正因為當時天天吃，愛的時候吃，恨的時候也吃，這種味道就跟當年的愛恨交織在一起了，在心理學上這叫「心錨」。心錨，就是會勾起你某些心事的東西。那些讓你感覺遇到愛的人，就是一種讓你回到當年熟悉味道的心錨。

第二，晴兒明明找了一位跟父親風格完全相反的老公，但怎麼還是掉進了痛苦的深淵呢？

心理學領域有兩個詞——「依賴」和「反依賴」。

依賴，就是我們會依賴某個人，這樣就可以不用自己苦苦支撐生活的艱辛和困難。一般依賴型的人都比較「柔弱」，平時顯得聽話、順從。

反依賴則相反，是指凡事只靠自己，堅決不麻煩別人，也不想被別人麻煩的「假獨立」，他們看起來很有力量、頗具安全感。但是，為什麼說他們是「假獨立」呢？因為一個心理真正獨立的人，既能允許自己有脆弱依賴他人的時候，也能為自己的人生負責。而反依賴型的人，他們內心也很渴望依賴別人，但因為在童年的時候沒有得到過，所以乾脆把脆弱的自己「武裝」在獨立的外殼下。

而反依賴還有另一種表現方式，就是找一個和自己曾經無法依賴的類型完全相反的人，繼續反向依賴。比如晴兒無法依賴情緒化的爸爸，那就偏要找一個情緒穩定的丈夫反向依賴一樣。

像王七、可柔、依依他們，對像父母那樣的人有需求，這叫「依賴」。而晴兒跟他們剛好相反，是對像父母這樣的人有一種逃離的需求，這種想要逃離的需求就是「反依賴」。依賴是一種正需求，反依賴是一種剛好相反的需求。既然都是需求，所以，結果都是一樣的。

維護自我形象

「童年的味道」只是我對「錯把需求當成愛」的一種比喻，我知道有些朋友不滿足於比喻，所以，下面我試試用心理學的原理來解釋這種現象。要從心理學角度來解釋這個現象，必須先了解兩個心理學名詞：

1. 自我認同

美國心理學家薩提亞女士提出了一個叫「冰山原理」的概念，指的是我們每個人就像一座漂浮在水中的巨大冰山，能夠被外界看到的行為表現或應對方式，只是露在水面上很小的一部分，另外的大部分則隱沒在水底。如果去探索隱沒在水面下的部分，我們會看到影響生命的其他東西，它們分別是：感受、觀點、期待、渴望、我是。

冰山最底層的「我是」有兩層意義。從表層理解，「我是」是一個人的自我認知，是身分層面的定位，也就是對「我是誰」這個問題的表層回答。在這個層面，通常是一個人的社會角色，比如我是父親、母親、老闆、職員等。更深一層去理解，則涉及哲學及靈性層面，是對靈魂的終極追問。

那麼，「我是誰」是什麼意思呢？這是一個十分深奧的問題，我試試從簡單的角度讓大家有所了解。

以我為例，如果你問我：「你是誰？」我會回答你：「我是黃啟團。」可是，我在叫「黃啟團」之前，我又是誰呢？

你養過寵物嗎？一般人養寵物，都會為寵物取個吉祥的名字，比如廣東人喜歡為小狗取名為「旺財」。一開始的時候，小狗並不知道自己就是「旺財」。可是，當你一遍遍地叫牠「旺財」後，牠就知道了自己就是「旺財」，這時，你只要一叫「旺財」，牠就知道你在叫牠。寵物如此，人也一樣，這在心理學上稱為「自我認同」。

「自我認同」實際上是把心理認知符號化的過程。除了名字之外，我們還會有很多關於「我是誰」的認知。比如，如果父母從小就一直對自己的孩子灌輸「你就是個廢物」的負面觀點，就像你一遍遍地叫你的寵物小狗「旺財」一樣，只要重複的次數足夠多，這個孩子就會覺得自己真的就是個廢物，就算他的意識不承認，他的潛意識深處也會這樣認同。

一個人的自我認知大多數都是在童年時期被父母和撫養自己長大的重要他人所內化的。這些認知的總和他是一個人的「身分」，也就是他對「我是誰」的回答。

2. 自我實現

我們再來看看另一個心理規律「自我實現」。這些關於身分的認知無關好壞，只要形成，你就會覺得這就是你的一部分，你就會像維護自己的生命一樣去維護它，你會用你的一生去實現它，我把這種現象稱為「自我實現」。

這裡所說的「自我實現」跟馬斯洛的「自我實現」並不是同一回事。馬斯洛的「自我實現」指的是人們會竭盡所能地使自己趨於完美，讓自己的生命活出價值。我在這裡所用的「自我實現」這個標籤，指的是人們會透過行動實現自己心中的想法，以證明自己是對的。

我曾杜撰過一個故事來說明這種規律：

有一位算命先生算命很準，很有名氣，方圓幾百里的人都專程前去找他算命。他會算別人，當然也會算自己。有一天，他掐指一算，不得了，他算定自己在某年某月某日有一劫過不去，注定要在那一天離開這個世界。當一個人知道自己什麼時候會死，當然會在死之前為自己安排好後事。在安排後事的過程中，消息被他的信徒們知道了。到了他要走的那天，他的親戚朋友以及信徒們都來到他家準備送他最後一程。這位算命先生在安排好所有的事情之後，就沒什麼事情可做了，只好一個人關在自己的房間裡等死。可是，他從早上等到晚上，一點要死的跡象都沒有，眼看就要到午夜十二點了，子時一過，就不再是他算定的那一天了。如果他在算定的那一天沒死的話，他前半生的英名不就毀了嗎？為了維護自己前半生的英名，這位算命先生做了一個艱難的決定——他自殺了！他算得真準！

這位算命先生是怎麼死的？對，他是被自己算死的！也許你會覺得團長杜撰的這個故事很荒唐，可是，你我何嘗不是如此？當我一旦認同我就是「黃啟團」之後，我會用生命去維護這個名字，誰說「黃啟團」不好，我會跟誰拚命。同樣，一旦你認同你是個窮人，你就會用一生去證明你就是一個窮人，如果偶然有機會獲得一大筆錢，你一定會盡快把它花掉，因為錢多會破壞你的「窮人」形象。

前面故事中的主人翁都是這樣。比如依依，嫁給了控制型的老公雷霆，就是在維護自己在媽媽面前的柔弱形象，因為只有透過行動創造這樣一個環境，才能維護自己柔弱的自我認同。這種透過行動創造環境，以維持自我形象的過程就是自我實現。

人們對於熟悉的環境會有一種莫名的安全感，哪怕這種熟悉是痛苦的。所以，不管是童年的味道也好，自我認同和自我實現也好，都是對潛意識深層需求的一種滿足。人們寧願選擇痛苦地安全，也不願意為了幸福而冒險，這就是婚姻中種種怪異現象的心理成因。不僅婚姻如此，人生中的方方面面都是如此，一旦你明白了這些人性規律，你不僅婚姻會幸福，事業也會越來越成功。

讓你心動的「愛人」，可能是原生家庭模式的重現或翻版

為什麼「錯把需求當成愛」會造成婚姻不幸福呢？能找到一個剛好滿足自己需求的人

相伴一生，不是一件很幸福的事情嗎？

是的，理論上是這樣，可是，在這個世界上真的有人能滿足你的需求嗎？

我們回到前面我還沒講完的故事。那一次我在恩平餐廳，朋友點了芋苗，我異常興奮，迫不及待地動筷吃了起來，可是越吃越不是熟悉的味道。我就吐槽說：「你們這個芋苗不正宗啊，我們家鄉的才正宗啊！」結果我恩平的朋友說：「怎麼可能？我從小就是吃這個長大的，芋苗就是這個味道，這個是最正宗的了。」

看！大家知道婚姻問題出在哪裡了吧？這道叫「芋苗」的菜僅僅是跟我小時候吃的芋苗很相似而已，但隨著深入地品嚐後我發現，它跟我要的童年味道差太遠了，於是，興奮之後就是失望，失望之後就是抱怨……

婚姻也一樣，即便這個人再像你的父親或者母親，但實際上他並不是！所以，沒有人可以真正滿足你的需求！你的父母當年也不能！更嚴重的是，婚姻中，在你期待對方滿足你需求的同時，對方也同樣在期待你滿足他的需求。當雙方的需求都得不到滿足的時候，抱怨就不僅僅是抱怨了，還會激發成為戰爭。

每個人都想要對方滿足自己的需求，但誰也無法做到永遠滿足別人的需求！

各種需要背後包含了太多生命的模式——被吸引時，僅是滿足那個曾經相似的需求而已；隨著了解的深入，越來越多的需求無法滿足；隨著失望的增多，你開始遮蔽對方真實的模樣，放大對方的缺點，原來的「愛」不僅會蕩然無存，而且還會滋生出很多恨來。

所以，因為需求而結合的婚姻怎麼會幸福呢？當你帶著需求去尋找婚姻對象時，實際上就是一種索取，這跟「愛」剛好是背道而馳的。

什麼是愛？愛是內心充滿後的溢出，是你很想為某人付出一切的那種感覺。愛是給予而不是索取，只有當你找到了那位你願意心甘情願給予的人，希望他活得幸福時，那才是真愛。愛，是一種無條件的付出，是一個人心靈富足之後的表現。至於如何才能找到真愛？我會在後面的文章中闡述。

一個飢餓的人只會索取，一個心靈富足的人才有能力去愛。就像一個飢餓的人，其焦點在尋找食物；一個肚子飽脹的人自然會分享食物一樣。所以，錯把需求當成愛，那種所謂「愛」的感覺一定不會長久，因為那種所謂的「愛的感覺」只不過是需求被暫時滿足後的快感而已。

很多戀愛中的情侶，初期就是因為一點不起眼的溫暖細節墜入情網的。比如對方給你挾菜、幫你拿包包、對方在陽光下微笑、對方身上散發的香水味，都有可能對你產生強烈的吸引，請不要以為這就是愛，這僅僅是需求被滿足後的感覺而已。就像一個從未嚐過蜜糖的人偶爾嚐到糖精的感覺一樣，以為那就是甜蜜的味道，其實，那僅僅是甜味素，糖的替代品而已。

請注意！你遇見的那些讓你心動的「愛人」，很可能都是原生家庭模式的重現或翻版。譬如你渴望溫暖，卻被溫暖灼傷；渴望力量，卻被力量擊倒；討厭酒鬼，卻嫁給了酒鬼；討厭暴力，卻頻頻受虐……這絕不是偶然，也不是直覺，而是潛意識在背後推動的結果。

「長大後，我就成了你。」原生家庭的烙印是如此無聲無息，又如此地刻骨銘心，它在我們呼吸過的空氣、咀嚼過的飯食中，在言語之前，在行動之先。

那些耳濡目染的說話方式、行為模式，早在我們有意識之前就浸入到了骨髓之中，一經觸發，立刻復現。

如果你不去看見這些影響你一生的模式，你將一生都在渴求滿足童年未滿足的需求的路上，這就是「錯把需求當成愛」的悲劇。

為什麼有的人離婚後再婚還是不幸福？

文章看到這裡，似乎有點絕望，好像我們人生幸福與否早在原生家庭時就決定了一樣。但我並不同意原生家庭決定論，因為我在實踐中發現，生長在同類原生家庭中的不同的人，會有著截然不同的人生。就算生活在同一個家庭中的雙胞胎兄弟姐妹，也會有著不同的命運。所以，原生家庭並不能決定一個人的命運，你更不能把自己今天不幸的責任都歸咎到你父母身上。

如果你發現自己的婚姻就是當年錯把需求當成愛的結果，那怎麼辦？離婚嗎？離婚真的是解決一切問題的辦法嗎？

當然不是！

因為，我在實踐中發現，那些離婚的人在好不容易逃離一個陷阱之後不久，又會掉進一個跟原來差不多的深淵。為什麼會這樣呢？很簡單，前面闡述的原理已經講得很清楚了，如果你依然帶著需求去索取，那麼必然還會掉到同一個洞中。

離婚僅僅是一種暫時的逃避，並不是解決方案。那什麼才是真正的解決方案呢？

我們來看這樣一幅畫面：如果在某個人每天必經的路上有個坑，他每次經過的時候都會掉到同一個坑裡，那怎麼辦呢？顯然，有三個解決方案：

看見那個坑，然後繞開那個坑。

填好那個坑，修好那條路。

選擇另外一條通往目的地的新路。

婚姻中的解決方案也一樣，大概有以下幾個：

1. 對自己的婚姻保持覺察

對自己那些所謂「愛」的感覺保持覺察。覺察，簡單來說就是看見，就像你看見沙發上有把鋒利的水果刀那樣，你能看見它，你就可以選擇把它拿起來，放到它該放的位置，從而避免被它所傷害。當你能夠看清楚你那些所謂的「愛」僅僅是一種需求時，當你能夠看清楚這種需求會導致傷害時，你自然會選擇用另一種方式跟你的另一半相處。當然，如果雙方都能夠看見自己的模式會更好，這樣就不會相互索取、相互抱怨、相互指責、相互傷害了。因為，這時你會發現，對方和你一樣，都是病人，你的慈悲心就會被喚醒。當雙方都有慈悲心時，兩人也許會相互理解、相互支持、相互包容、相互接納，在這種正向的相互扶持下，雙方都會得到滋養，愛不就回來了嗎？當然，有坑的路並不好走，但至少比一次次掉到坑裡強多了。

2. 接納婚姻的不完美

法國著名作家羅曼．羅蘭說：「這個世界只有一種英雄主義，就是看清楚了真相後依然熱愛生活。」婚姻也是一樣，這個世界沒有完美的個人，也沒有完美的婚姻。因此，看清楚婚姻的真相之後，還需要有接納伴侶不完美的胸懷和勇氣，這樣，你才有資格享受幸福的婚姻。當然，接納並不是一件容易的事情，需要不斷地修煉和成長。接納不僅是一種胸懷，也是一種能力。

3. 療癒自己的童年創傷

創傷就像一個填不滿的深洞，就像一個飢餓的人會到處尋找食物填滿自己一樣，這就是需求產生的根本原因。只有療癒這些創傷，你才不會吸引那些傷害你的人。療癒創傷就像填平路上的坑，走在一條平坦的大道上當然會更容易。更重要的是，當你能夠療癒童年的創傷，你不再飢餓了，自然就不會去索取。盈則溢，當你充滿時，你自然願意為對方付出，於是，愛就回來了。

所謂療癒，其核心就在於改變你童年時所形成的不良自我認同。自我認同就像你的名字一樣，是可以改變的。小狗自己無法改變牠的名字，因為牠是動物，並沒有覺察自我的能力。但是，你是個人，只要你願意，你可以改變你的命運。當然，專業的事情最好交給專業人士，那才能事半功倍，找一個專業的心理諮詢師，會更能幫助到你。

療癒創傷，改變自我認同，就像改寫了生命的劇本一樣，原來那個匱乏的自己才會得到愛的滋養。

在愛的滋養下，婚姻哪有不幸福的道理？

4. 走另外一條路

我並不反對離婚，但我堅決反對在沒有覺察和療癒自己的創傷之前貿然離婚，帶著滿身的傷痛去索取的你，是不會找到幸福的。不僅如此，你還會去傷害另一個人、另一個家庭。既然自己被一段婚姻傷得這麼深，又何苦去傷害別人呢？

這個世界並不完美，我們成長的家庭也一樣，並不存在所謂完美的原生家庭。因此，不管你出生在什麼樣的原生家庭，總是有希望的。只要我們勇敢去直面自己的匱乏，療癒自己的創傷，無論你跟你的伴侶曾經是因為什麼而結合，都能重新找到愛。

只有小孩才有資格抱怨，大人要為自己的人生負責任。我們不再是小孩子了，與其去抱怨我們的原生家庭，不如從現在做起，走上一條自我療癒、自我成長的路。這條路團長走過，所以，團長今天就像一位導遊一樣告訴你：有一條叫「心理學」的道路，不僅可以讓你婚姻幸福，而且還可以讓你人生的方方面面都越來越好。

英國精神分析學家溫尼考特說：「如果我愛他人，我應該感到和他一致，接受他本來的面目，而非要求他成為我們希望的樣子。」要做到這一點並不容易，因為在不了解心理學的相關規律之前，我們往往會錯把需求當成愛。

與其祝天下有情人終成眷屬，不如祈願更多人開始學習心理學。因為盲目地結合很可能是傷害的開始。只有清楚地了解自己，明白他人，我們才有能力開啟全新的人生。

所以，願有情人都開始學習心理學！

覺察：婚姻與愛情的八種形式，你是哪一種？

知人者智，自知者明。要擁有幸福的婚姻，首先要對婚姻保持覺察。所謂的覺察，就是看見。只有在看清楚自己的婚姻狀況的前提下，你才能對婚姻狀況做出調整，讓婚姻幸福。

如何才能看清自己的婚姻狀況呢？在現實生活中，我們常常看到，有的愛情平靜如水，有的激情澎湃；有的愛情親密無間，有的烽煙四起；有的愛情相敬如賓，有的廝殺不斷；有的愛情天長地久，有的則曇花一現。為什麼愛情會有這麼多不同的表現形式呢？

愛情三元理論：親密、激情和承諾

在講述愛情的內在規律之前，先跟大家分享一個小案例。

團長家裡養了一隻小狗，平時都是我跟太太帶牠出去散步、餵食、洗澡、鏟屎；我女兒呢，只會抱牠、跟牠玩。大家猜一猜，小狗對誰最好？我女兒。我和太太既當營養師，又當鏟屎官，小狗的生活全依賴我們，我們為牠付出了那麼多，可是，在牠心目中，我們還不如我女兒。我女兒一放學回家，小狗就瘋了一樣地撲向她，看著牠跟我女兒那親密的樣子，我還真有點嫉妒。

對小狗來說，誰是最重要的？如果不是我們餵養牠、為牠鏟屎，帶牠去散步，牠根本無法生存。但是，小狗為什麼反而跟我女兒最親呢？這個問題就好比婚姻中的普遍困惑——「我為你付出那麼多，外面那個人什麼都沒為你做，為什麼你最終還是選擇了他？」

要回答這個問題，我們要先了解一下愛情三元理論。

關於愛情，關於婚姻，美國的心理學家和認知心理學家羅伯特·史坦伯格曾提出過一個著名的理論，叫「愛情三元理論」。他認為，愛情和婚姻關係由三個基本元素組成，即親密、激情和承諾。無論是完美的愛情，還是圓滿的婚姻，這三者缺一不可。

親密

親密是一種情感的連接，是一種心理能量的流動，是心與心之間的交流，是彼此願意把自己的生活以坦誠、不設防的形式與對方共享。比如說，你跟對方是否聊得來，聊天時你內心是否感覺非常舒服，自己的小心思、小秘密是不是恨不得掏心掏肺地跟他分享，而且只願意跟他分享。

親密是一種感覺，不需要理由，不需要條件，甚至可以是你無緣無故地對某人有一種很親密的感覺。當然，這裡所說的「無緣無故」是從普通人的角度來說的。從心理學的角度來看，親密感的內在是有緣故的，並且是有規律的，這個我在後面會用很大的篇幅跟大家詳細講述。

激情

什麼叫激情呢？激情是身體本能的部分，是人類原始的衝動。通俗表達就是，你見到對方就會自然而然地產生一種怦然心動的感覺，內心會湧起一股強烈的想跟對方在一起的衝動。激情也是一種性能量的流動。說到性，我們千萬不要以為性就是一種交配的能量，其實性能量充斥在我們日常生活的方方面面。一個性能量充足的人，他會顯得神采奕奕、充滿活力。佛洛伊德把性能量稱為「力比多」，力比多是一種內在的、原發的動能和力量，是生命的內在原動力。

承諾

承諾就是「我答應你的事情，一定會做到」，言出必行。在婚姻中，承諾就是「執子之手，與子偕老」。承諾的表現方式通常是忠誠，一輩子忠於自己的伴侶。

承諾是理性的力量，是人類的一種智性之光，它是人類大腦發育到一個很高程度的選擇——懂得分辨好壞，趨利避害。所以，理性的人就像電腦一樣，不會因為情感而干擾自己的決策。

大家知道在棋類競技中，人類為什麼總是贏不了電腦嗎？從圍棋到象棋，人類都輸給了電腦。因為電腦沒有情感，它只會計算。一個忠誠的人，也就是一個堅守承諾的人，他的大腦就像電腦一樣，只會用數據、用理性分析來判定一件事的好與壞，這樣的人通常不受情緒左右，言出必行，因此他們對伴侶的忠誠度就會很高。

這三個部分分別由人體的三個不同能量中心來驅動。當然，所謂「能量中心」，僅僅是某些心理學家提出來的一種假設。截至目前，並沒有足夠的醫學研究證明這一點。雖然無法用醫學來證明，但這種假設對我們理解一個人是非常有幫助的。下面我跟大家簡單分享一下這種假設。

這三個能量中心分別為：腦區、心區和腹區。

腦區

腦區驅動的人以大腦為中心。他們講邏輯、擅推理，講起大道理來一套一套的，但是感情不怎麼外露，因為他們的心通常是內收的。這類人的大部分能量都集中在大腦，所以他們通常胸腔比較狹窄，呼吸頻率快而淺，走路時頭會稍微往前傾，如果不小心撞到玻璃門上，一定是頭先撞玻璃的。

心區

心區驅動的人以情感為中心，情感豐富，甚至過於敏感，動不動就掉眼淚，因為他們的心是打開的，感情比較外露，豐富而又細膩。

這類人的大部分能量都集中在心區，所以他們通常胸腔比較寬廣，呼吸頻率比腦區驅動的人慢一點、深一點。走路時胸部凸出，如果不小心撞到玻璃門上，一定是胸部先撞玻璃的。

腹區

腹區驅動的人活在本能中心裡面。他們生活在與生俱來的本能裡，做事衝動、不經大腦，凡事從本能出發。所以，他們行動力強，做事果斷，也因為這樣，他們經常會做出一些讓自己後悔的事。

這類人的大部分能量都集中在腹區，所以他們通常腹腔比較寬廣，呼吸頻率是最深、最慢的一類人。走路時腹部凸出，如果不小心撞到玻璃門上，一定是腹部先撞玻璃的。

經過上面的描述，我想大家已經清楚地知道，激情不是情感，而是一種源自身體本能的能量，是一股我很想跟你在一起的衝動——跟你在一起，我就渾身充滿了力量。因此，腹區驅動的人比較容易充滿激情。

腦區驅動的人注重承諾，因為承諾是一種腦區的能量，是理性的力量。而親密則是心區能量流動的結果，是一種心與心連接後的美好感覺。

激情是不經大腦的，一經大腦，激情就沒有了。比如說情人節，什麼樣的人會送九百九十九朵玫瑰花給女朋友？腦區驅動的人是絕對不會這樣做的，他只會偷偷地算一筆帳：「今天情人節，玫瑰的價格是平日裡的三倍，不就一朵花嗎？我明天買跟今天買有什麼不一樣？如果真要送的話，那我明天再買。」但是，腹區驅動的人就容易衝動，「別人買我也要買」，做事完全不計後果，先做了再說。而心區驅動的人講感受，沒有腹區驅動的人那麼衝動。

八種婚姻類型

激情是動物的本能，親密是心與心的交流，而承諾是理性的選擇，是人類的智性之光，是人類這種高等動物才有的，動物界很少有。這就是羅伯特·史坦伯格提到的愛情三要素。當激情、親密和承諾同時存在時，我們得到的就是完美的愛情。但在現實生活中，無論是愛情還是婚姻，有時候總缺少了點什麼，所以史坦伯格提出愛情有八種表現形式。[1]

第一種類型：喜歡。只有親密，沒有其他。兩個人在一起感覺很舒服，也聊得來，但是我對你沒有非分之想，也不會給你任何承諾，這種僅僅叫喜歡。一旦有了非分之想，那就進入了另一個階段。

第二種類型：空洞。只有承諾，沒有其他。我只承諾跟你在一起，但是我跟你沒有共同的語言，沒有心與心的連接。不親密而且缺乏激情，我們稱之為「空洞的愛」。「父母之命，媒妁之言」就是最好的例子。中國古代有很多這種婚姻形式。

第三種類型：迷戀。只有激情，沒有其他。這種形式多見於一夜情，聊不聊得來不重要，有沒有承諾也沒關係，純粹就是激情的體驗。

第四種類型：陪伴。有承諾，有親密，沒有激情。兩個人在一起生活得久了，聊得來，很親密，也會給彼此承諾，但是唯獨沒有激情，不浪漫。兩個人就像左手摸右手，已經沒有初戀時那種觸電的感覺了，就像親人一般。

這種類型是最常見的婚姻類型，兩個人結婚久了，差不多都會活成這個狀態。其實這個狀態滿不錯的，只要能喚醒激情就完美了。至於怎麼喚醒，我在後面激情部分會詳細講述。

第五種類型：浪漫。有親密，有激情，但沒有承諾。什麼叫浪漫？浪漫是不受規則約束，不受世俗的限制，不按牌理出牌。比如說，伴侶突然間給你買九千九百九十九朵玫瑰花，浪漫不浪漫？浪漫。花這麼多錢買玫瑰花值不值得？明天有沒有飯吃？這些都不用去想，這叫浪漫。

第六種類型：愚蠢。有激情，有承諾，但沒有親密。雙方也許沒有太多的了解，也許有代溝，不用有心的敞開，也不需要心的連接，但充滿激情，同時也有承諾，該給的費用給，答應的房子也會兌現。當然，這種激情純粹是生理上的衝動，而沒有親密的承諾不過是

1. 關於羅伯特．史坦伯格提出的愛情表現形式，還有一種說法是共有七種愛情表現形式，少了「無愛」這種形式。

一種交易。

也許有讀者會問：哪有這樣的關係？當然有，那些被包養的關係不正是這種關係嗎？包養者會給被包養者承諾，因為新鮮，而且不常在一起，當然也會有激情。

那為什麼史坦伯格會稱這種關係為「愚蠢」呢？這種關係是建立在錢和性的基礎上的，沒有心與心的連接。當錢與性這兩者中的任何一個發生變化時，關係立刻崩潰。比如，當包養者生意出現困難，不再有能力像過去那樣大把花錢滿足對方的需要時，被包養者就會另找金主；又或者，被包養者年齡逐漸增長，人老珠黃，不再像當年那樣青春貌美時，包養者也會另行尋找能滿足自己性慾的獵物。難道這樣的關係還不夠愚蠢嗎？

第七種類型：無愛。即親密、激情和承諾都缺失。你也許會問，這三者都沒有，兩個人又怎麼會在一起呢？當然會，林子大了，什麼鳥都有。大千世界無奇不有，就算三者都缺失，兩個人還是有可能神差鬼使般地在一起。

更多的可能性是，本來是有的，但隨著時間的流逝，原來有的慢慢消失了。由於各種原因，雙方並沒有離婚，湊合在一起。這樣的關係，史坦伯格稱為「無愛」。

第八種類型：完美。激情、親密和承諾同時具備，這就是人人都渴望擁有的完美的愛。

在這八種婚姻類型中：喜歡是只有親密關係；空洞的愛只有承諾；迷戀的愛只有激情；浪漫有親密，有激情，但是沒有承諾；陪伴有承諾，有親密，但是少了激情；而愚蠢的愛是有承諾，有激情，但是少了親密；無愛是三個元素都缺失；完美的愛則是激情、親密和承諾三者兼而有之，人人嚮往之。

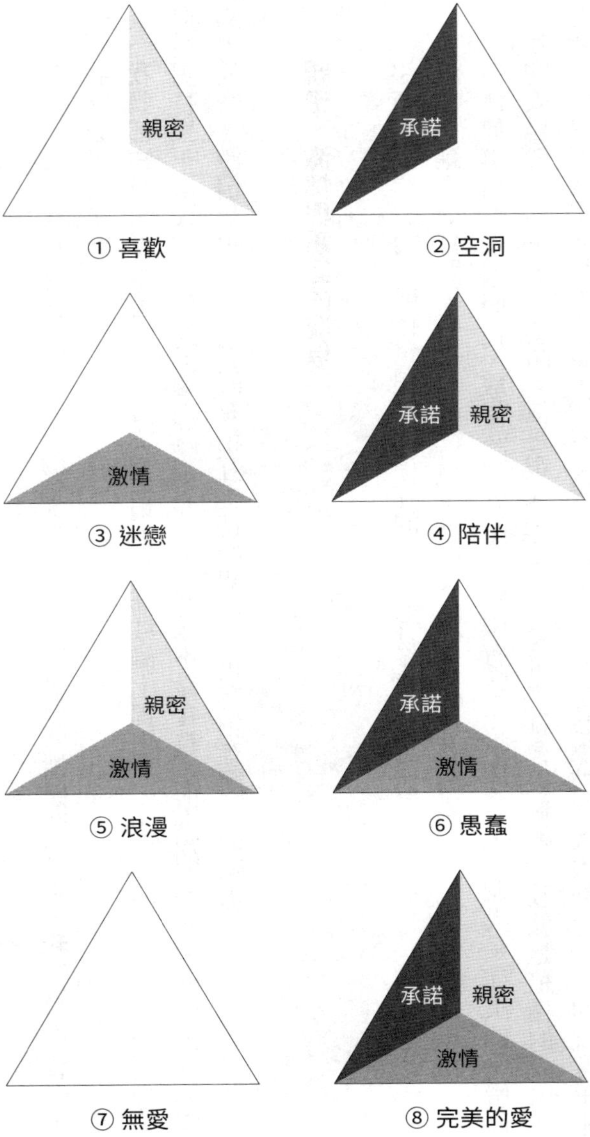
親密
① 喜歡
承諾
② 空洞
激情
③ 迷戀
承諾
親密
④ 陪伴
親密
激情
⑤ 浪漫
承諾
激情
⑥ 愚蠢
⑦ 無愛
承諾
親密
激情
⑧ 完美的愛

圖一

看清楚自己的愛情、婚姻真相後，怎麼辦？

讀到這裡，我想各位讀者已經清楚地了解自己目前的情感狀況了，我知道你會問：「那我該怎麼辦？」

我們都知道，世事古難全。雖然史坦伯格從理論上提出了「完美的愛情」這一概念，但從團長二十多年心理學的從業經驗來看，世間並不存在真正所謂的「完美的愛情」。因為，親密、激情和承諾這三者既有相互支持的關係，也有相互衝突的關係。

親密、激情與承諾的關係

親密會喚醒激情，所以，親密關係好的伴侶通常比較有激情。

激情會讓心扉打開，所以，激情過後會加深兩個人的親密關係。

但任何事情都有兩面性，就像陰中有陽，陽中有陰。世間沒有一個人是完美的。腦區驅動的人忠於伴侶，很有承諾，但是跟他生活在一起可能就會很無趣。我就是這樣的人。我追我太太追了八年才得償所願，以為可以恩愛生活，可是我總被我太太抱怨：「你就像根木頭一樣，一點感情都沒有。口裡說有多麼多麼愛我，我卻一點都感受不到。」我很冤枉、很委屈，問她：「我怎麼不愛妳了？我賺的每一筆錢都交給妳，我的房子寫的也是妳的名字，這還不夠嗎？」

我想，我這一問恐怕問到了很多男性同胞的心坎上了。但可惜的是，我太太的回答讓當時的我束手無策：「這叫愛啊？你根本就不懂什麼叫愛。」我充滿委屈，但又無處訴說，我們當時的婚姻充滿了障礙。

對於腦區驅動的人來說，我們確實不懂得情感的表達，我們只會講各種各樣的道理，只會把自認為最好的東西都給伴侶，我們以為這就是愛情最好的表達。就像我在前面講過的那個案例一樣，我和我太太對小狗百般照顧，而我女兒只做一件事——就是抱牠親牠。結果，小狗最喜歡我女兒。理性的人做得最多的就是我和我太太對小狗做的那部分，但就親密感來說，更重要的其實是我女兒做的那部分。

親密感是一種感覺，並不是大腦計算出來的結果。所以，你會看到某些人並沒有為他們的伴侶做什麼，有些人連工作都沒有，更不用說為伴侶提供物質的保障了，甚至連自己都養不活，不僅如此，有些人還拿伴侶的錢在外面養小三。從表面看，這些人是典型的渣男渣女，但是他們就是討人喜歡，你明知道前方是陷阱，但依然欲罷不能。

這就是心區的特點，心區驅動的人善於讓你打開心扉，讓你感到溫暖和開心，但同樣也會讓你流淚。因為心區驅動的人不太注重承諾，他們是感性的，不是理性的。既然是感性的，就沒有什麼道理好講。他對你會這樣，對其他異性也一樣，他跟誰都可以感情好。

而腹區驅動的人呢，他們看起來一諾千金，行動力十足。如果這一刻他做到了，他就做到了；如果這一刻他無法兌現承諾，那麼這事就過去了。從外人的角度來看，他們沒有承諾，但他們自己卻不這麼看。他們會認為，環境變了，當初的承諾當然也跟著變了。所以，腹區驅動的人比較活在當下，他這一刻跟你愛得死去活來，下一刻同樣可以跟另外一個人愛得轟轟烈烈。

我們選擇伴侶，大多數時候是非理性的，是一衝動沒經大腦就答應了他、嫁給了他。而有些人一旦答應了，就會認定對方，堅持非妳不娶、非你莫嫁，並且攜手白頭，這樣的人通常是腦區驅動的。而那些愛得死去活來、轟轟烈烈的人，他們分起手來也驚天動地。所以，當你羡慕別人的伴侶忠誠時，別人也正在羡慕你的激情和親密呢；當你正在羡慕別人的愛情浪漫時，你所不知道的是，在浪漫的背後有多少不為人知的淚水。

人雖然是高等動物，但終究是動物。如果我們不去覺察，完全按照我們的本能來生活的話，婚姻關係就會和我前面講過的那個小狗的例子一樣。

在婚姻關係裡，我們都在有意無意地扮演著某個角色。藉由小狗的這個例子，我想請大家思考一下——在家庭關係裡，你充當的是我和我太太的角色，還是我女兒的角色？

以前的團長充當的就是我跟我太太的角色，所以我太太就一直抱怨我「你不愛我」。當時的我也不理解，跟著我有得吃、有得住，妳有什麼問題我都盡自己能力去幫妳解決，對妳還掏心掏肺的，結果妳說我不愛妳。

為什麼我們的全心全意，換來的卻是對方的一句「你不愛我」？其實，這正是我們在婚姻關係裡需要覺察的一個點——人的需求是多樣化的，僅僅憑自己的本能去滿足對方其中的一個需求是不夠的。

所以，我們需要覺察，需要學習和成長，需要有意識地改變自己。否則，生而為人，我們跟動物有什麼區別呢？

透過我家小狗的案例，你是否悟出了一些婚姻的真諦呢？

你還敢抱怨伴侶不夠浪漫嗎？

在生活中，我們經常會聽到女性朋友抱怨說，伴侶越來越不懂浪漫了。當然，追求浪漫並不是女性的專利，也有男生抱怨自己的伴侶不夠浪漫。

從前面的內容中，我想聰明的你已經明白什麼叫浪漫了。但我還是想再次講一下這個話題，因為在我的情感諮詢經歷中，這是不少夫妻關係的「絆腳石」。

那「浪漫」是什麼呢？我跟大家分享一個我見證過的最浪漫的故事。

二十多年前，我在一個小城市開了一家證券代理公司，公司的高階主管基本上都是從香港、台灣高薪請來的。

記得有一次我們公司聚餐，一個年輕貌美的女孩點了一碗拉麵，吃的時候吐槽說：「這拉麵好難吃啊，好懷念蘭州拉麵啊。」就這麼嘆了一口氣，旁邊一位來自香港的高階主管體貼地問：「妳很想吃蘭州拉麵？我也想。我們一起去蘭州吃拉麵好不好？」女孩子以為他在開玩笑，結果這位男士直接打了一個票務電話，讓對方幫他查一下明天早班飛機去蘭州是幾點，然後跟女孩要了身分證字號，訂了兩張去蘭州的往返機票。

我當時驚呆了。一碗拉麵也就兩、三塊錢，一張去蘭州的機票要兩千多，一來一回兩個人花銷得上萬，就為了吃碗三塊錢的拉麵！這樣荒唐的事情誰做得出來？

那個時候的我已經是一個非常理智的人，同時，我也知道這位來自香港的高階主管是個有婦之夫，所以我當時對這樣的行為嗤之以鼻，這明擺著就是占女孩子便宜嘛，這個女孩子跟他去蘭州吃完拉麵後會發生什麼？明白人稍一動腦就會清楚。這只不過是一場金錢與性的交易而已，所以，我當時對這位高階主管十分反感，沒過多久就把他開除了。

學過心理學之後，我才明白，這種人並不一定是內心邪惡的人，他之所以會做出這樣違反常理的事，跟他的內在性格有關。心區驅動的人以情感為中心，他們往往感情用事；腹區驅動的人做事衝動，不講後果，全憑身體的本能牽引。這兩種中心驅動的人都有可能做出這樣的事情。像團長這樣腦區驅動的人是做不出這樣的事情的，因為我們會計算這樣做值不值，這樣做的後果是什麼？因此，腦區驅動的人是很難浪漫得起來的，因為有太多太多的承諾，受到太多太多的約束。而浪漫恰好就是沒有承諾，只有親密與激情的關係。

因此，追求浪漫的朋友們可要注意了，你是否真的要這種沒有承諾的浪漫呢？一個天生浪漫的人，通常是缺乏承諾的啊！這樣的人在現實生活中比比皆是。

比如沈從文。「我行過許多地方的橋，看過許多次數的雲，喝過許多種類的酒，卻只愛過一個正當最好年齡的人。」沈從文寫給妻子張兆和的這首情詩曾感動了無數人。可是，當婚姻生活被柴米油鹽、雞毛蒜皮的小事所充斥的時候，沈從文轉身就對穿著高跟鞋、燙著時髦頭髮的高清子一見傾心，而這個時候產子不久的張兆和正躺在醫院。

再比如大才子徐志摩。浪漫是真的浪漫，但他的渣也是毋庸置疑的。徐志摩在倫敦留學期間，是張幼儀在他的身邊料理一日三餐瑣碎家務。可是，他一邊滿腔赤誠地瘋狂追求林徽因，一邊卻和張幼儀同床共枕。得知張幼儀懷上第二個孩子之後，徐志摩更是一臉冷漠地說：「把他打掉。」

像這樣的愛情真的是你想要的嗎？就像那首歌所唱的：「不在乎天長地久，只在乎曾經擁有。」

我相信對於大多數飲食男女來說，這樣的浪漫只敢留在幻想中，並不願意擁有這樣的婚姻生活。

當然，團長的意思並不是浪漫不好。請大家想像一下，如果你是前面故事中那位女性，有個男人這樣對你，你會不會很感動？我並不是教你們學壞，但是，身為男人，如果你願意為了你的伴侶完全不計後果地這樣浪漫幾次的話，你的伴侶會不會感到十分幸福？

以前的團長其實不會算帳，認為花幾千塊錢去蘭州吃碗拉麵不划算，其實從現在來看，我的算法完全錯誤。你想想，如果你真的這樣做了，你親愛的太太往後餘生都會記住這件事，只要跟閨蜜一吃麵，就會滿臉幸福、驕傲地說：「親愛的妳知道嗎？那一年我只是想吃碗蘭州拉麵，我老公就陪我去了蘭州一趟。」這件事會成為你太太一輩子的驕傲以及甜蜜回憶。你說這幾千塊錢花得值不值得？

學習心理學之後，我就開始懂得如何去製造浪漫，帶給太太驚喜了。記得有一年，我看到有人推薦說人生必去的三十間飯店，我訂了瑞士的一間飯店，我太太入住飯店的時候，推開門驚呆了，透過落地窗，遠處純淨絕美的阿爾卑斯雪山盡收眼底。到傍晚時分，晚霞襯得雪山一片金黃，泡在那無邊際的恆溫泳池裡，那感覺妙極了。我找不出更好的詞語來形容，總之，那是我迄今為止住過的最漂亮的飯店。我太太問我：「多少錢？」我說：「不是很貴，兩千多。」我不敢告訴她是歐元。她當時還說很值得，後來知道是歐元後，還是被她罵了一頓。但是，罵歸罵，我太太臉上的每寸皮膚都在告訴我，她很開心、很滿足。我想，那一刻的浪漫也會成為我太太心中永恆的美好吧。

簡單說，浪漫就是在理性層面超越所有常規的思維，它超出了所有預期，拿掉了所有理性，破除了過往的條條框框，在非理性的範疇內做一件美好的事，就會讓人突然間有一種驚呆了的感覺。

作家畢淑敏曾說過：「人的生活中需要偶爾的浪漫和奢侈，這也是生命因此有趣和值得眷戀的理由。」大家現在知道怎樣去追求浪漫了嗎？一放下承諾，你就浪漫了；不按大腦的邏輯出牌，你就浪漫了。一旦你按照大腦的邏輯去計算玫瑰多少錢一枝、花幾千塊錢去蘭州吃碗拉麵值不值得，你就浪漫不起來了。但是大家記住，追求浪漫是要付出代價的。

對婚姻而言，偶爾浪漫幾次是可以的，也是必需的。但如果長時間這樣，並不是每個人都承受得了浪漫的後果，因為畢竟我們是普通人，是飲食男女，柴米油鹽醬醋茶的生活還得繼續。

我們要允許婚姻和伴侶存在缺憾

人人都嚮往完美的愛情、圓滿的婚姻，但沒有人是完美的，也沒有伴侶是完美的。面對不完美的婚姻，我們該怎麼辦呢？

第一，我們要接納婚姻的不完美。接納自己的伴侶不完美，就像接納自己的不完美一樣。

第二，把追求完美變成追求卓越。追求完美會讓人充滿壓力，產生焦慮，影響身體健康，破壞婚姻關係。追求卓越的意思是，我們盡量做到最好，但允許有缺陷。完美是彌補自己的缺點，卓越是充分發揮自己的強項，接納自己的弱項。

俗話說，十根手指有長短，既然每個人都有自己的長處，就一定有不足的一面。因此，沒必要強求全面發展。

如果婚姻注定不能完美，何必去強求呢？

當然，不強求的意思並不是不作為。完全不作為，按照動物性去生活，那叫「無明」。看清自己的本質，有意地為自己的伴侶去做些自己不擅長的事情，那才是愛的具體表現。

比如，像我這樣理性的人，可以有意地去做些浪漫的事情。

如果你本來就是個浪漫的人，那你就需要注意理性一點，保持整體平衡，在你好、我好、大家好的原則下浪漫。

如果你們的婚姻是一種陪伴關係，可以有意地增加點激情。

總之，缺什麼，就去補什麼，但千萬別拿自己伴侶的弱項去跟別人的強項比。你不可能要求小草長成大樹，同樣，你也不可能要求大樹像小草一樣柔軟。既然你選擇了小草，就享受小草的溫柔；選擇了大樹，就享受大樹的剛強。

接納並不是不去改變，而是在感恩現在擁有的基礎上去錦上添花。同時，改變必須從自己開始，因為自己才是一切的根源。夫妻雙方是一個系統，任何一方的改變，都會帶來整個系統的改變。

要求別人改變，是被動、不可控的，帶來的常常是痛苦。只有從自己開始，才是主動、可控的，是成長，是成就，是快樂。

世間安得兩全法，不負如來不負卿？所謂的美好愛情，不過是兩個人懂得相互包容、相互理解、相互尊重而已。

接納：婚姻裡最大的陷阱——強求一致

前面我們了解了八種婚姻類型，不管你的婚姻屬於哪一種，你都已經對自己的婚姻狀況有了覺察。這裡，我們可以從另一個角度來覺察我們的婚姻。

婚姻相似好還是互補好？

很多人說，好的婚姻是三觀相似的；但又有人說，好的婚姻必須是互補的，兩個人取長補短，才能生活得幸福。究竟哪個觀點對呢？

網路上有不少關於愛情適合度的小測驗，兩個人回答了一些問題後，電腦會給出關於兩個人適合度的分數。我知道這些測驗背後的邏輯，它們是根據兩個人處事模式的相同度來打分的，其背後的原理還是價值觀是否相同的問題。也就是說，兩個人價值觀相同點越多，兩個人就越適合在一起生活。但這樣的測驗真的準嗎？是不是測驗結果分數越高的人，結婚後就越幸福？分數越低的人，離婚的機率就越高？

關於共同價值觀理論，在各種有關婚姻的書籍中隨處可見。為了讓大家更容易理解這個觀點，我們可以用一張圖來表達，如下圖二。

黑色圈代表男人價值觀範疇，灰色圈代表女人價值觀範疇，而兩個圓圈相交的陰影部分就是男女雙方共同的價值觀。

按照這種理論，交集少就意味著婚姻不幸福；交集越多，就代表兩個人越幸福。如下圖三。

我不知道這種理論是否正確，因為我不是專家，我是「用家」。我只想問一個有意思的問題：這個世界真的存在兩個價值觀完全相同的人嗎？

現代人離婚率很高，離婚的理由有很多，我聽到最多的一個是：「因為不了解而結合，因為了解而分開。」這個觀點的潛台詞是：「經過了解之後，原來你是這樣一個人，我們根本就不是同一個世界的人。道不同，不相為謀，所以我們要離婚。」

但是，真的需要價值觀相同才能幸福地生活在一起嗎？

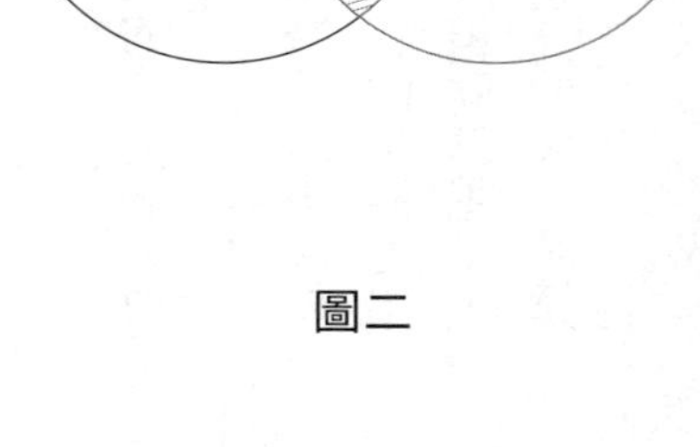

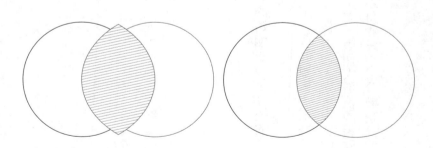

圖二

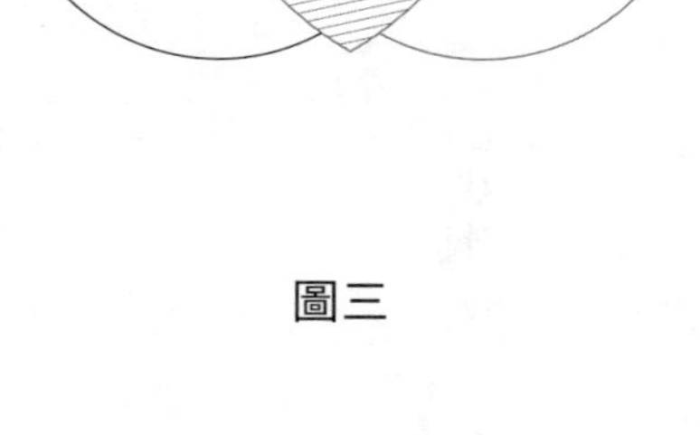

圖三

男人來自火星，女人來自金星

講到婚姻，肯定離不開約翰．葛瑞這個人，他是婚姻領域的權威作家。他寫的《男人來自火星，女人來自金星》，是目前世界銷量第一的一本關於婚姻關係的書。還有一個繞不開的人，叫芭芭拉．安吉麗思，她寫過一本暢銷書叫《愛是一切的答案》。這兩人原本是夫妻，他倆對男人和女人做了大量的研究。下面，我引述他們關於男人和女人之間不同的部分研究成果。

第一，男人把生存放在第一位，女人以依賴為主。

在遠古時代，人類生活在原始叢林，男人負責打獵謀生，女人負責生兒育女照顧家庭。為了適應殘酷的叢林生活，男人必須把事業和生存放在第一位，如果他打不到獵物、無法保全自己，那一家人就要餓死。那個時候的女人要怎樣才能不挨餓呢？找個「靠山」——一個強壯的男人。這叫依賴。

隨著社會的發展，男女分工逐漸改變，越來越多的女性追求獨立。但無論人類怎樣進化、發展，都會帶有原始基因的烙印——男人追求生存是本能，女人依賴他人是天性。

第二，男人透過做成事來成就自我，女人透過想像和獲得愛就能夠成就自我。

對男人來說，做成一件事情很重要，因為那是證明他能力、魅力，獲得自我滿足的方法，也是他們詮釋自己存在的意義、成就自我的最佳途徑。所以我們常說，男人透過征服世界來征服女人。

而對大多數女人來說，她們對愛情會有很多想像的成分，她們會在潛意識中不斷地美化愛情、美化關係，並透過想像和獲得愛來成就自己。所以我們也常說，女人征服男人就可以征服世界。

第三，男人習慣同一時間專注地做一件事，女人可以同一時間做很多事。

為什麼這麼說呢？這跟我們人類的原始基因遺傳有關。遠古時代，叢林競爭殘酷，危險重重，男人打獵的時候如果不專注，別說打到獵物，他自己都有可能成為猛獸的獵物。但女人在家裡需要專注嗎？不需要，因為家很安全。所以直到如今，她們依然可以同一時間做很多事情，可以一邊聽音樂一邊帶孩子，可以一邊炒菜一邊跟閨蜜聊天。

所以，各位女士，妳們要理解男人不能同時兼顧幾件事，就像妳們要男人理解女人沒有方向感經常迷路一樣。妳們千萬不要因此而誤會自家老公。我就是那個經常被誤會的人，比如說我正專注於寫作，這個時候，我太太走過來交代我說，湯煲到幾點鐘要記得關火。我當時隨口就答應了，但其實我是沒分心的，因為那個時候我的焦點都在寫作上。結果我太太一回家發現湯都煲乾了，把我罵了一頓。這都是男人們習慣同一時間專注地做一件事而惹的禍。

第四，男人注重整體大局觀，女人更注重細節感受。

面對同一件事，男人一般不會過分糾結於細微末節的問題，他更注重的是整體大局觀，會從事物的大方向來看待問題、解決問題。但是女人們一般只會盯著事情進展過程中的細節。當然，現在有很多獨立女性也具備了大局觀，有些男人則把細節看得很重。但就整體而言，男人更注重整體大局觀，女人更注重細節感受。

你們是不是也碰到過這樣的例子？當女人問「吃什麼」時，男人給出一個大方向，但對女人來說，這個大方向等於沒方向，因為她要的是細節。這就是男人跟女人思維完全不一樣的地方。

第五，男人看重結果，更關注如何解決問題；女人在乎過程，主觀感受更重要。

以前，我太太還在上班的時候，有時候回家會跟我吐槽抱怨說，公司的主管不公平，給他們這一組的任務特別重。我聽了憤憤不平：「居然敢欺負妳？明天妳約他出來，我幫妳跟他談談。」我太太問：「你什麼意思，幹嘛要跟他談？」我說：「妳不是說他分配任務不公平嗎？我來幫妳擺平這件事啊。」最後，我太太很無語地說了一句：「懶得跟你說。」

女人們訴說感受時，大多數男人想的是「這件事我可以幫她解決」。其實，她們真正需要的，是表達情緒和被人傾聽的過程，她們重視的是過程，是交流本身，而不是急於要一個答案。所以，當女人跟你吐槽、抱怨公司裡的事情時，你認真聽著就好了，聽完之後再加上一句：「親愛的，這份工作不容易，真難為妳了，等我賺了錢，我們就不做了，我養妳。」

第六，表達需求的時候，男人喜歡直接，女人喜歡委婉暗示。

舉個簡單的例子，你太太的生日快到了，她想要個禮物，但她不會直接跟你說：「親愛的，我想要個生日禮物。」她會說：「老公，我今天跟閨蜜吃飯，她手上的戒指好閃啊，閃得我都睜不開眼了。我從來沒見過那麼大、那麼閃的戒指，羨慕死我了。」有的「直男」老公可能會說：「閃到眼睛了啊，那妳戴墨鏡就行了。」他完全不知道女人這樣說是有潛台詞的，但女人們偏偏就喜歡這麼表達自己的需求。我太太也是這樣，有時候我不明白她的意思，她生我氣時，我就會跟她說：「妳想要什麼，直接告訴我不就行了？」結果，我太太說了一句：「我直接告訴你了，那還有什麼意思？」

男人想要什麼就很直接，他們常常是直奔主題、一步到位。在這裡，我代表男性同胞告訴廣大女性朋友一個真相——妳不直接告訴他會更沒意思，因為他真的不懂妳的潛台詞和複雜小情緒，妳等來的也許會是一肚子的失望和怨氣。所以，對於另一半，請學會具體而直接地表達自己的需求，這一點對於婚姻保鮮特別重要。至於如何表達，那可是一門學問，這個我後面會詳細介紹。

第七，男人喜歡戰鬥，要戰勝別人；女人要求特別、與眾不同。

就算人類發展到今天，科技高度發達，還是活在資源不足的狀況下，為了獲得足夠的生存資源，男人必須戰鬥。

在遠古時代，負責獲取食物的是男人，而女人則負責操持家務，所以不需要活在你死我活的戰鬥環境中。但她們需要獲得強有力男人的注意，所以她們要打扮自己，讓自己漂漂亮亮的。

就算今天生存環境已經發生了巨大的變化，但原來基因裡的「烙印」還沒有完全改變。這一點在穿著上體現得最明顯：男人不怕雷同，而女人就很怕。如果男人發現有人跟他穿得一樣，他會很高興，覺得對方跟他一樣有品味。某件衣服穿著很舒服，他們一買就買很多件。我的朋友黃偉強，壹心理的創始人兼CEO，大家看他每天穿的都是黑T恤、牛仔褲，好像三年都不換衣服似的，其實他每天都換的。他買衣服怎麼買的？黑T恤一買就是一打，買牛仔褲也是這樣。

但女人就不一樣，如果她發現身邊有人跟自己穿同款，就會渾身不自在，恨不得馬上換掉。這些是潛藏在基因裡的東西，是人類進化的結果。

類似這樣的不同還有很多，團長在這裡就不一一列舉了，有興趣的朋友可以自己去看約翰．葛瑞和芭芭拉．安吉麗思的書。我只想借他們倆的研究告訴大家，男人跟女人的價值觀本來就不一樣，又怎麼能夠找到價值觀跟自己一樣的伴侶呢？正如我們找不出完全相同的兩片樹葉一樣，世界上恐怕也不存在完全重合的價值觀。即使有，如果世界上都開同一種花，人們都過同一種生活，這樣的世界該多單調、多沒意思。既然如此，你還指望你的伴侶跟你的價值觀一致嗎？

既然無法找到另一個跟自己一樣的人，那是不是互補的婚姻就會幸福呢？還記得我在最前面跟大家分享的七個愛情故事嗎？裡面的每一對都是在找一個滿足自己需求的人，可是他們為什麼也不能幸福呢？

看來，無論是相似，還是互補，都有可能幸福，也有可能不幸福。那是什麼決定了兩個人的婚姻幸福呢？難道是學習？

為什麼上了成長課，反而加速了婚姻的破碎？

在心理界還有一種觀點很流行，認為夫妻之間需要共同成長才會幸福。

團長在心理領域工作了二十多年，我發現在心理培訓行業有一個普遍的現象，就是不少人本來是希望透過上課改善自己的婚姻狀況的，沒想到上完課之後，反而加速了自己離婚的速度。為什麼會這樣呢？團長杜撰了一個小故事來說明這一現象。

在一口井裡，青梅竹馬的兩隻小青蛙結成了伴侶，牠們雖然每天都只能看到那一小片天空，只能生活在窄小的空間裡，但牠們以為世界本來就是這麼大，因此，那片有限的天空並沒有影響牠們的恩愛。後來，牠們生了一窩小蝌蚪，一家人幸福地生活在那口井裡面。

可惜，一隻打水的桶改變了這幸福一家的命運。有一天，有人來到這口井打水，其中一隻青蛙碰巧落到了桶裡，跟著水桶離開了這口井。

當牠隨桶來到井外後，牠驚呆了！原來世界這麼大！牠忍不住發出了這一生最開心的驚呼：「哇，太美了！原來世界這麼大這麼美！」牠好興奮，但牠沒有長時間留戀這美好的一切，因為牠心裡愛著牠的伴侶，迫不及待地想跟伴侶分享自己所見到的一切。於是，牠毫不猶豫地「撲通」一聲跳回了井裡，對牠的伴侶說：「親愛的，外面的世界好大好美，我們要離開這裡，到外面的世界去，我們要改變我們家庭的歷史！」

另一隻在這口井裡安靜、幸福地生活了半輩子的青蛙，牠已習慣了目前的生活，雖然在一口井裡，難免會有些碰碰撞撞的，但對目前的生活還算滿意。牠看到伴侶這興奮瘋狂的樣子，冷靜地對牠說：「親愛的，你是不是被洗腦了？」

已經見過世面的青蛙不放棄，試圖繼續說服伴侶：「外面的世界真的好精采，我帶你出去看一看，你就知道了。」結果，牠的伴侶依然冷靜地說：「親愛的，別瘋狂了，這裡挺好的，還有我們的孩子，難道我們一家人這樣生活不好嗎？幹嘛到外面去冒險？你不要被別人騙了。」

經過多次努力和勸說無效後，這隻見過世面的青蛙突然覺得，喜歡待在舒適圈的伴侶跟自己已經不在同一個層次了，兩隻小青蛙的關係不再像之前那樣恩愛了。牠的心裡時時刻刻在想著外面的世界，等到那只打水的桶再次出現時，牠毫不猶豫地跳進了桶裡，隨桶離開了那個曾經讓牠感到幸福的安樂窩，到外面的世界去生活了。不久之後，牠遇到了另一隻青蛙，開啟了另一個蛙生故事。

這個故事很像某些課堂裡發生的故事對嗎？我知道，上過某種課程的讀者看到這裡會會心一笑。不少同學上了某些心理學的課程之後，發現自己進步了，然後就希望自己的伴侶也去上課，可是，一個習慣了原有生活方式的人，是不太願意去改變的，因此，不管如何遊說，都無動於衷。而那些在學習中嘗到了甜頭的人，學習是不會停止的。於是，一段時間之後，雙方的認知開始出現分歧。再加上某些心理學的老師會在課堂上不斷宣揚一個危險的觀點，說什麼夫妻之間需要有共同的價值觀，雙方需要共同成長，否則，兩個人就應該離婚。因此，就出現了這樣一種現象：本來上課是為了改善婚姻，沒想到上課卻加速了婚姻的破碎。

兩個人為什麼要結婚？

相似不行，互補也不行，學習成長還是不行，那婚姻的幸福究竟在哪裡？要回答這個問題，我們要回頭研究一下兩個人為什麼要結婚。

婚姻多不自由啊！錢鍾書先生把婚姻比喻成「圍城」，一旦走進婚姻這座圍城，你就會受到各種約束，不可以這樣，不可以那樣，還有很多的麻煩。一個人生活多好啊，想幹嘛就幹嘛！所以，我們為什麼要結婚？很多人說是因為愛。那什麼是愛？就算是有一種東西叫「愛」，我們因為「愛」而被禁錮、被傷害，這值得嗎？

也有人說，結婚是為了找個人照顧自己。需要被照顧的話，我們可以請個保姆，一定比找個老婆、找個老公要照顧得周全；還有人說是為了基因延續，如果婚姻僅僅是為了延續基因，那也不用結婚啊？像動物那樣，只要你能找到異性交配，不也是可以延續基因嗎？所以，好像這些都不是我們走進婚姻殿堂的真正理由，那結婚的真正理由是什麼呢？

這個問題我還真回答不了，我不是社會學家，也不是歷史學家，我這本書也不想研究婚姻的起源，我只想從心理學的角度試著去尋找一種讓婚姻過得更幸福的途徑。

我想請大家假設一下，如果地球因為某種原因，導致人類幾近消失，只剩一個你，而且人類創造的財富都還保留著。你想住哪個豪宅就可以住哪個豪宅，你想開哪輛名車就可以開哪輛名車，你想吃什麼好吃的就有什麼好吃的。你夢寐以求的人生都實現了，人生從沒如此自由過。這樣過一天開不開心？開心。我們再來想像一下，假如這樣過三天會怎樣？拿起手機不知道看什麼；開心拍個照放上網，沒人點讚；想打個電話跟人聊聊，沒誰可聊；滿腔的愛無處可去，無人可給。這個時候，你會開始感覺到孤獨。如果這樣度過三個月，我想，你大概會感覺人生絕望，基本上活不下去了吧？

因此，從心理學的角度來看，一個人不僅僅需要自由，還需要與人連接。人會在自由和親密之間搖擺，自由久了之後就會渴望親密、渴望婚姻，但婚姻又會讓部分自由喪失，於是，在自由與親密之間，人就會出現矛盾。

我們到底為什麼結婚？

從社會學的角度，婚姻制度是人類社會發展到今天的最佳選擇，既可以良性地繁衍後代，又能讓男人與女人之間很好地分工合作，由婚姻而建立的家庭，是社會上最穩定的基礎結構。

從心理學角度看，婚姻可以滿足人類的各種需求，如心理需求、生理需求、安全需求、歸屬需求、依戀需求、情感需求等。

美好婚姻的基礎：接納是改變的前提

既然有需求，就會有結合。但事情總是兩面性的，任何的好處背後都會有代價，婚姻也不例外。兩個性別不同、成長背景不同、性格不同的人生活在一起，難免會有衝突。面對婚姻中的衝突，我們該怎麼辦呢？為什麼有的人能夠婚姻美滿幸福，而另一些人卻滿地雞毛？和諧幸福的婚姻有什麼共同的特點嗎？

「萬物負陰而抱陽，沖氣以為和」，兩千多年前，老子已給了我們答案。萬物在陰陽交合的過程中，一定會有相沖的一個點。一對夫妻也是陰跟陽交合在一起。陰陽交合，一定是會相沖的。所以，即便是再恩愛的伴侶，生活中也會有各種各樣的摩擦和矛盾，會有爭吵，會有限制，會有種種要求。既然會有相沖，那該怎麼辦呢？

老子說：「知常乃容，容乃公，公乃王，王乃天，天乃道，道乃久，沒身不殆。」什麼叫「知常乃容」呢？就是說，當你知道這是一種常態時，你就能夠包容它，你就能夠公正地對待它，這是符合天道的做法。當你符合天道時，就能長長久久，終身沒有危險。

中國傳統的婚姻家庭之所以能夠穩定，其中一個很重要的原因是中國文化的包容性。兩個興趣愛好、性格脾氣、人生態度、理想追求等都不一致的人要在一起生活一輩子，沒有包容和接納的胸懷是做不到的。

前面討論過，這個世界沒有兩個人是一樣的，要找到如下圖四這樣的伴侶，幾乎是不可能的：

對於大多數的婚姻組合，基本上如下圖五：

只有小部分相同，其餘大部分都不一樣。如果

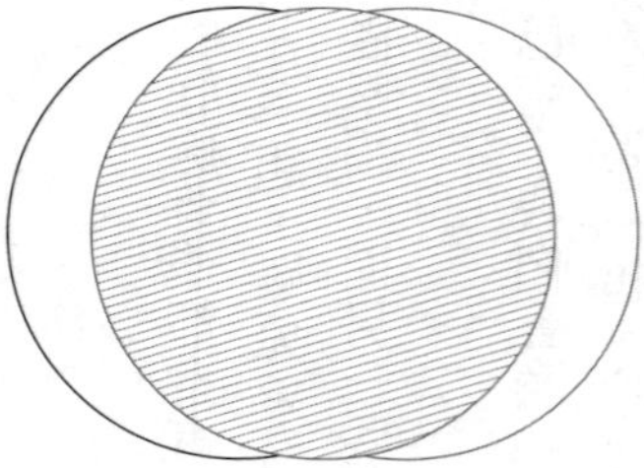

圖四

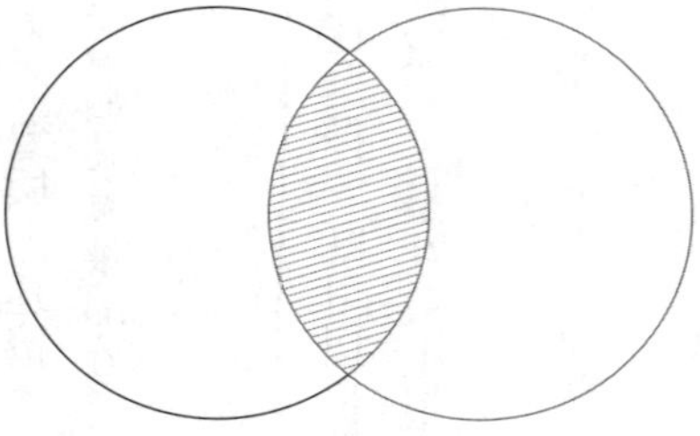

圖五

因為這樣就選擇離婚的話，我想，你這輩子大概都不會找到你要的人。那怎麼辨呢？

佛教有個詞叫「放下」，很多人對這個詞有很大的誤會，以為無慾無求，什麼都不追求，就叫「放下」，於是社會上有不少人以此為懶惰的藉口，不思進取，不負責任，逃避人生，還以為自己這是「佛系」，其實，這是對佛系最大的褻瀆。

那什麼才是真正的「放下」呢？

所謂「放下」，就是不要計較，對功名利祿、富貴得失、悲歡離合、嗔恨嫉妒、憂悲苦惱等不再耿耿於懷，它是一種境界。如何才能放下？放下的前提是「放得下」，要放得下，你內心的世界必須足夠大。

以實物為例，比如你家的房子有三十坪，你們一家三口在這樣的房子裡生活是沒問題的，因為房子的空間足夠大，放得下你們一家三口。但是，如果你們一家是五代同堂，總共有三十口人呢？很明顯，三十坪的房子放不下你們一家三十口，因為相對於你們這麼大的家庭來說，空間實在太小了，小到放不下。

有人說，幹嘛要那麼大呢？我家又沒有那麼多人，在自己的小世界裡過日子也沒什麼不好啊，井底之蛙又如何？在一口井裡生兒育女過一輩子也挺不錯的，世界是小了點，但足夠了。真的嗎？井底之蛙能幸福地生活一輩子的前提條件是——那一口井永遠只屬於牠們，萬一哪天來了一條蛇呢？幸福的一家就淪為蛇的早餐了。因為牠們的世界太小，實在放不下一條蛇。在湖裡生活的青蛙就不一樣了，因為湖足夠大，容得下不同的動物。就算來了一條蛇，也不至於影響牠們一家的生活。

人的心量也是一樣的，有大也有小。一個心量大的人，他放得下很多事，比如伴侶跟自己不一樣的觀點、情緒、需求，他都能放得下。當他的心放得下這些東西的時候，他就會接納，用另一個說法叫包容。一個心量大的人，他容得下伴侶的觀點、情緒、需求，甚至伴侶偶爾犯的小錯誤，也都能接納。你跟這樣的人相處時，會感到十分舒服。如果你遇到這樣一位伴侶，你的婚姻哪有不幸福的道理？

相反，如果一個人的心量很小，他就無法接受不同的意見，凡是跟他想法不相符的事情他都接受不了，因為他的心太小了，小到放不下那些跟他不一樣的觀點、行為。當遇到持不同觀點的人時，他就會強求別人改變，變得跟他自己一樣，如果你不願意改變，他就會想盡各種辦法控制你。你試想一下，跟這樣的人生活在一起，你會開心嗎？跟這樣的人結婚，又怎能幸福呢？這樣的婚姻就像一座監獄一樣，你在這樣的婚姻裡待久了，唯一的想法就是逃離。

中文有一個詞叫「容忍」，雖然是一個詞，但卻包含兩種完全不同的意思。「容」是一種空間概念，而「忍」是一種心理狀態。心裡放得下，叫能容；心裡放不下，則需要忍。因此，能容，就無須忍。相反，如果要忍，則一定是因為容量不夠。

在婚姻中，兩個本來陌生的人要生活在一起幾十年，他們各自有著不同的成長背景，經歷閱歷不同，思維模式、生活習慣也各有差別，這樣的兩個人生活在一起，如果心量不夠大的話，又怎能放得下對方的不同呢？

當你心量不夠大，無法接納伴侶的某些行為或者情緒的時候，你通常會有兩種反應：

第一，忍受，表現為委屈。

有人說胸懷都是由委屈撐大的，乍一聽起來好像很有道理，因為委屈的人不斷容忍，後退讓步，別人會認為「哇，這個人真的很有胸懷」。甚至還有人就此話題寫過一本書，不過，委屈真的能撐大一個人的胸懷嗎？我不敢苟同，因為在我做過的個案中，經常會看到，不少人委屈了一輩子，胸懷也不見得會變大。

心理學研究發現，委屈不僅無法撐大胸懷，相反，它還會傷害身體。當一個人長期感到委屈時，會對內攻擊自己，情緒會憂鬱，身體也會衍生出各種各樣的疾病。

在關係方面，當你感到委屈時，你肯定不會有好的臉色給對方，在性方面也會出現嚴重的不和諧，這樣的夫妻關係又怎麼可能好呢？

第二，對抗，表現為抱怨、指責，甚至戰鬥。

除了委屈和隱忍之外，當你容不下伴侶的某些行為習慣時，另一種相反的表現方式就是對抗，總想改變對方，讓對方變成自己想要的樣子，這樣的結果輕則爭吵，重則戰鬥，無論如何，結果都是兩敗俱傷。

也許有讀者會問：「如果伴侶有某些不良的習慣，難道我們不應該去改變他嗎？」

當然應該改變，但問題是，如何才能改變？

我們來看一下一般改變帶來的後果，如果你的伴侶抽菸，而你不喜歡抽菸。我們都知道，吸煙有害健康，這是應該改變的習慣。但如果你的伴侶一抽菸，你就生氣，然後帶著情緒指責他、控制他，或者囉唆、抱怨……不管你用什麼方式去與這種行為對抗，結果都是一樣的，就是你不開心，你的伴侶也不開心。在大家都不開心的狀況下，請問你的伴侶會不會改變？難。

你想讓伴侶少抽點菸，是出於愛，是為他好，想讓他健健康康地多活幾年。這份初心是對的，但是這並沒有給你的婚姻帶來快樂和幸福。相反，大家有沒有想過，當你不斷跟伴侶爭吵的時候，請問他就可以多活幾年了嗎？當你因為他抽菸這個行為去跟他對抗的時候，兩個人的憤怒、衝突，反而可能會讓他死得更快！在菸還沒把他弄死之前，他早被你給氣死了。請問菸和負面情緒，哪個更毒？

對抗並不能帶來真正的改變，於是你越對抗，他就越執著，婚姻就越過越不開心。為什麼會這樣呢？你換個位置感受一下就明白了，如果有人想改變你的某些行為，你願意被別人改變嗎？別人越想改變你，你就越頑固對不對？因為，你拚命都要證明你是對的，這就是人性的規律。

那如何才能真正地改變，讓婚姻變得更加美好呢？

接納才是改變的前提。

當你希望對方改變時，你無疑已經假設了對方是錯的，而沒有人願意承認自己是錯的，所以，當你想改變他時，他為了證明自己是對的，只能更加固執地堅持原有的行為，這就是改變悖論。

但接納就不同了，接納就是在你的世界裡，先給這種行為一個允許，先把對方放在對的位置，然後請求對方做得更好。當一個人被接納後，也就是說當他的某些行為被放在

「對」的位置後，他當然願意變得更好。

以前面抽菸為例，如果你能先接納抽菸這種行為，你也許可以這樣表達：

「親愛的，我知道抽菸是一個不錯的減壓方法，而且你抽菸的樣子也很帥。不過，抽菸對你的健康不好，我聞到菸味會很難受。而且，你嘴裡的菸味會讓我不敢跟你接吻，你能少抽點嗎？」

如果對方真的愛你的話，聽到這樣的話，是不是容易接受多了，當然，未必一下子戒得了，但至少他會願意減少抽菸這種行為，同時，雙方的關係也會變得更加親密，不是嗎？

在兩性關係中，還有另外一種常見的對抗方式，就是沉默。表面上看，沉默帶來的問題好像不大，其實，這也是扼殺兩性關係的「元兇」之一。

面對伴侶的沉默，我們該怎麼辦呢？

一般人會用質問、爭吵的方式來尋求對方的響應，比如會跟沉默的伴侶說：

「你怎麼老不說話呢？你是個啞巴啊？」

可是，越是質問，越是想跟對方說話，對方就越不願意跟你說話，沉默的時間就越來越多。

但是，如果你能給他一個允許，允許他一段時間內不說話，給他一個獨處的空間，人總是要說話的，等他想說話時，他自然會找你說話。

心理學研究顯示，男人平均每天要吐出兩千個字，他心裡才舒服。女人會多一點，每天要說七千個字才舒服。如果妳老公哪天還有一千個字沒說出口，他自然會找妳說的，他不說出來睡不著。但是如果妳硬要去撬開他的嘴巴讓他說，他反而一句話都不想說。當妳明白了這一點，妳就不會強迫他在不想說話的時候跟妳說話了。

我經常要外出講課，課堂上經常滔滔不絕，一講就是一、兩萬句話。一堂課講完，我好幾天都不想說話。其實不是我不想說，而是我沒話說，我把半個月的話都「透支」了，我還說什麼呢？這叫常態。但是當我憋了一個星期不說話，我又會迫切地想找個人說說話，因為我的話又回來了。我們的內心是要儲存了一定量的東西，才能有貨吐出來的。

接納，就是讓自己的心量變得更大一些，這樣，就能夠容得下對方更多的與自己不同的觀點、行為、情緒等，如下圖六所示：

所以，夫妻雙方不一定需要共同成長，只要有一方先成長了，自己的心量大了，就能夠容得下對方更多的不同，這才是真正的成長。也就是說，只要其中一方成長了，夫妻關係都會變好。

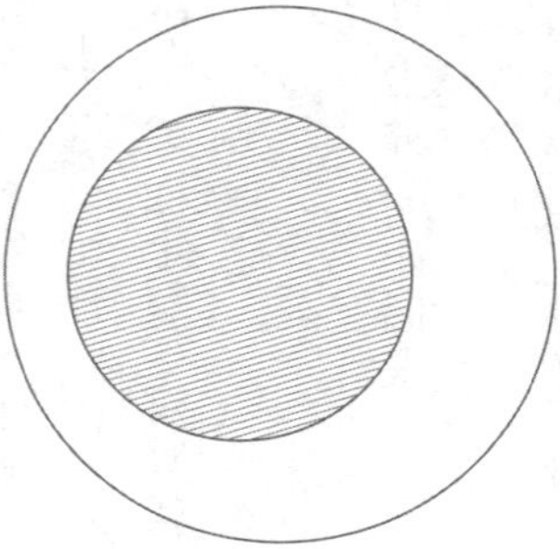

圖六

某些人上了一些課程之後，覺得自己成長了，而伴侶還在原地踏步，就認為兩個人不是同一個層次、同一個世界的人了，以此為藉口拋棄曾與自己共度患難的伴侶，這哪是成長？明明就是墮落！因為上完課後，他的心量不是擴大，而是變得更小了，小到再也容不下自己的伴侶了。

我們來看看物理的世界，通常那些有價值的東西都是有分量的。如果我們把一支筆和一片鴻毛同時扔向空中，有分量的東西都會往下沉，只有鴻毛、塵埃才會往上空飄。那些學完課程就輕飄飄的人，他們自以為進步了，我認為那並不是進步，而是大大的退步，因為，他們因此變成了一顆毫無分量的塵埃。

什麼叫成長？成長是你有更大的包容心，能包容更多的人和事，而不是用你的標準來衡量別人、要求別人。

當然，夫妻共同成長會讓雙方變得更幸福，這本身並沒有錯（如下圖七），彼此成長、彼此包容，這樣才是真正的雙方共同成長。

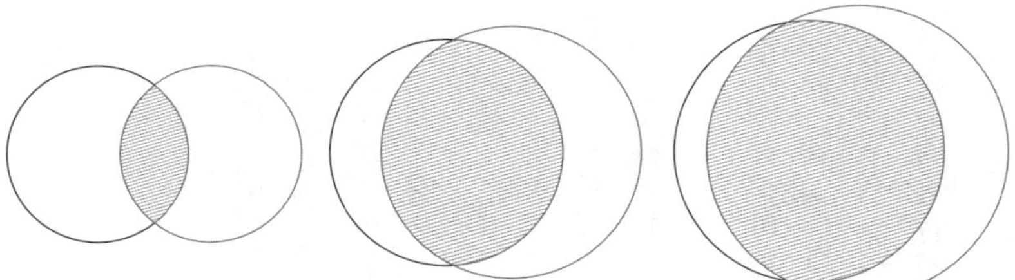

圖七

接納並不等於接受

老子說：「知常乃容。」

首先，我們要把夫妻生活中發生的事情看成是一種常態。什麼叫常態？舉個例子，大家會因為天下雨、天打雷而生氣嗎？不會。因為這是一種自然的常態現象。所以，天下雨、天打雷的時候，你會用自己的方式應對它，如果你要出門的話，會穿上雨衣或者撐一把雨傘，你不會跟老天爺生氣，因為你知道這是常態，是自然規律。

但是，如果樓上的住戶給你潑了一盆水呢？你肯定會暴跳如雷，為什麼？心理學有一個「空船效應」，可以解釋這一現象。

假設你正在乘船渡河，突然有條船迎面衝過來，撞到了自己的船。你非常憤怒，氣沖沖地拿起一把斧頭，準備登上那條船跟對方理論。可是當你登上船之後，發現船上空無一人。這時候你會怎麼樣？原本怒氣沖沖，一下子，怒火消失得無影無蹤。對不對？

同樣一件事，你生氣與否，取決於撞來的船上有沒有人！

按照這個理論，我們來假設一下，在婚姻關係裡，我們會有很多跟伴侶吵架的時候，比如，如果在你生日的時候，你的伴侶毫無表示，你是不是很生氣？肯定的。但是，如果你發現你伴侶的「船」上是沒人的，也就是說，你發現他失憶了或者是生病了，你還會跟他計較嗎？不會。你心中的氣會一下子消失殆盡，為什麼？因為你知道他這樣做是有原因的。試問，誰會跟一個病人計較呢？這就叫「空船效應」。

學過心理學的人都知道，當一個人生氣的時候，他的大腦就會缺氧，一個人大腦供氧不足時，是會變笨的。所以，人在生氣時往往會做一些蠢事。按照這個原理，生氣的人不也是個病人嗎？你為什麼還跟一個病人計較呢？你之所以會跟一個病人計較，只有一種可能性，就是你也是一個病人。

老子還說過另外一句話：「知常曰明，不知常，妄作凶。」意思就是，知道這個常態、規律的人是個明白人，不懂得事物的內在規律，你會輕舉妄動，會帶來災難性的後果。

在婚姻關係裡，你的伴侶跟你是不一樣的，這是常態；他會有各種情緒，也是常態；他會偶爾做錯事，這也是常態；兩個人有矛盾和衝突，同樣是常態……當你明白了這些，你自然就會去接納，就像接納老天會打雷、下雨一樣。

當然，接納並不是接受。

面對不良行為，接受是被動的，是消極的，是一種無能為力之後的無奈選擇。

而接納的意思是先把對方放在一個「對」的位置，肯定那些該肯定的部分，然後支持對方變得更好。

可惜的是，在婚姻中，絕大多數人總希望對方跟自己一樣：「親愛的，我覺得我這樣做是對的，你應該這樣做。」如果對方跟自己期待的不一樣，就會想盡各種辦法、用盡各種手段去控制他、改造他。在開始之初，他或許會因為愛而遷就你、改造自己。但讓他經年累月都活在你的緊箍咒下、你各種各樣的要求下，他受不受得了？肯定受不了，所以他會掙扎，會跟你對抗。

這就好比你拿著一把大剪刀，試圖把一盆原本肆意生長的盆栽，按照你的標準修剪成符合你期待的樣子，你每剪一刀，它身上都在流血，它也會痛、會受不了，只是苦於不能表達、無力反抗。

夫妻倆原本就是兩個獨立的個體，來自不同的原生家庭，有著不同的成長經歷和人生體驗，有差異、有不同是肯定的。我們不要指望去找一個價值觀一致的伴侶。當你學會接納並有能力欣賞對方的不同，允許對方用自己的方式存在，這樣的婚姻才會幸福。

所謂的「共同成長」也是一樣，如果你的伴侶願意跟你一起去學習、去成長，那當然更好。就算對方暫時還沒準備好去學習，去改變自己，如果你真的愛他，就應該允許他用自己的節奏去學習，去成長，如果你能這樣做，才是真正的成長。否則，如果你聽了一、兩門課程，就強迫你的伴侶跟你一樣，如果你的伴侶不願意，你就選擇離婚，這不是成長，是操控，是退步，是墮落。

人生中大多數的痛苦來源於我們強求對方跟自己一樣，結果搞到雞飛狗跳、一地雞毛。如果你想擁有美好的婚姻，請接納對方跟你不一樣，允許對方不完美，就像你自己也需要被別人接納一樣。

那為什麼我們對伴侶的某些行為總是無法接納呢？有時是一些很小的事情就會導致自己莫名其妙地憤怒、傷心或者委屈，為什麼會這樣呢？這很可能跟你過往的創傷有關。所以，療癒創傷才能從根源上解決婚姻問題。下一節我們來探討什麼是創傷？看看創傷是如何破壞婚姻的以及如何療癒創傷。

療癒：從根本上解決婚姻問題

前面我們講了婚姻幸福的基礎是包容和接納。可是，你是否發現，接納一個人並不是一件容易的事情，有時候，伴侶的一些小小行為根本就無傷大雅，但自己就是莫名其妙地生氣或者傷心恐懼，就像鞋子裡的沙子一樣，雖然細小，但就是硌得慌，讓你無法忍受。

我曾接過一對夫妻的個案，講出來你未必會相信。

夫妻一起白手創業，經過雙方共同努力，企業經營得風生水起。我不知道他們有多少身家，但從企業一年產值數億的規模可以猜測，他們絕對是富豪階層。可笑的是，這樣的有錢人卻總是為錢爭吵，而且絕對是小錢。

「我真不知道這麼多年辛辛苦苦為什麼？以前窮沒辦法，但現在有錢了，買點什麼都不讓買，買的東西稍貴一點就大發雷霆，現在的生活跟以前沒什麼兩樣，那輛福斯都開了快二十年了，就是不肯換；女兒長大了，房裡連洗手間都沒有，就是不肯換一間大一點的房子；衛生紙總是買廉價的，擦到屁股都快生痔瘡了……我來上您的課被她發現後，搞得好像世界末日似的，這樣的日子我沒法過了……」

丈夫一坐下來就開始吐槽。按先生的說法，這位太太簡直就是個守財奴。這次能來找我做諮詢，也是先生逼著來的，為了讓她同意來做諮詢，先生不惜下最後通牒：「如果這種狀況不改變，就離婚！」

可是，坐在我面前的太太並不像傳統文學作品裡描述的守財奴那樣——表情嚴肅，謹小慎微。我看到的是一位溫文爾雅、落落大方的女士。對於先生的吐槽，她並沒有爭辯，大大方方地承認事實，她理智上知道，這些錢他們家花得起，可是不知道為什麼，一旦先生花了一些她認為不該花的錢時，她就會莫名其妙地生氣。她並不是一個蠻不講理的人，她說她看過我的書，她也想知道為什麼。

我不知道各位讀者是否有過類似的經歷，伴侶的某些行為會讓你十分不舒服，雖然這些行為從理智的角度來說無傷大雅，比如：

伴侶說話稍微強勢一點；

伴侶回家稍晚一些；

伴侶穿了某件特別的衣服；

又或者伴侶去了某個地方，跟某人交往。

為什麼一些微小的行為就會讓你無法接納呢？要回答這個問題，我們要學習心理學一個常用的概念——創傷（trauma）。

「創傷」這個詞我們並不陌生。我猜各位已經不止一次地在文章、電影、電視中聽過這個詞，大概還知道PTSD（創傷後壓力症候群）。關於創傷，人們大多數以為那是影視作品中的事，別人的事，或者是那些驚天動地的大事。殊不知，幾乎每個人都經歷過創傷，同時，你今天的生活正被過去的創傷所影響。接下來，我就和大家探索一下關於「創傷」的一些基本常識。

創傷：走不出過去的痛，就無法活出幸福

我有位同事，天不怕地不怕，算是一位強勢的人，再壯實的流氓她都不會畏懼，但她唯獨非常怕狗，什麼狗都怕。

我家裡養了一隻可愛的博美，懂小狗習性的朋友都知道，博美是非常乖巧的寵物狗，人見人愛，沒有攻擊性。但她每次來我家之前都會畏懼地說：「團長，快把你家狗關起來。」不然她就不敢進門，即便只是順便來我家拿個東西，在門口站一會兒，她也要我把狗關起來。

為什麼一個天不怕地不怕的人，偏偏害怕一隻根本傷害不了她的小狗呢？原來，她小時候曾被一隻惡狗追逐過、傷害過。幼年的經歷給她留下了痛苦的記憶，這種痛苦的記憶就叫創傷。

心理學領域有個名詞叫創傷後壓力症候群（PTSD），是指個體經歷、目睹或遭遇到一個或多個涉及他人的實際死亡，或自身或他人受到死亡的威脅，或嚴重的受傷，或軀體完整性受到威脅後，所導致的個體延遲出現和持續存在的精神障礙。

換句話說，創傷就是人在遭遇或對抗重大壓力後，其心理狀態產生失調的後遺症。

但這個定義所說的，人們在創傷後產生的後遺症行為會比較嚴重，但我並不認同。因為在我二十多年的心理學生涯中，我看到的創傷無法計數，但這些創傷並沒有讓人產生明顯的過激行為，卻會給人帶來很大的局限性。所以，我對創傷有另一個定義，具體是什麼先賣個關子，我先給大家講個故事。

我們公司課程中有個叫「時間線」的療法，這種療法旨在利用心理學的技巧，把當事人帶回到過去，處理曾經給我們人生帶來創傷的一些事件，讓我們能更好地前行。

十多年前的一次「時間線」課程上，一位李姓學員在做完這個練習後，發出一聲驚呼：「天啊，世界竟然是這個樣子！」他瞪大雙眼，語無倫次地說，「原來……紅色是……這樣的……那麼鮮豔……」彷彿他這輩子都沒見到過紅色一般。

為什麼他會有此感嘆呢？原來，做諮詢的時候，他回到了小時候的創傷事件裡。

那時他才五、六歲，坐在親戚車上的副駕駛位置。我們都知道，小孩是不能坐這個位置的，因為意外來臨時對孩子極其危險，可偏偏那天意外真的到來了。他記得當時眼前的擋風玻璃上灑滿了鮮紅的血跡，滿眼的紅，那麼地刺眼……

治療的過程中，當他想起這個場景時，他渾身都在發抖、打顫、退縮，彷彿又變回了五、六歲時那個被嚇壞了的小男孩。

那為什麼治療後他重新睜開雙眼會看到不一樣的世界呢？

原來，當年擋風玻璃上全是血的那一幕，讓幼小的他完全震驚了，他的潛意識為了保護他不受到更大的驚嚇，於是選擇性地把他對「紅色」的感知能力削弱甚至關閉。當他再次看到紅色時，已經跟常人眼中的紅色不一樣了，不再鮮豔也不那麼耀眼。

「時間線」療法療癒了他對創傷的恐懼，從而打開了他潛意識的開關，所以他又恢復了意外來臨前的感知能力。重新看到色彩繽紛的世界的那一刻，他才會發出一聲驚呼：「原來世界是如此多姿多采，原來我以前看到的世界都是假的。」

這樣的案例數不勝數，其背後都有一個簡單的原理，只要你懂得創傷的基本原理，你就能夠面對和療癒自己的創傷，甚至是改變自己的下半生。

為什麼這樣說呢？請聽團長說一下自己對創傷的定義。我認為人在經歷了某些痛苦事件後，他的潛意識為了保護自己，要嘛會選擇性地關閉大腦的某些功能，要嘛會讓大腦中的某些反應功能變得過於敏感，從而讓行為產生失衡。

所以，創傷後有兩種可能的結果：

1.過敏：就是對一些類似以前遭遇的創傷事件過於敏感，以保護自己免於再次受傷。通俗來說，就是「一朝被蛇咬，十年怕井繩」。

2.遮蔽：為了保護自己免於再次受傷，潛意識會選擇性關閉某些功能。比如，有些女士曾經被伴侶狠狠地傷害過，為了避免再次被男性傷害，潛意識乾脆關閉對男性的興趣，不再受到異性的吸引。

可以說，創傷是一種讓你無法活在當下的心理疾病。怎麼理解呢？前文中提及的同事看到小狗會有過激反應，就是因為小時候的事故讓她怕狗，大腦中的逃跑功能開始起作用，哪怕只是聽到小奶狗的叫聲，她就開始恐懼，這叫過於敏感。

什麼叫選擇性關閉某些功能呢？姓李的那位學員，幼年發生意外時擋風玻璃的畫面深深地刺激了他，潛意識為了避免讓他體會到類似的痛苦，於是選擇關閉了他對紅色的感知能力，就是這個原理。

無論是過激反應還是選擇性關閉某些功能，都是潛意識為了保護我們而產生的一種能力，這種能力在保護我們的同時，也給我們的生活造成了一些失衡，即便這種失衡未必會像PTSD定義的那樣嚴重，但也是一種心理創傷。

讀到這裡，我想你大概已經猜到為什麼前文中的那位女士只要丈夫一花錢，她就會莫名其妙地生氣了，肯定與創傷有關。

你猜對了。經過催眠，我了解到她的一個創傷性經歷。原來，在她還沒創業成功的時候，他們整個家族都很窮。她媽媽得了尿毒症，需要換腎，可是整個家族都無法籌到足夠的錢，最後只好放棄治療，她傷心欲絕地看著媽媽不捨地離開了他們。

在回顧這件往事的時候，她哭成了淚人，她先生也在旁邊陪著她哭泣。這件事發生之後，她對意外總有著過度的敏感，總擔心會有意外發生。所以，她不敢花錢，要把錢存起來才放心。這就是她無法接納先生「亂花錢」的根本原因。

不過，創傷是可以療癒的。就像美國心理學家彼得．列文所說：**「因為每種傷害都存在於生命內部，而生命是不斷自我更新的，所以每種傷害裡都包含著治療和更新的種子。」**

莫名其妙地傷心委屈，可能觸發了創傷性經歷

在講如何療癒創傷之前，我們先來看看貝塞爾·范德寇博士所認為的創傷會給我們帶來的四大症狀。貝塞爾博士是美國創傷研究領域的權威，他研究發現，受過創傷的人，一般會有以下症狀。

1. 失去人生的意義

創傷會讓人不知道活著有什麼意義，也不知道自己到底想要什麼。

團長的課程裡經常有學員遇到類似的困惑，他們按時打卡上下班，卻對工作和生活提不起絲毫熱情，當一天和尚撞一天鐘，如同行屍走肉一般。嚴重的需要借助酒精、毒品或其他高強刺激的事情來填充空洞的生活，只有在短暫的刺激下，才能暫時感覺到自己是活著的。

這種狀態輕則讓人度日如年，嚴重的時候甚至會讓人放棄生命。

2. 正常的事件也能引起過激的反應

就像那位怕狗的同事，小狗本是可愛的動物，但即便是可愛的叫聲都會讓她恐懼，這就是正常的事件引起的過激反應。

有的人被水嗆過一次就再也不敢靠近水邊，有的人被車撞到過就再也不敢學開車，有的人被蟲子咬過後從此不敢再碰綠色植物，有的人被異性傷害過後一輩子選擇單身，有的人

創業失敗後從此不再創業……所謂「一朝被蛇咬，十年怕井繩」說的就是這種反應。

這就是我前面提出的問題的答案。

因為，那些行為觸發了你曾經的創傷性經歷。

3.正常的事件失去了本該有的反應

這和第二種症狀恰恰相反，就像姓李的那位學員對色彩失去了感知能力一樣，他選擇性地關閉了本該有的反應能力。

生活中還有很多這樣的例子，比如很多人在該享受戀愛的年紀，對異性完全失去了興趣。異性之間的相互吸引是我們動物基因裡的本能，因為對異性有興趣才有利於我們繁衍後代。但這些對異性沒興趣的人未必是同性戀，很可能是在童年的時候被異性傷害過。當一個人被傷害時，大腦就會產生一種「以偏概全」的功能，關閉了對異性的感知能力，他就會把所有異性都打入「冷宮」，本該有的心動、情動都消失了。

在夫妻性生活中，這種狀況非常普遍。如果夫妻中有一方在某次性生活中遇到了嚴重的挫敗感，比如被對方的粗暴所傷害，或者被對方嘲笑無能，等等，為了避免被再次傷害，潛意識乾脆對性需求採取了遮蔽措施，於是從此對性生活失去了興趣。

4.無法融入人群

有些人的確不太喜歡跟人交往，但大多數不願意跟人交往的人，只是對人群的一種隔離。

人是群居動物，我們的內在植入了能互相合作的基因。為什麼弱小的人類能夠站在食物鏈的頂端，能夠把更強大的獅子、老虎關在籠子裡？因為合作讓人類有了更多的生存機會。

這種願意與人交往的能力就像基因中的性本能一樣，是能夠讓我們產生某種快感的。因為只有產生了愉悅的感覺，我們才會願意去重複做這件事情，從而讓種族得以繁衍生息。

人在與人交往的時候，身體會分泌多巴胺、催產素等可以讓人愉悅的荷爾蒙，但有些人在與人交往時並不會感到愉悅，因為在他早年和人交往的時候受到了傷害，所以他的潛意識選擇性地關閉了這種感知的能力，選擇了用隔離的方式保護自己，於是生活中的他們看起來很有距離感。夫妻之間也不例外，兩個人雖然在一張床上睡了大半輩子，肉體都已經交合在一起了，但你就是走不進他的心裡，彷彿有一堵無形的牆，把他的心與你分隔開來，任何人都無法跟他親近。

每個創傷底下都埋藏著無限的資源

絕大多數人都是有過創傷的，包括團長在內。每一個創傷都給我們的人生帶來了一定的困擾。那我們該怎麼療癒自己的創傷呢？

在講療癒心理創傷之前，請容許我先跟大家分享一個身體創傷療癒的故事。

我的老師蘇茜（Suzi Smith）女士，是美國一位專注於心理健康與身體健康關係研究的心理學家。她曾經有過一次身體重傷卻沒留下疤痕的親身經歷。

有一天，她騎著自行車在路上前行，突然車子磕到了一塊石頭，她整個人瞬間臉部著地，地面堅硬的石頭把她的臉劃出了一個大大的口子。一般人受那麼重的傷，一定會留下一道難看的疤，可是，她傷口療癒後皮膚卻奇蹟般地光滑如初。她是怎樣做到的呢？

當醫生對她說「妳的臉上會留下一道疤痕，也許這一生都很難消失」時，她對醫生說：「不，一般人會那樣，但我不會，我的皮膚會光滑如初。」她為什麼這樣肯定？因為她前半生都在研究身體與心理的關係，她發現，身體受傷後之所以會留下疤痕，是為了提醒人們以後小心點，不要再犯同樣的錯誤，如果一個人能從這次受傷中學習和成長，並向身體保證不會再犯同樣的錯誤，傷疤就沒有存在價值了。

於是，在傷口復原期間，她每天都與自己的潛意識溝通：「謝謝你愛我，謝謝你保護我，這次經歷讓我學習到了，騎車的時候不要分神想其他事情，專注路況，即便是真的撞到了石頭無法躲閃，我也會先讓肩膀接觸地面來抵抗撞擊力，而不是讓臉部直接著地。謝謝你，我現在學習到了，你以後不用再提醒我了。」

團長也有過類似的經歷，小時候我上山砍柴，一不小心砍到了手上，留下了一個長長的疤痕。每次用刀時我都會看到這個疤痕。這個疤痕的存在就是在提醒我，用刀一定要小心，後來我再也沒有因為用刀而受過傷。

疤痕從某種意義上說是潛意識為了保護我們而留下來的印記，希望我們能記住這個事件，不再犯同樣的錯誤。心理創傷也是一樣的，有些事情我們以為過去了，但想起來心裡還會隱隱作痛，這種傷痛其實就是一道心理的疤痕。這道「疤痕」的目的就是為了提醒我們，以後不要再犯同樣的錯誤。

我那位同事小時候被狗傷害過後，她的心裡就留下了一道「疤痕」。當她今後再遇到狗時，潛意識為了避免她再次被狗傷害，於是讓她產生恐懼心理，遠離狗也遠離傷害。可是，這道「疤痕」在保護她的同時，也限制了她的人生，從此她與狗再也無緣了。

當然，與狗無緣看起來並不會給人生造成太大的損失。可是，如果當年給她造成傷害的是某個男人呢？潛意識為了保護她不再受男人的傷害，豈不是從此要與男人無緣了？

經商的人也是這樣，有人因為投資不當而破產，並不是每一個事業失敗的人都能像褚時健一樣東山再起，部分人從此「金盆洗手」永遠離開商場，有的甚至會阻止子女去經商，老老實實地在有保障的公司謀求一份安穩的工作。

前面那位女士不敢花錢的原理也一樣，因為無錢醫治母親這件事在她心裡留下了一道深深的疤痕，這道疤痕不僅禁錮了她的金錢，也禁錮了她與先生的親密關係。

所以，「疤痕」在保護我們不再重複受傷害的同時，也限制了我們人生的突破和發展。如果這些「疤痕」不去療癒的話，會堆積成一堵堵牆，將自己禁錮在那安全但卻十分有限的空間裡。

因此，從心理學的角度看，每個人的人生都可以活得更好，每對夫妻都可以生活得更加親密、更加恩愛，前提是你願意去療癒那一道道「疤痕」，拆除那一堵堵為了安全而建起來的牆。

那如何去撫平內心那一道道「疤痕」呢？蘇茜老師已經給出了方法。心理的疤痕與身體的疤痕一樣，其功能都是為了保護我們不再受傷，是潛意識給我們留下的一些痕跡。

要想消除這些疤痕，唯有有意地去完成疤痕的功能。疤痕的功能就是潛意識的一種提醒，一種保護，如果我們能夠從每一次的傷害中有所學習，並採取措施保證類似的傷害以後不再發生，疤痕就沒有存在的必要了。就像蘇茜老師那樣，在發生傷害之後，告訴潛意識——自己已經知道了該如何保護自己，身體就不必再留下疤痕來提醒她。

身體如此，心理也一樣。當我知道了那位女士不敢花錢的心理創傷後，我幫她在催眠狀態下與母親重新做了一次懺悔，釋放了壓抑已久的悲傷和愧疚情緒。然後，我讓她從事件中抽離出來，從智者的角度去給自己提供解決方案。他們夫妻的生意能做到如今這麼成功，證明他們本來就是十分聰明的人，所以，她一旦從情緒中抽離出來，很快就找到了解決方案：她和先生決定拿出一筆錢，成立一個家族救急基金，這筆錢供整個家族應急使用。做了這個決定之後，她整個人都放鬆了下來。當我再見到她先生時，他高興地跟我說，他終於換了一輛寬敞的越野車，而他太太也開始支持他來上我的課了。

只要我們能從創傷中有所學習，並且找到避免下次再受傷害的方法，那道疤痕自然就會消失，你的人生就不會再受到這道疤的約束。也就是說，你不再會對某些事情過度敏感，或者你不再對伴侶砌起一道道保護自己的牆，這樣，你對伴侶就會多了很多接納，而你的胸懷也在不知不覺中大了起來。這就是創傷療癒的簡單原理。

當然，學習的意思並不是在頭腦層面知道，而是需要在潛意識層面知道。大腦層面學習到的僅僅是知識，只有從身體層面體驗到的才是能力。如果要真正讓潛意識層面有所學習，首先需要釋放當年的情緒，透過催眠或者時間線等心理療癒技術進入潛意識，因為一切的改變都是在潛意識層面的。當然，心理治療是個技術活，最好有專業人士協助。

療癒的過程肯定會經歷痛，所以，我那位同事選擇不去療癒怕狗的創傷，因為她接受怕狗的代價。你的創傷呢？如果不去療癒的話，代價是什麼？是人際關係？是財富的大門？還是事業發展的機會……只有你自己才知道。

你可以選擇不去觸碰你的創傷。這樣的好處是，你會讓自己待在一個安全的角落，但任何事情有好處就一定有代價。所以，當潛意識在保護我們的時候，它也限制了我們的生命活得更精采、更絢爛的可能。

一次創傷並不意味著就被判了無期徒刑。如果你願意終其一生躲在一個安全的角落裡，終其一生選擇一個人生活，也是可以的，因為，你的人生你作主。但如果你仍舊希望自己的世界能多姿多采，希望自己的婚姻變得更加親密幸福，你可以選擇療癒生命中的創傷。

有人說，往事不堪回首，因為那裡有一道道的疤痕。其實，每個創傷底下都埋藏著無限的資源，只要你願意去療癒，就會像普希金說的那樣：「那過去了的，終將成為美好的回憶。」

截至目前，我們已搭好了一個改善婚姻、愛情關係的框架：

婚姻中之所以會出現問題，很多時候都是因為我們錯把需求當成了愛，解決方案有三個：

1. 覺察。
2. 接納。
3. 療癒。

從下一章開始，我會分親密、激情、承諾三個部分給大家分享一些具體可行的方法。

如果這些方法都用過了，還是無法解決婚姻中的問題，那還有另外一條路——離婚。

真正的愛到底是什麼？

世間無完美婚姻，但這並不妨礙我們追求完美。怎麼追求呢？這就關係到我們探討婚姻關係的核心主題——如何營造親密的關係了。

什麼是親密？顧名思義，就是兩個人的關係親近、密切。親密是一種情感的連接，是心與心之間的交流，是彼此願意把自己的生活以坦誠、不設防的形式與對方共享。用一句話來表達，親密就是你在另一個人面前沒有恐懼。

兩個人在一起，感受是最重要的，特別是女性朋友。感性是女人的標誌，她們偶爾的軟弱哭泣是可以理解、可以被接納的，但是男人就絕對不行。因為，在傳統文化裡，男人就應該沉穩如泰山，最好沒有情緒沒有感受，他們的整個成長過程，是一直被教育著要壓抑、要隔絕自我感受的過程。所以，大多數男人是不重視、不在意自己感受的，反而習慣於壓抑自己的感受。

在婚姻中，有一個艱巨任務就是，如何幫助那些壓抑感受的人，特別是男人找回那些失去的感受，誠實地表達自己，與真正的自己握手言和。當人們不再壓抑、隔絕自己的感受時，婚姻中的親密感才有可能回來，愛的能量也能自如地流動了。

愛是人類進化中的一種基因設置

本書開篇探討了一個問題，兩個因「愛」結合的人為什麼最後卻總會痛苦地分開呢？結論是，大多數人都把需求當成了愛。一段因為需求而建立的婚姻，兩個人只會相互索取。當索取得不到滿足時，小則抱怨，大則怨恨，這樣的關係又怎能親密呢？只有建立在愛的基礎上的關係，才有可能親密。那什麼是愛呢？

關於這個問題，我諮詢了很多權威學者、專家或者婚姻幸福的人，也查了很多資料，依然無法準確地為「愛」下一個定義。連魯迅都說：「愛情是我所不知道的！」

但可以肯定的是，愛是一種感受。

我們先回顧一下兩個場景，和大家一起感受一下什麼是愛。第一個場景是青春期情竇初開的時候。那天陽光正好，微風不燥，那個穿著白襯衫溫潤如玉的少年一下就走進了妳的心裡，從此妳的視線再也懶得在別人身上停留片刻，他的一個微笑就能讓妳心中小鹿亂撞，一個皺眉就足以讓妳徹夜難眠。於是，為了討他歡喜，最愛睡懶覺的妳破天荒早起兩個小時，只為給他做頓愛心早餐；手頭不寬裕的妳甚至每天省吃儉用，只為給他一份生日驚喜。那個時候的妳是什麼感覺？心跳加速。有理性、有承諾嗎？沒有。只想為他付出，恨不得把整個生命都交給他，沒有任何的索取和要求。這，絕對是真愛。

另一個場景是，女性初為人母的時候。前一秒才經歷了撕心裂肺般的分娩之痛，在聽到寶寶清脆而響亮的哇哇哭聲之後，所有的痛都被拋諸腦後，一種前所未有的幸福感、滿足感油然而生：「我當媽媽了，真的當媽媽了！」儘管剛出生的寶寶皺巴巴的醜得像隻瘦猴子，一點都不好看，但在媽媽們眼中，自己的寶寶全天下最可愛；儘管生孩子後的日常就像進入了流水工作線一樣苦一樣累——餵奶、換尿片、換衣服、幫寶寶打嗝、洗澡，不分白天黑夜，晚上甚至都不能好好地睡個完整覺，但也依然任勞任怨地愛他，願意無條件地為他付出所有。這，也是真愛無疑。

講到這裡，大家知道什麼是愛了嗎？我理解的愛是不計成本、不計代價地無條件付出，是自然而然地想為對方做點什麼，讓對方感覺更好。它的本質是給予，而不是索取。試問，在初戀期，你會抱怨你的男朋友（女朋友）遲到嗎？基本上不會。如果你真愛那個人，等一個小時你都覺得很正常。初為人母的你會不會抱怨寶寶「你為什麼這麼多屎尿？髒死了！」不會，因為母子之間真愛無聲，你願意為他做任何事情，甚至放棄生命。

但大多數人在婚姻關係裡總是習慣了索取，忘卻了當初的給予。

大家不妨思考一下——當你不斷抱怨你的伴侶不再愛你的時候，請問，你愛他嗎？你也不愛了。一旦抱怨開始了，愛就不在了。因為抱怨其實是一種變相的索取，是缺愛的表現，其背後的潛台詞就是：「你看，你都不愛我，對我也不好。」換句話說就是：「你要對我好一點，再好一點。」這樣，抱怨的一方其實一直是索取的一方，時日一久，被抱怨的一方總有一天會因為不堪重負而選擇逃離。而你又不斷透過抱怨來變相索取對方更多的愛。

在一段相互索取的關係中，哪裡還有愛的存在？

誠然，初戀時愛的感覺是真的，可是結婚後，愛為什麼會消失呢？

從生理的角度看，你就會恍然大悟。生物學家研究發現，當一個人墮入愛河時，與一個母親生完孩子一樣，身體會分泌同樣的荷爾蒙：多巴胺和催產素，當然，也許還有更多莫名其妙的荷爾蒙分泌。總之，在這些荷爾蒙的作用下，我們會無條件地愛上一個人，會無條件地接納他、對他好，只想著為他付出。

這跟我們喜歡吃什麼是一樣的道理。大家有沒有想過，我們為什麼會特別鍾情於某種食物？我們喜歡吃什麼真的是由自己作主的嗎？不是。日本神戶和牛的雪花牛肉天下聞名，無論是炒菜還是煎牛排，高脂肪的雪花牛肉吃起來都特別香，讓很多人回味無窮。那為什麼世界上有那麼多人喜歡吃這種脂肪含量高的食物呢？這其實是基因決定的。

遠古時代，人類生活在原始叢林，不可能頓頓飽餐，有時候吃一頓飽的之後可能就要餓上一天甚至是幾天。為了確保生存，能給身體提供更多能量的高脂肪食物就成了我們的首選。身體的能量充足了，滿足感、幸福感隨之而至，所以，我們會自然而然地去獲取更多高脂肪的食物。這就是我們會喜歡某種食物的更深層次的原因。

所以，愛是人類進化的結果，是基因裡內建的一個程式。在這個程式的作用下，人會在某個階段對另一個人產生愛的感覺，在這種感覺的驅使下，人才會十分快樂地與異性生育孩子，撫養孩子，以使人類這種物種繁衍生息。怪不得不管好人還是壞人，知識分子還是非知識分子，道德高尚還是道德卑劣的人都會去愛，原來愛是人類的本能。

為什麼不能持續而熱烈地愛一個人？

看到這裡，你是不是挺沮喪的？在你的心目中，愛是一種高大上的情感，怎麼被團長說成這樣了？

先別急，容我慢慢道來，愛有它高大上的部分。

內建在基因裡的程式讓我們感受到的愛是美好的，遺憾的是，荷爾蒙總有消退的時候，那段美好的時間總是那麼短暫。

當荷爾蒙消退，婚姻還得繼續，這個時候，我們要怎樣做才能夠讓愛得以保鮮或者延續呢？我想，這才是我們婚姻生活需要弄清楚的關鍵。

從生物學的角度來看，我們至少可以確定，愛的本質是付出，而不是索取。

那如何在沒有基因程式控制的情況下產生愛的感覺呢？也就是說，一個人在除了初戀和生育孩子這兩個時期之外，如何才能主動地、無條件地付出，並且能心生美好的感覺呢？

我想每個人的人生中都會有很多這樣的時刻：

一個喜歡花的人，在為花草施肥澆水的時候，是充滿愛的；

一個愛動物的人，在照料寵物的時候，是充滿愛的；

一個樂於助人的人，在幫助別人的時候，是充滿愛的。

這些充滿愛的時刻都有一個共同的特點：在那一刻，你願意無條件地付出，同時，你心中感覺十分美好。

那一個人在什麼情況下才會願意無條件付出呢？我們先反過來看看，人在什麼情況下不願意付出，只會索取？

假設有這麼一個場景，由於一次意外的事故，你乘坐的船沉沒了，你和一群人被困在了某個荒島，你們餓了三天三夜。這時候，救援人員空投了少量食物給你們，幸運的你搶到了一個饅頭，周圍幾十個人眼睛都不眨地盯著你，這個時候，你會把手中的饅頭分享給他人嗎？不會，如果你是一個正常的普通人，你絕大多數可能會第一時間把饅頭塞到嘴裡。為什麼？因為你肚子裡空空如也，急需補充點食物。所以，飢餓的你把所有的注意力都放在了索取上。一個專注於索取的人，又怎麼懂得付出呢？

在什麼情況下你會願意無條件地付出？比如說，你今天中午吃了頓豪華大餐，超滿足。離開的時候，你打包了一盒特好吃的饅頭，回到公司，你會怎麼做？毫無疑問，這個時候你會十分樂意地、無條件地把饅頭分享給你的同事。為什麼？因為那一刻的你是富足的。所以，除了基因為了促成交配和養育後代這兩種情況之外，還有一種情況你也是會充滿愛的，就是當你內心富足的時候。

當然，生物學家研究發現，那些樂於助人、總是無條件為他人付出的人，他們身上的多巴胺和催產素水平相對也是高的。我真不知道是因為他們富足了之後才分泌了更多的多巴胺，促使他們樂於助人；還是他們樂於助人才促使他們的身體產生了更多的多巴胺？我唯一能夠確定的是，只有內心富足的人，才有能力去愛，而那些內心匱乏的人，只會去索取。

讀到這裡，我想有部分讀者心裡會產生這樣的疑問：

可是，為什麼社會上那麼多有錢人卻不願意付出呢？

而有些一窮二白的人卻一生都充滿愛，比如德蕾莎修女。你不是說愛的前提是富足嗎？德蕾莎修女跟我一樣貧窮啊！

如果你有這樣的疑問，一定是被我前面舉的那個饅頭的例子誤導了，那只是個比喻。一個肚子飢餓的人只會索取，精神飢餓的人也一樣。所以，我所說的內心富足並不是指肚子，而是指心靈。

你看到德蕾莎跟你一樣貧窮，其實，你看到的僅僅是她的物質生活。她之所以會一生充滿愛，像菩薩一樣普渡眾生，她的心靈一定跟你不一樣。

那怎樣才算得上心靈富足呢？一個人的心靈為什麼會飢餓，會匱乏？難道我們的心靈也需要吃東西？

區分一個人內心是否富足，其中一個方法是看他是否有安全感。

一個人內心是否富足，跟他外在擁有多少財富並沒有直接的關係。大家還記得那位老公一花錢就生氣的太太嗎？她已經擁有幾輩子都花不完的錢了，可還是不敢花錢。這個社會上大多數有錢人都跟她一樣，外在雖然富有了，但內心依然貧窮。

德蕾莎修女剛好相反，她外在並沒有多少財富，但她內心富足。我的偶像南懷瑾先生也一樣，用他學生的話來說，南老「身無分文，但富可敵國」，這裡所說的「富」，是他內心的富足。

那為什麼有的人內心富足，有的人卻內心匱乏呢？

網路上有一個很有意思的哏：

「你走過大橋嗎？」

「走過。」

「橋上有欄杆嗎？」

「有。」

「你過橋的時候扶欄杆嗎？」

「不扶。」

「那麼，欄杆對你來說就沒用了？」

「當然有用了，沒有欄杆護著，掉下去怎麼辦？」

「可是你並沒有扶欄杆啊？」

「哎，是啊，有欄杆，可我並不扶；可是沒有，我會害怕，這是怎麼回事啊？」

這就是信念，你之所以會害怕，是因為你內在的一種想法。

六祖說：「何期自性，本自具足。」從佛家的觀點來看，一個人本來是富足的，只是在成長的過程中受到了創傷性經歷的影響，內心產生了一些讓你恐懼的想法，這些想法讓你慢慢迷失了本性。這些讓你迷失本性的想法，佛家稱為「熏染」，心理學稱為「限制性信念」，也稱為「病毒性信念」。

以那位不敢花錢的太太為例，她經歷過因沒錢救治導致母親生病去世的創傷性經歷，她的心裡留下了一道傷痕，這道傷疤的核心其實就是一個想法，她認為以後還會有類似的事情發生，需要準備很多錢才能避免這類慘痛經歷的發生。由於這些病毒性信念是非理性的，所以，她擁有多少錢都會覺得不夠。

一個人一旦擁有了這樣的病毒性信念，就像內心有一個無底深洞一樣，再多的財富也填不滿，這就是為什麼很多富可敵國的人內心依然貧窮的原因。

心理匱乏除了跟創傷性的事件有關外，也跟我們小時候的成長經歷有關。

從物理的角度來說，一個人不可能給予別人連自己都沒有的東西。這個原理，心理學也適用，你永遠無法給予別人自己沒有的東西。只有你內心擁有，你才能給予他人。比如說：

一個從來沒被別人肯定過的人，是不會肯定別人的；

一個從來都沒有被關心過的人，是很難關心他人的；

一個從來沒有被愛過的人，是不懂得如何去愛別人的……

因此，那些曾經被粗暴對待過的人，也會粗暴地對待這個世界；而那些曾經被溫柔對待的人，也會用同樣的溫柔回饋這個世界。

研究薩提亞理論的著名專家林文采博士提出過一個概念叫「心理營養」。她認為，我們吃飯是為了保證身體的營養，這是生物性的。但是除了身體之外，我們的精神也需要營養，所以，我們需要被肯定、被讚美、被欣賞、被鼓勵、被接納……如果從小到大，你很少得到來自父母或者重要他人的肯定、讚美、欣賞、鼓勵和接納，也就是說，你缺乏心理營養，那麼你就是一個心靈「飢餓」的人，這樣的你是很難給予別人的。

當然，一個人在小的時候缺乏心理營養也是一種創傷，難道不是嗎？

不管是小時候缺乏心理營養所導致的內心匱乏，還是長大後的創傷性經歷造成的心理貧窮，結果都是一樣的——在婚姻中，這樣的人都是一個索取者。一個內心匱乏的人，在婚姻中會習慣於把自己的幸福建立在向伴侶索取上，當伴侶無法滿足他的要求時，就會不斷抱怨，甚至指責：「我付出那麼多，你為什麼不愛我？」、「你到底愛不愛我？」

一個總是向外索取的人，又怎能奢求婚姻生活一直恩愛幸福？

所以，當你抱怨的時候，正是你索取的時候。你抱怨得越多，證明你的心靈越「飢餓」；你要得越多，你的快樂往往就越少。

收穫幸福前，請先承認自己的匱乏

讀到這裡，如果你發現自己就是一個內心貧窮的人，怎麼辦？

不用擔心，只要生命還在，就一定有希望！

幸福之道，從來都是坑多路少。在這個世界上，只有極少數的幸運兒才有可能出生於一個近乎完美的家庭，而且一生都無波無浪。對大多數人來說，他們的內心都曾經匱乏過，團長也不例外，只要你願意，不管今天的你有多麼的匱乏，總有一天你會重新回到富足的狀態。從匱乏到富足的這個過程，我把它稱為「修行」。

修行的第一步，首先要承認自己的匱乏。承認是成長的開始。

為什麼要先承認呢？團長跟大家分享一個小故事：一個靦覥內向的鄉親到城裡拜訪親戚，到達親戚家的時候已經過了午餐時間，親戚問他：「吃飯了沒？」他明明沒吃過，卻又不好意思麻煩別人，於是回答說：「吃了吃了。」親戚信了，就沒安排午餐，只是跟他喝茶聊天。聊到下午四、五點鐘的時候，鄉親實在餓得受不了，又不好意思承認自己還沒吃午飯，只好告辭回家。

回到家又過了晚餐時間。家裡人問他：「今天到城裡的闊親戚家去應該吃飽喝足了才回來的吧？」他又不好意思承認自己中飯都沒吃，於是只好含糊地說：「嗯，吃了吃了。」

就這樣，他硬是餓著肚子挨過了午餐、晚餐。其實，只要他承認自己餓了，就可以隨時填飽肚子，不致挨餓的，對吧？

同樣地，對心靈飢餓者來說，承認自己是「飢餓」的、是匱乏的、是不完美的，這就已經是成長的開始了。因為你一旦承認，你自然會主動去找方法療癒自己。當你開始找方法療癒自己的時候，你就已經走在自愛的路上了。

所有的真愛都來源於自愛。所以，你想學會愛他人，必須先學會好好愛自己，讓自己的內心充滿愛和喜悅，這樣，你才有餘愛去愛別人，才能真正給對方帶來喜悅和幸福。而愛自己，又必須從承認以前不夠愛自己開始。

如果你明明內心匱乏，卻又沒有勇氣承認，那麼你這輩子都沒辦法去滋養自己的靈魂。如果這樣的你正處於一段不幸福的婚姻裡，即使你換一個伴侶，婚姻也不會多幸福，因為你一直在重複上一段婚姻的問題模式。

要承認自己的不足和匱乏，這確實有點難，但是絕對值得。只要你走出這一步，恭喜你，你接下來的愛情和婚姻就會越來越美好了。

承認之後怎麼辦？請繼續閱讀後面的章節。

我們回顧一下這一部分的內容。

人生有一些階段因為基因內建的程式作用，會分泌出多巴胺、催產素等荷爾蒙，會讓你充滿愛，但這種是在基因作用下產生的愛，是人類的本能。這種愛很難持久。

要想獲得持久的愛，必須先療癒自己內心的匱乏，讓自己的心靈變得富足，你才有能力去愛。內心富足之後的愛，才是婚姻長久幸福的關鍵。

從內心匱乏到富足是需要修行的，也就是說，如果你的婚姻中已經找不到愛了，不用害怕，因為經過修行之後你會重新找到愛。

Chapter 2

親密：
兩座「冰山」的
敞開與連接

冰山原理：冰山下的自己和海面上的他人

前面我們談了什麼是愛，愛為什麼會消失以及如何重新找回愛。找回愛的第一步是先要承認自己的匱乏，因為承認是成長的開始。從這裡開始，我們繼續分享更多找回愛的具體方法。

首先我們來學習一個方法叫：把抱怨變請求。

抱怨，是婚姻中最厲害的「毒藥」

在我的《重塑親密關係》課程中所呈現的個案，一開始幾乎都是相互抱怨、相互指責的，但經過一輪諮詢後，大多數情侶都能重新深情地擁抱，那消失已久的愛重新回到了他們身上。這中間究竟發生了什麼呢？我們來看看其中一個個案。

韓欣的心情就像她名字的諧音一樣：「寒心」，她本來是想要離婚的，聽了朋友的介紹，抱著最後一試的心態逼著老公來到了我的課堂。她來上課的動機很單純，就是想做諮詢，因為她知道，如果私下約我做諮詢的話，所花的錢要更多。

一上台，韓欣就非常憤怒，拿著話筒直截了當地告訴我：「我和他過不下去了，要是找團長做了諮詢還不行，就離婚！」

每當當事人這樣說的時候，我都會先安撫他們，因為我知道，婚姻中有多大的期待，才有多大的失望，只要還願意來到課堂，就還有希望。

我請她先對這段婚姻陳述一下自己的感受。她說：「我們結婚十年了，我忍了十年，忍了一個沒用的男人十年，忍了一個只會敗光家裡錢的男人十年……」一開口，她的淚水就流了下來。

她接著說：「十年了，他總是做各種各樣的投資，一會兒是虛擬貨幣，一會兒是直銷，從來就沒賺過錢。這哪是投資啊，這明明就是投機。不願意踏踏實實地做生意，總想著一夜暴富，哪有這麼好的事情輪到他？也不看看自己的智商！……公司好不容易賺的那點錢就這樣一次次地被他敗光，再這樣下去，我真的看不到希望了。孩子的學費怎麼辦？長輩的醫藥費怎麼辦？我都不敢想以後的晚年生活，我到底還能怎麼辦……」

台下很多學員聽了都不禁議論：「哇！虛擬貨幣那麼考驗智商的遊戲怎麼還有人參與呢？」、「這樣太過分了，都十年了還不收手！」、「是啊，老婆跟著這樣的男人太吃虧了。」

我請太太先把話筒交給她的先生志北，聽聽先生怎麼說。

志北接過話筒承認道：「她說的都是事實，我沒什麼好辯解的……」

聽到先生這麼說，太太馬上把頭扭向一邊。我從來不直接相信當事人說了什麼，因為有的時候他們以為的並非實際發生的。

我問志北一個很關鍵的問題：「既然你知道妻子對此不滿，我想這十年你們也沒少為這事爭吵，為什麼不收手呢？」

他脫口而出：「我就是嚥不下這口氣！」說罷，一個大男人唰唰流下了眼淚。

「嚥不下這口氣」，是他寧願賭上婚姻的未來，哪怕十年被老婆看不起，也要「放手一搏」的關鍵之所在。

「我想證明給她看，我是能賺錢的，我們現在的工廠是她爸爸留下來的，本來我在他們家族中的地位就低，如果我不把過去虧掉的錢賺回來的話，在她面前，我這輩子也抬不起頭來。我實在受不了她說話的態度。」

太太拿起話筒想反駁先生，我示意她先聽完丈夫的表達，繼續問道：「她的態度怎麼了？」

「她會說『你看看你像個什麼樣的男人』、『老娘受夠你了，不想再受了』，最過分的一次，我在開車，她坐副駕駛座，突然就撲過來對我又打又罵。我趕緊把車停在路邊，任她打，任她罵。她還不夠，直接起身下車，摔上車門，頭也不回地走了……

「每次回家，我都能看到她嫌棄的眼神，我也是男人，也要面子的啊……」

「知道我嫌棄你還不收手，還不做點正事！」妻子實在忍不住了，拿起話筒回道。

聽到這裡，我終於明白了他們婚姻的「魔咒」在哪裡了，不是投機，不是貪念，也不是老公「沒用」，恰恰是老婆錯把抱怨當作了要求。而抱怨，恰恰是婚姻中最厲害的毒藥！

每個人都是一座「冰山」，並非表面那麼簡單

既然抱怨會傷害婚姻，那怎麼辦呢？生活中總免不了有不如意的地方，像前面這個案例，面對丈夫這樣一個讓家庭陷入經濟危機的行為，如果不抱怨的話，如何才能改變呢？要找到解決方案，先要學習一個心理學的原理——冰山原理。冰山原理我在《圈層突破》一書中已做過詳細的描述，因為親密關係牽涉兩個人的內在冰山，所以請容許我重複一下這個理論。如果有讀者看過那本書並對冰山原理已經熟悉掌握，可跳過下面這一段。

如前文所述，「冰山原理」是美國心理學家薩提亞女士提出的一個概念，她將人的內在比喻成一座漂浮在水中的巨大冰山，人們能夠被外界看到的行為表現只是露在水面上很小的一部分。在水面之下是冰山更大的部分，也就是說，「是什麼導致一個人的行為」、「一個人為什麼會做或者不做什麼」、「情緒是怎麼產生的」等，這些是一般人用肉眼無法看見的。揭開冰山的秘密，我們會對人性有更多的了解。

當我們和別人打交道的時候，一般人往往只能看到別人的行為、聽到別人的話語，有些敏感的人或許還能感受到別人的情緒。但有些人卻能對另一個人的內心世界瞭如指掌，甚至比你自己還要了解你自己。

在十多年前我剛走進薩提亞課程的時候，我對薩提亞系統的導師佩服得五體投地，感

覺他們太神奇了，好像就是我肚子裡的蛔蟲一樣，我的內心世界在他們面前簡直就是透明的一樣。

當我學會「冰山原理」之後才知道，原來薩提亞女士和貝曼先生把人的內在世界用一座冰山的比喻解釋得清清楚楚、明明白白。只要你能學會並掌握好這個理論，你也能輕鬆地了解自己以及他人的內心世界。當你能做到這一點，在夫妻生活中，就能輕鬆愉快地跟你的伴侶和諧相處了。因此，我認為，「冰山原理」是夫妻相處之道的秘密武器。

薩提亞將個人的內在冰山共分成七個層次，它們分別是：行為、應對姿態、感受（情緒）、觀點、需求、渴望、我是（見下圖八）。

1. 冰山表層：行為

行為就是一個人做或者不做什麼，是人的

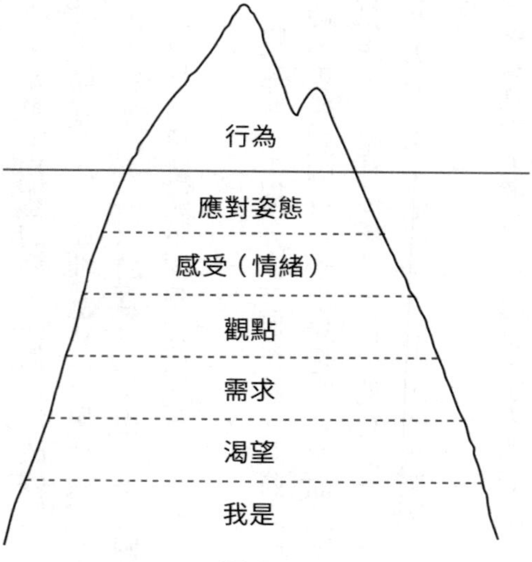

圖八

五個感觀可以感受到的部分，除了人的動作之外，也包括說話、身體散發出來的味道等。因此，行為位於冰山的頂端，是露出水面的部分。

我曾看到過這樣一個故事：

有一次，美國知名主持人林克萊特訪問一名小男孩，問他：「你長大後想要當什麼呀？」

小男孩天真地回答：「嗯……我要當飛機的駕駛員！」

林克萊特接著問：「如果有一天，你的飛機飛到太平洋上空，所有引擎突然都熄火了，你會怎麼辦？」

小男孩想了想：「我會先告訴坐在飛機上的人繫好安全帶，然後我穿上降落傘跳出去。」

當在場的觀眾笑得東倒西歪時，林克萊特繼續注視著這孩子，想看他是不是個自作聰明的傢伙。

沒想到，他看到的是，孩子的兩行熱淚奪眶而出。林克萊特這才發覺這孩子的悲憫之情遠非筆墨所能形容。

於是，林克萊特問他說：「為什麼要這麼做？」小男孩的答案透露出一個孩子真摯的想法：「我要去拿燃料，我還要回來！」

林克萊特如果在沒有問完之前就按自己設想的那樣來判斷，那麼，他可能就認為這個孩子是個自以為是、沒有責任感的傢伙。但孩子的眼淚使他繼續問了下去，也讓人們看到了這是一個勇敢、有責任心、有悲憫之情的小男孩。

行為僅僅是表層訊息，如果僅憑一個人的行為去斷定一個人，往往會造成很多誤會，因此，我們要深入下一個層次。

2. 應對姿態

薩提亞說，問題不是問題，如何應對問題才是問題。

面對外面環境的變化，不同的人有不同的應對方式，這些不同的應對方式，薩提亞稱為「應對姿態」。應對姿態也可以理解為一個人的性格。

常見的應對姿態有如下四種：

(1) 指責：表現為強勢，總把做錯事的責任推給別人，愛挑別人毛病，脾氣暴躁，情緒外露等。

(2) 討好：與「指責」剛好相反，為了討好別人，總是習慣性地壓抑自己，把錯誤的責任攬到自己身上，害怕衝突，希望每個人都對自己滿意，也常常會犧牲自己。

(3) 超理智：像電腦一樣客觀，愛引經據典、羅列數據來證明自己是對的。在人際關係上表現為理性，甚至冷漠，與人相處有距離感。沒什麼感情，對別人的情感也不敏感。

(4) 打岔：他們不按牌理出牌，不願意被規則約束，總是打破常規，表現為幽默風趣，創意無限。另一方面就是，他們不愛負責任，遇到難題比較容易放棄，另找出路。表面上看，他們很快樂，其實，他們只是用快樂的方式逃避悲傷而已。

關於應對姿態以及下面各個層面的冰山內容，在後面還會展開來詳細講述，在這裡僅僅是讓大家對冰山有一個初步的認識。

3. 感受（情緒）

感受就是「七情六慾」中的「七情」，包括喜、怒、憂、思、悲、恐、驚，就是一個人的內在情緒反應。當然，不同的學派對於七情的表述會有差別。

在心理學領域，感受的分類會更加細緻，除了上面所說的七情之外，還有委屈、抱怨、嫉妒、羨慕、輕視、憐憫、冷漠、困惑、崩潰、灑脫、孤獨、焦慮、內疚、安全感、配得感以及愛等。

一個人的感受會透過應對姿態表現為行為，那一個人的感受是怎麼來的呢？

不同的人面對不同事件為什麼會有不同的情緒和行為反應呢？美國心理學家艾利斯經過研究發現，並非事件本身引起人的情緒反應，而是人對這個事件的不同看法導致了不同的反應。他把這個發現命名為「ＡＢＣ法則」。

A.誘發事件（Activating event）

B.信念（Belief）

C.情緒及行為後果（Consequence）

有這麼一個小故事：

據說希臘著名哲學家蘇格拉底的老婆是個潑辣的女人。有一天，蘇格拉底剛一進家門，他的老婆就莫名其妙地對他嘮叨不休，接著就是破口大罵，言語不堪入耳。蘇格拉底早已習慣這一切了，於是淡定地坐在一邊抽起菸來。他老婆看到他對自己不理不睬的，更是火冒三丈，氣不打一處來，端起一盆子水就是當頭一潑，蘇格拉底頓時被淋成了狼狽的落湯雞，全身濕淋淋的。

如果你是蘇格拉底，你會有什麼樣的反應呢？我想大多數人都會暴跳如雷，甚至拳腳相加。可是，為什麼蘇格拉底的反應跟大多數人不一樣呢？我們來看看他是怎麼想的。

旁邊的鄰居見了納悶地問：「剛才你老婆罵你，為何不還口啊？」蘇格拉底不緊不慢地說：「我知道，一陣雷電之後就會有一場傾盆大雨的。」

有人問蘇格拉底為什麼要娶這麼個夫人時，他回答說：「擅長馬術的人總要挑烈馬騎，騎慣了烈馬，駕馭其他的馬就不在話下。如果我接受得了這樣的女人，那對我來說，天下恐怕就再也沒有難以相處的人了。」

這個故事中，妻子的大罵和潑水就是「A」，即外在的觸發事件。蘇格拉底平靜的反應就是「C」，他的情緒和行為後果。之所以會有這樣的行為後果，是因為他有著跟一般人不一樣的「B」：「我知道，一陣雷電之後就會有一場傾盆大雨的。」、「擅長馬術的人總要挑烈馬騎，騎慣了烈馬，駕馭其他的馬就不在話下。如果我接受得了這樣的女人，那對我來說，天下恐怕就再也沒有難以相處的人了。」

所以，決定一個人感受的是「B」，也就是一個人內在的信念，薩提亞稱其為「對點」。

4. 觀點

觀點也被稱為信念、思想、價值觀。

一個人的觀點形成通常與他的成長背景有關，不同的人會有不同的信念和價值觀，也就是說，不同的人有著不同的觀點。

人們往往會把自己的觀點等同於事實，因此，當伴侶的觀點跟自己不一致時，會習慣性地把對方定義為「錯」的一方，因為每個人都想證明自己是對的。當你把對方擺在錯的位置時，就一定會引發衝突，這是夫妻關係中最常見的矛盾緣由。

那我們該如何與一個跟自己觀點不一樣的人和諧相處呢？我在後面會詳盡地提供解決方案。

5. 需求

需求和期待就是「七情六慾」中的「六慾」，也就是一個人的慾望。

需求又分為「需要」和「想要」。

「需要」是人類共性的需求，是基於生存的需要，比如，餓了需要吃，睏了需要睡覺。心理學家馬斯洛把人的需要分為生理、安全、社交和歸屬、尊重和自我實現五個層次。

「想要」是個性化的需求，通常受成長經歷或者文化的影響。

比如，如果你口渴了，水就是你的「需要」，但如果你在口渴時想喝可樂，那可樂就是你的「想要」。

在本書開頭我講述的那七個愛情故事中，每一對夫妻都是因為在遇到自己想要的那個類型的異性時產生了一種興奮感而結婚的。其實，那不是愛，那僅僅是滿足了潛意識的「想要」而已。

一個人為什麼會有那麼多的需求呢，特別是那些具有個性化的「想要」？我們還要繼續往冰山的下一層去尋找答案。而關於「如何滿足自己和伴侶的需求」這個問題，我會在後面關於「需求」的那部分詳細介紹。

6. 渴望

渴望是精神層次的需求。

人類除了賴以生存的基本物質——食物、水等，還需要一些更重要的東西。比如，無論你是什麼種族、文化層次如何、信仰何種宗教、性別或膚色如何，內心都渴望被愛、被尊重、被接納、被欣賞、被肯定、被理解等。林文采博士把這些稱為「心理營養」。

通常來說，萬物生長皆需要陽光和雨露。一個人的身體要想健康成長，需要蛋白質、澱粉、糖、脂肪、微量元素等物質營養。身體如此，我們的精神亦如此，也需要營養才能成熟。這些精神需要的營養就是「渴望」。

而渴望與需求息息相關，當渴望得不到滿足時，需求就會多；當渴望得到了充分的滿足時，需求就少。

一個人肚子餓時，會到處覓食。一個人的精神沒有得到滿足時，也一樣會產生各種需求。所以，當一個人從小在缺愛的家庭環境中長大，他的渴望層面是匱乏的，那麼結婚之後，他對伴侶就會有很多需求，比如需要伴侶買花、送禮物等。只有當這些需求得到滿足之後，他才能真真切切地感受到伴侶的愛。

當一個人的安全感不夠時，他就會需要伴侶時刻打電話告知行蹤，否則就會抓狂。

當一個人在小時候被輕視、被遺棄，他長大後就需要證明自己，於是拚命賺錢或者獲得權力……

有句話叫「知足常樂」，很多人都知道這個道理，但是極少有人做得到，為什麼呢？就是因為在渴望層次嚴重匱乏。所以，只有滿足內心深處的渴望，補足曾經缺失的心理營養，在婚姻生活中，兩個人才有可能放下相互索取的手，重新找回愛。

至於如何才能滿足曾經缺失的渴望，我們後面再說。

7. 我是

這是「冰山原理」不太容易講明白的一層，卻是人生中最重要的一層。佛家禪宗的開悟者就是在這一層搞明白了，達到了「明心見性」的境界。如果你在這一層悟透了，不僅夫妻關係幸福，人生的各個層面都會圓滿。

在哲學上有三個終極問題，其中一個是「你是誰」。所謂「我是」就是對「你是誰」的回答。心理學通常把這個稱為自我、小我，是一個人關於自己是誰的認知，是一種身分層面的定位。

在本書開頭「那些笑著嫁給『愛情』的人，後來為什麼哭了」的內容中，我已對什麼是「自我認同」做了簡單介紹，大家在感觀上應該有了初步認知。嬰兒剛出生的時候，並不知道自己是誰，是在成長的過程中，在與他人互動特別是與父母的互動中，他才漸漸認知到自己是誰。比如，自己叫什麼名字、是一個什麼樣的人等等。隨著慢慢長大，他開始有了各種各樣的角色：孩子、學生、員工、父母、老師、職員、老闆、主管等。當然，除了角色之外，還會有好壞優劣方面的評價，比如自己是個好人還是壞人？是聰明人還是笨蛋？好運的還是倒霉的……

這些自我認知就像一個人一生的劇本，一旦形成，人的一生基本上就是在演繹這個劇本而已。

因此，「我是」層面非常重要，不僅決定了婚姻的品質，它還決定著人一生中的方方面面，是整個冰山中最重要的部分。

消失的愛如何找回來？把抱怨變請求

在前面內容，我講述了一對互相抱怨的夫妻的故事。可以說，在一段婚姻關係中，抱怨是最厲害的毒藥，它會切斷與另一半溝通的渠道，會讓兩個相愛的人越走越遠，甚至形同陌路。

那如何才能化解這婚姻中的毒呢？透過上面「冰山原理」的理論，我想各位聰明的讀者已經找到答案了。

在這個夫妻案例中，韓欣的期待和需求是：丈夫能夠放下投機取巧的行為，專心經營企業，參與到家庭生活中來。因為她需要丈夫的陪伴，渴望得到丈夫的支持。當她的這份需求沒能被滿足，她就感到失望和憤怒（感受），於是將內在的委屈化為外在的指責與抱怨（行為）。

而她的丈夫志北呢？由於工廠是岳父留下來的，在太太家族中總感覺低人一等，這是典型的自卑表現，所以，他渴望有尊嚴地生活（渴望）。當他投機失敗，再加上太太不斷地抱怨和指責，他在家裡徹底喪失了尊嚴，渴望層面更加匱乏。為了挽回面子，他需要在投機上取得成功，證明他是對的（需求）。他認為，只有投機成功，自己才能得到太太的尊重，他在這個家才能活得有面子（觀點）。可是，事與願違，由於自己能力不夠，一而再再而三地失敗，他十分沮喪（感受），又因為自己在經濟上沒有為家庭做貢獻，只能選擇隱忍（行為）。

這就是造成這對夫妻感情瀕臨破裂的原因。從雙方的冰山中，讀者很容易就能看到問題的所在——雙方都沒有表達自己的需求，或者說，採用抱怨的方式表達了需求，這就是錯誤地用「抱怨」來表達沒滿足的「需求」所造成的婚姻障礙。

生活中，這樣的「魔咒」比比皆是。

比如下面這個場景，你是不是很熟悉：

夜深了，丈夫依然沒有回家，妻子在家心急如焚，一來擔心丈夫在外面有什麼意外；二來自己獨自一人在家，心中十分孤獨。這時，她多麼希望丈夫能夠陪在自己身邊啊！

可是，好不容易等到丈夫回來，她一沒有表達自己的感受，二沒有表達自己的需求，而是內在的那座小火山一下子爆發了，憤怒的指責像滾滾岩漿一樣從口中噴湧而出：

「你怎麼現在才回來？你心裡還有沒有我？」

「整天只知道陪客戶，難道客戶比我更重要嗎？」

「你只知道工作，當初我真是瞎了眼，怎麼會嫁給你這樣的人？」

她這一把火，燒開了內心的潘朵拉盒子，委屈、怨恨、心酸、不甘、疲憊等負面情緒一波接著一波湧上心頭。看到妻子發火，丈夫的火氣也一下子冒上來：

「我在外面拚死拚活的，不就是為了讓妳過上好日子嗎？」

「我在外面受苦受累，妳在家裡享福，妳怎麼還不滿足呢？妳到底想要我怎麼樣？」

直到演變成了激烈的爭吵：

「誰稀罕你那兩個銅板，當初不知道怎麼眼瞎看上了你?!」

「簡直不可理喻，要不是看在孩子的分上，我早就不想忍了！」

「那就離啊，誰怕誰？離開你我過得更好！」

於是，一段美好的關係就變味了，夫妻之間的溝通陷入了死循環。

要解開這個死循環，雙方要看到抱怨這種溝通方式的無效性，停止用這種方式繼續溝通。

所以，在做諮詢的過程中，我嘗試著引導他們透過指責來發現自己內心的真正需求。

「韓欣，當妳在指責妳的丈夫沒用、不像個男人的時候，妳真正想要表達的是什麼？」

「我想讓他知道該收手了，用心經營好我們的工廠，我就很知足了。」

「妳表達妳需要他經營好工廠，一家人安安穩穩地生活，和妳指責他沒用，妳覺得這兩種表達之間有什麼不同？」

「不這麼說他怎麼聽得進去？都是對牛彈琴。」她還沉浸在自己的憤怒與無助當中。

「現在妳來試一下，告訴妳的先生，妳希望他用心經營工廠，並告訴他當他把家裡的錢偷拿去投機時，妳的感受是什麼，好嗎？」

韓欣微側過身，眼睛看了一下丈夫，說：「老公，這麼多年我挺憤怒的（感受），我說過的話哪怕你就聽進去一點點，我都不會那麼憤怒。我們辛苦打拚二十多年的錢都被你虧光了……」她哭泣著說完接下來的話，「你越想透過投機證明自己，我越看不起你（觀點）。我嫁給你就是因為我愛你，愛你的才華，愛你的能力。雖然工廠是我爸爸創立的，但在你的經營下業績已經翻了好幾倍，你根本不用去證明自己。如果你能懸崖勒馬，好好經營企業，為孩子做個好榜樣，你在我的心目中依然是最重要的（需求）。」

在過去的二十年婚姻生活中，志北恐怕都沒聽過妻子這樣心平氣和地說話，在一旁通紅了眼眶。我問他：「聽到妻子這樣講，你是什麼感受？」

「我所做的這一切就是為了讓這個家庭能過上好日子。」

我打斷他：「請先不要解釋，告訴我你聽到了什麼？」

「她說她希望我經營好工廠，我心裡舒服多了，我聽得進去她的話了。可是我也有話說。」

我鼓勵他學著韓欣一樣表達自己的需求，「老婆，去年妳摔車門就走（行為），妳走了之後，我很擔心（感受）。我知道妳有情緒，但是我希望妳有情緒時，在家裡妳怎麼打我罵我都可以，別在外面失控，不是我愛面子，而是我很怕。我很擔心妳的安全，因為我愛妳（動機）。」

我問韓欣：「妳看到妳平時的表達方式，會讓丈夫很受挫嗎？」

她說：「我不知道，他從來都沒有跟我說過。」

「這個還要說嗎？妳應該知道啊。」她的丈夫說。

台下哈哈大笑，大家都突然明白，你不說對方還真不知道，即便是十幾年的夫妻。後來的過程我就不敘述了。我看到他們雙方臉上的表情開始放鬆，生硬的指責變成了柔和的請求，上課之前的退縮和冷漠變成如今的點頭和回應。

妻子答應，以後會直接表達自己的需求，當抱怨的話要脫口而出時，先讓自己冷靜十秒鐘。

而丈夫也答應全心全意地經營工廠，如果以後還想投資，就開家庭會議，要妻子和兩個女兒三人全票同意，才能動用家裡的資金。

韓欣需要丈夫更多的陪伴，她希望過安穩踏實的日子。丈夫志北希望找回自己的尊嚴，在打拚的路上得到妻子的理解和支持。當雙方都只抱怨時，既忽略了自己的需要，也忽略了對方的需要。當兩人都沒有得到自己想要的東西時，一方繼續指責，另一方就會壓抑或無視。

在這個個案中，我所做的僅僅是改變他們的表達方式，把抱怨轉變成請求。當雙方能夠在滿足對方渴望層面去表達自己的需求時，伴侶通常都會願意去盡力滿足對方。

透過上面的對話練習，韓欣體驗到了兩種不同的表達方式所帶來的不同回應。當她是表達自己的需要而不是對丈夫橫加指責的時候，丈夫沒有將自己封閉起來或是向後退步，而是積極地回應妻子的需求。經此對話，雙方也第一次知道，其實，對方對自己是那麼地在意和珍視。

一段十多年的婚姻，因為一個小小的「魔咒」差點就走不下去。可是，只要看到對方背後那份深沉的愛和需求，夫妻雙方都願意再給彼此一個機會。給對方機會，其實也是給自己機會。

大多數婚姻出現問題的夫妻都抱著這樣的想法——是對方的某些行為導致了婚姻中的問題，只要對方做出改變，他們的婚姻就不會有什麼問題，這個婚姻才能繼續下去，於是喋喋不休地抱怨。

但實際上，抱怨，是夫妻關係中最厲害的毒藥。「怨」，就是不滿，是內心的期待沒有被滿足。它除了耗盡感情的甜蜜，還有很多副作用。比如說，一個在充滿抱怨的家庭中成長起來的孩子，會對父母的情緒變化特別敏感，特別會揣度父母的心思，努力做讓父母開心的事，變得討好而畏懼。

那我們該怎麼辦呢？

還是以丈夫晚回家為例，先看看太太的冰山：

太太一個人在家，她的感受是擔心和孤獨，她的需求是丈夫能早點回家。如果丈夫回來時，她能表達這兩者，不僅可以避免爭吵的發生，而且還會進一步拉近雙方的親密關係。

比如說，妻子可以這樣說：「親愛的，你終於回來了！你知道嗎？你沒回來之前，我有多擔心你，我猜你又去喝酒應酬客戶了，我擔心你會喝壞身體，又要擔心你酒後開車安不安全。而且，我一個人在家也很孤獨，你以後能早點回家嗎？」

我想，絕大多數丈夫聽到妻子這樣說，都不會無動於衷吧？

抱怨，只會把對方推遠！

而感受和需求，才會拉近兩人的關係！

人與人之間之所以會爆發衝突，是因為自己的需求沒有被對方看見或滿足。所以，如果你在意一段親密關係，吵架時可以試試問對方：你對我的需求是什麼？同時問自己：我對他的需求是什麼？

當然，我們是人，不是神，我們無法滿足伴侶的所有需求。當某些需求得不到滿足時，我們可以滿足對方的渴望，因為，渴望是需求的根。只有當雙方的渴望被滿足後，才能獲得滿滿的安全感和親密感，才能真的做到，執子之手，與子幸福偕老。

願天下有情人終成眷屬，更願成眷屬後的有情人能恩愛一生！

如何才能滿足自己以及伴侶的渴望？且聽下回分解。

應對姿態：好的婚姻是能做到一致性表達

如何才能滿足自己以及伴侶的渴望？這還需要從「冰山原理」中一層一層地深入了解。讓我們先從應對姿態開始。

所謂「應對姿態」，是一個人面對壓力時的習慣性反應，就是俗稱的「性格」。人人都說性格決定命運，那麼什麼樣性格的人，其婚姻會更幸福呢？

我給大家分享幾個真實的案例。

A君，性格暴躁，喜歡指責，動不動就罵人，一喝酒就發酒瘋，發起酒瘋來經常與人發生衝突，甚至打架，還打過老婆。酒駕是經常的事，駕照都重新考過好幾回了。

B君，性格是大家公認的好脾氣，在公眾場合從來沒有人見過他發脾氣，總是一副笑呵呵的樣子，對太太更是言聽計從，照顧孩子的事情都是他在做，對周圍的人也是照顧得無微不至。

C君，好學、上進，理智、自律，講原則、有信用，言出必行，牙齒當金使，有耐心，對伴侶忠誠專一，所有的錢都交給太太。愛好典雅，不抽菸、不喝酒，獨愛琴、棋、書和旅遊。

D君，幽默大師，到哪裡都是開心果，總是逗得大家捧腹大笑，創意無限。如果你有困難，他總是能幫你想出各種新奇的好點子。大家去哪裡玩基本都是他起的頭，跟著他玩基本不會讓你失望。

如果你是未婚女性，你會選擇哪一位？我想大多數人都會選擇B君吧？先別急，在做出選擇之前，請容我告訴你這四位仁兄的另一面。

B君是我一位案主的先生，這位案主跟我抱怨說，她的先生窩囊，沒骨氣，沒事業心，膽小怕事，遇到一點衝突就退縮，簡直就不是個男人，真不知道當初自己為什麼嫁給了這樣的男人。

A君是我一位學員的先生，事業有成，開豪車住豪宅，爽朗大方，為人仗義，朋友聚會吃飯基本上都是他埋單。談起她先生，這位學員一臉掩飾不住的幸福，她說，別看他在外面總是凶巴巴的，除了發酒瘋的時候，其餘的時候他都很好，對她很體貼，對她的家人也很照顧。她在上我的課之前，一直受不了他的臭脾氣，上完我的課後，她說她知道怎麼對付他了。現在，她在努力幫他戒酒。她說，如果他不喝酒就完美了。

D君是我的一位案主，你做夢也不會想到他是一位憂鬱症患者，一個看起來如此開心的人，居然會如此不快樂。

而C君呢？就是我，沒學心理學以前，我自認為對太太很好，可是，我在太太眼中就是根木頭，沒有情感，沒有溫度，只有一大堆冰冷的道理。跟我這樣的人生活在一起，無聊、無趣。

看到這裡，你又會選擇誰呢？也許誰都不敢選了吧？

近二十年來，我做過無數個婚姻諮詢。在做諮詢的過程中，在諮詢開始之前，我經常會聽到雙方或者一方說：「我與他性格不合，我要離婚！」

如果你也有同樣的想法，請你先停一停。我想問你，真的有所謂性格合這回事嗎？還記得本書開頭那七個故事嗎？你們當初擦出火花來，不正是因為他的性格嗎？今天怎麼就不合了呢？

既然根本就沒有性格合這回事，那面對性格不同的人，準確來說，面對你曾經喜歡的性格的另一面，你該怎麼跟自己的伴侶相處呢？

要回答這個問題之前，我們先來研究一下什麼是性格。

性格究竟是什麼？性格就是一個人的習慣性反應模式。性格的分類有很多，不同的流派會有不同的分類。薩提亞把它稱為「應對姿態」。

應對姿態也可以解讀為一個人的溝通模式。溝通一般會涉及三個重要的要素——我、你、情境。

我：就是自己的感受、利益、觀點等。

你：就是對方的感受、利益、觀點等。

情境：當時的環境、大眾的利益、文化、倫理、道德標準等。

一次好的溝通是能夠同時照顧到上述三個方面的，簡單說，就是合情合理。但是，有些人遇到分歧或壓力時，往往會忽略掉其中一個或幾個要素，從而導致不良的溝通模式。

生活中常見的不良溝通模式有四種，即指責、討好、超理智和打岔。

指責：以自我為中心，更關注「我」的感受

第一種不良溝通模式叫「指責」。這樣的人往往只關注到「我」和「情境」兩個要素，卻忽略了「你」。他們的身體語言是，身體前傾，一手扠腰，另一隻手用力地指出去，眉頭緊鎖，肌肉僵硬，全身都散發著憤怒與不滿的情緒，一看就性格強勢、霸道、暴躁、控制慾強、自我。如下圖九：

習慣於用指責這種模式溝通的人，常常會忽略他人的感受，只顧著發洩自己的情緒，而且總喜歡把責任推卸給對方，認為所有的錯

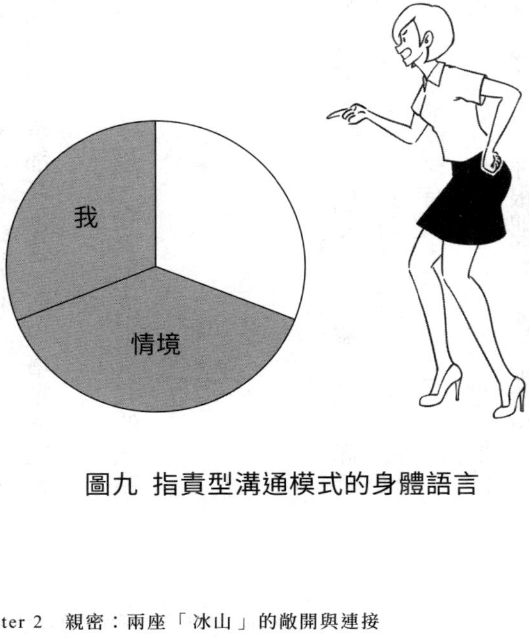

圖九 指責型溝通模式的身體語言

都是對方的錯。他們就像刺蝟一樣，一旦受到點刺激，就立馬豎起堅硬的刺進行攻擊。沒有誰喜歡被指責、被攻擊，所以，他們的人際關係通常不怎麼好。

但是，你會驚奇地發現，不少事業有成的人往往屬於這種類型。為什麼呢？因為他們關注「我」的感受，人生目標清晰明確，而且內在動力和能量都非常強，所以事業會比較成功。

指責容易誘發憤怒的情緒，而怒則傷肝，引起血沖腦，所以，指責型溝通模式的人容易得肝病和心腦血管方面的疾病。

討好：跟誰都關係好，就是跟自己關係不好

討好型溝通模式跟指責型溝通模式正好相反。與人溝通時，他們往往只關注到「你」和「情境」兩個要素，而「我」卻低到了塵埃裡，渺小又自卑。他們的身體語言是，單膝跪地，一手捂胸壓抑著情緒，另一隻手伸出去討好別人，對誰都照顧有加，笑臉相迎。

討好型溝通模式的人跟誰的關係都好，就是跟自己的關係不太好。他們常常把最好的一面留給別人，卻把最糟糕的一面留給自己以及自己最親的人。你跟他的關係越是疏遠保持距離，他對你就越親越好；相反，你越是被他看作自己人，關係就會越緊張。

所以，一旦你跟這種人成為親密關係，你就要小心了，曾經的歲月靜好可能某一天突然就變得水深火熱起來，因為他會對你提各種各樣的要求。但是，對於關係比較疏遠的人，

他是不敢提要求的，關係反而看起來很好。

有趣的是，指責和討好這兩種類型的人非常合拍，彷彿天生一對。所以，我們在生活中常常看到，指責型的人通常會找一個討好型的人做伴侶，討好型的人也傾向於選擇指責型的人做伴侶。

但是，兩個指責型溝通模式的人生活在一起就是火星撞地球，一定會吵得翻江倒海。而兩個討好型溝通模式的人生活在一起呢？非常沒趣。為了維持表面的一團和氣，他們不得不長期壓抑自己的情緒和自我。

當你過度用討好的方式與人相處時，你的情緒是被壓抑的，真實需求是被忽視的，自尊自信是被踐踏的。

情緒長期被壓抑，不病則已，一病就是大病。所以，習慣於這種溝通模式的人一般會得憂鬱症、腫瘤甚至是癌症。最好的防治方法就是把情緒釋放出去。

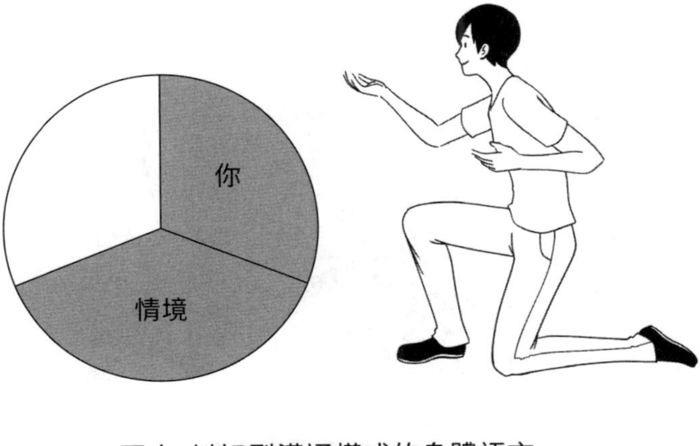

圖十　討好型溝通模式的身體語言

所以，當你那個過分和善、懂事的伴侶突然變得沒那麼好說話了，當你那個習慣於壓抑情緒的伴侶突然有一天找你吵架了，你先別急著發火，那可能是好事。

超理智：贏了道理，卻輸了感情

第三種溝通模式叫超理智，這種人跟人溝通時既不關心「我」的感受，也不理會「你」的感受，任你哭和笑，他就像根木頭一樣靜靜地站在那裡看著你，因為他們只關心事情合不合乎規定、正不正確。

只講道理不講人情，心理學領域有一個專門的名詞來形容，叫「述情障礙」，也就是表達感情有障礙，這類人不懂得怎樣去表達自己的感情，也不知道你為什麼總是莫名其妙地發脾氣，因為他們好像從來都不會生氣。

在接觸心理學之前，我就總被我太太數

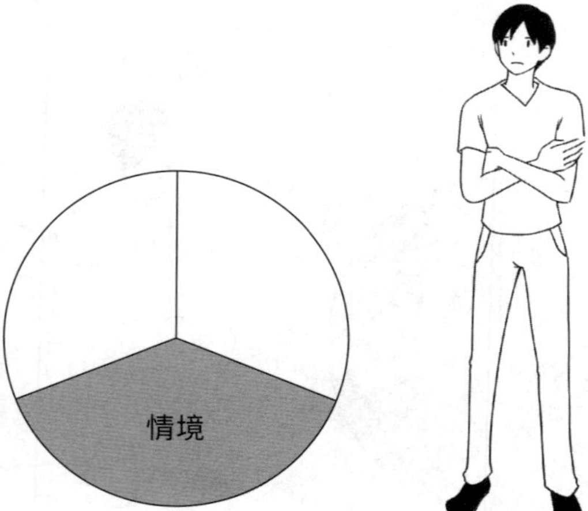

圖十一 超理智型溝通模式的身體語言

落說是一根沒有感情的木頭，什麼事情都理性分析，什麼事情都可以被合理化。因為過分理智，我曾經傷我太太很深。

什麼叫「超理智」？就是像電腦一樣，不關注感受，只關注事情本身，還美其名曰「我這是對事不對人」；習慣於用腦袋「說話」，心中只有客觀的理性和一大堆道理；幾乎不表達自己的感受和情緒，也不允許自己去表達。

從表面看，超理智型溝通模式的人跟誰都合得來，但真相是，「朋友遍天下，知心沒幾人」，他們跟誰的關係都不會走得太近。因為過分冷靜理智的人就像機器人一樣，冷冰冰的毫無人情味，缺乏與人建立情感連接的能力，也很難與別人產生共情，所以很多時候，他們是贏了道理，卻輸了感情。他們看似冷靜理智，內心裡卻脆弱得跟玻璃一樣，因為害怕受到傷害，於是選擇用超理智來切斷感受，用道理來武裝自己，從而達到自我保護的目的。

他們的身體語言是怎樣的呢？雙手交叉抱於胸前。這個動作其實是一種下意識的自我保護，因為人的身體跟心理是相關聯的——心暖的人，身體是舒展的、敞開的；內心能量不足的人，則會選擇抱緊自己。所以，寒冬臘月裡，你會習慣性地雙手交叉抱於胸前。

很多人認為，超理智的人用腦多容易得腦病，其實，腦是越用越靈活的。大腦是一個非常複雜的機器，人體25%的能量都是被大腦消耗掉的。中醫講「思則傷脾」，所以，超理智的人最常見的毛病是脾胃不好，運化功能差，膚質不太理想，但是身材勻稱、偏瘦。

打岔：常常能逗別人開心，卻逗不了自己開心

第四種溝通模式叫打岔。什麼叫打岔？打岔就是習慣性地岔開話題，不按你的套路出牌。比如，一位打岔的先生在受到伴侶指責時，他根本不會理會妳所指責的事情，而是把話題轉移到別的地方。他很可能會說：「親愛的，妳今天說話中氣十足，身體真好！」或者說：「妳今天這套衣服真漂亮，我怎麼沒見妳穿過？」

打岔的人很多時候顯得很幽默，因為幽默就是不按牌理出牌的一種表達方式，當你的邏輯突然被逆轉時，你會覺得很搞笑。

比如有這麼一個哏。有一天北京颳沙塵暴，記者街頭隨機採訪一個市民，問：「大媽，您覺得沙塵暴給您的生活帶來了什麼影

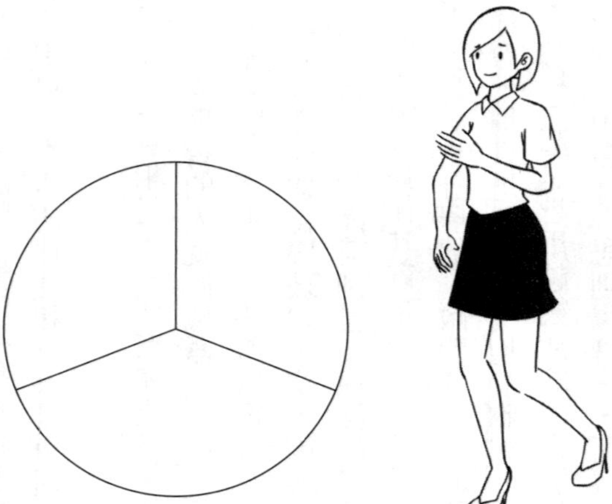

圖十二 打岔型溝通模式的身體語言

響？」

「大媽」回答說：「影響太大了！」

記者追問：「能說一下幾個具體的影響嗎？」

「大媽」認真地回答說：「首先你得看清楚，我是你大爺！」

打岔會造成幽默的效果，習慣於這種溝通模式的人，是很多人眼中的開心果，氣氛也會因為他們的存在而變得歡快活躍。但是，他們待人處事毫無章法，不按牌理出牌，總是從一個規則跳到另一個規則中，你說東他就說西。做事經常有頭無尾，遇到困難很容易就放棄。他們的身體語言是動態的，因為他們很難保持靜止，總是企圖將注意力從正在討論的話題上引開。

跟打岔型溝通模式的人談戀愛會很開心，但是，結婚之後才是真正苦難的開始。因為他們既不關注自己，也不關注他人，更不關注當下所處的情境。一旦遇到壓力或是要承擔責任，他們就像泥鰍一樣逃得比誰都快，你永遠也抓不住他，即使幸運抓住了，他很快又會從你的手中溜走。

打岔的人通常是不願意走進婚姻的，因為他們害怕被束縛，即使結婚了，也總想著從婚姻中跳脫出來；他們最害怕受人控制，一旦意識到你想掌控他，他就開始逃；他們看起來很開心，其實並不是真正的開心，因為他們缺的元素最多。所以，他們常常能逗別人開心，卻逗不了自己開心。

不少相聲演員、小品演員、喜劇演員都是打岔型的，人人都被他們逗得捧腹大笑，但從舞台上下來後，他們卻變成了另外一個人，不少還是憂鬱症患者，在八卦新聞中，你很容易看到那些看起來很開心的明星自殺的事件。

一致性溝通：讓親密關係變得更親密

行文至此，我想大家對這四種溝通模式都有所了解了。溝通模式不一樣，呈現出來的結果也不一樣——指責會讓婚姻變得雞飛狗跳，討好會犧牲真實的自己，打岔會讓問題永遠得不到解決，而超理智呢，別人很難感受到你的愛。

也許你會問：「團長，這四種溝通模式好像都無法讓婚姻變得更好。有沒有一種模式能讓性格不同的兩人溝通，從而獲得和諧幸福的婚姻生活呢？」

當然有！那就是一致性溝通模式。

文章一開始，我就提到了，溝通牽涉三個重要元素，即我、你、情境。只有這三個元素和諧互動，溝通才會你好，我好，大家好。

什麼是「一致性溝通」呢？它包含三個步驟：

1. 接納對方的感受

沒有感受就沒有親密可言。感受是一個人的內在情緒反應。一個人的表層行為或許有偏差，但真實的感受是沒有對錯的。

當你用「一致性」溝通模式的時候，你要先在感受層面跟對方建立連接。不管對方當下正處於怎樣的情緒，有著怎樣的感受，最好的連接方式是接納。什麼叫「接納」？接納其實就是不加評判地看見，就是你感受到了對方的感受，知道並理解他的感受。

如果對方正傷心、正憤怒，你說一句「你不要傷心了」、「你不要生氣了」，這樣的結果就是，彷彿對方此刻的感受是錯的，不應該有這樣的感受。本來他的感受就不好，你還告訴他他錯了，他的感受豈不是更糟糕？他心中的情緒無處發洩，只會更加傷心、更為憤怒。

但是，當你說：「我知道你很傷心，傷心是可以的，我會一直陪著你，你需要的時候，我就在你身邊。」、「我知道你很憤怒，如果我是你，我會跟你一樣憤怒，甚至比你更憤怒。」

對方捕捉到的訊息是「你關注我的感受，接納我的感受，你是關心我的、在意我的」。於是，兩個人在感受層面就產生了連接（關於感受的連接，後面還會有更多篇幅來進行闡述）。

如果你的情感沒那麼細膩，真的摸不透對方此刻是什麼情緒，我教給你一個簡單的方法——用上歸類的語言和概括性的情緒詞語來表達。

什麼叫「上歸類語言」？比如說，蘋果是一種水果。如果你說「我知道你很喜歡蘋果」，這樣說很容易會出錯。但是如果你說「我猜你一定喜歡水果」，在這裡，「水果」就是一個上歸類的詞，也就是概括範圍更大一些的詞。範圍再大一點——「我知道你喜歡吃綠色、健康的食品」，對方就會覺得你好懂他。但其實這句話對誰說都是一樣的。

情緒的表達也一樣。如果對方情緒低落，你可以說「我知道你很難受」，對方就會覺得他的情緒被你看見了、被你允許了，你是真的懂他。因為，「難受」這個詞可以包含很多不同的情緒（如果你想了解更多上歸類語言技巧，可以參閱我的另一本書《別人怎麼對你，都因為你說的話》）。

2.表達自己的感受

表達自己的感受就是把自己此刻的感受負責任地說出來。比如你此刻憤怒，你就說「我感到憤怒」；你此刻傷心，你就說「我感到很傷心」……

大多數人都不會表達自己的感受，或者錯誤地表達自己的感受。

不會表達感受的原因是從小習慣了壓抑或者忽略自己的感受，比如習慣用「超理智」和「打岔」這兩種應對姿態的人，他們不是沒有感受，只是由於成長過程中的種種原因，讓他們選擇把感受壓在心底，所以，需要刻意有意地練習，才能讓被壓抑的感受釋放出來。

另一個原因是，你知道如何表達情緒，但是表達得可能不夠深，只是輕描淡寫地說一句「我很生氣」。

表達情緒和感受的時候，要清晰一點、具體一點，在情感方面始終與對方保持連接。這樣，他那顆心再堅硬、再憤怒，也會變得柔軟起來。

當你能夠坦然、準確地表達自己的感受時，對方才會被你的感受所打動。

錯誤地表達感受會造成傷害。怎樣才算是錯誤地表達感受呢？帶著情緒去表達，而不是表達情緒，這兩者是非常不同的。

「表達情緒」的意思是用嘴巴說出你此刻的情緒；而「帶著情緒去表達」是沒有把自己此刻的情緒經由嘴巴說出來，而是透過抱怨、指責、身體語言等方式表達出來。比如，一個人感受到憤怒，他並沒有說自己憤怒，而是以提高聲調罵人、拍打桌子甚至動手打人等方式表達自己的憤怒。這樣的結果，不僅傷害他人，更傷害了自己。

如何正確表達自己的感受呢？可以分為兩個部分來表達：

一是說出此刻發生的事實；二是說出你此刻的感受。

比如：

場景：老公經常加班有應酬，很晚才會回家，太太一個人在家獨守空房，既孤獨又擔心。

常見錯誤的應對方式：

指責：你怎麼現在才回來？你心裡還有沒有我？你心裡只有工作，工作比我重要嗎？（帶著情緒表達。）

討好：親愛的，你回來了啊，我煲好了湯，我盛一碗給你喝。（心裡認為，是自己的吸引力不夠，老公才這麼晚回家。明明有情緒，但卻把情緒壓抑了下去。）

超理智：你怎麼這麼晚才回來？總是這樣對身體不好，賺錢重要還是身體重要？你要換一種工作方式了，這樣用生命去賺錢不值得。（道理一套套，但就是沒有感受。）

打岔：親愛的，你回來了啊。你知道嗎？我剛剛看了一個笑話可好笑了，我講給你聽……（不正視老公深夜回家這個事情，嘗試岔開話題，試圖用輕鬆快樂的方式代替那些自己不願意面對的場景。）

以上這四種方式，要不就是壓抑情緒（討好），要不就是忽略情緒（超理智、打岔），要不就是帶著情緒去表達（指責），總之，就是不去表達情緒。

一致性溝通就是在真正地表達自己的情緒感受。比如：

一致性表達感受：親愛的，你經常加班應酬，我一個人在家很擔心，既擔心你會喝壞了身體，又擔心你酒後開車不安全。而且，我一個人在家很孤獨，你以後能早點回家嗎？

各位男性讀者，如果你聽到你太太這樣表達感受，你會有什麼感覺呢？心一下子好像被融化了的感覺對嗎？這樣，兩顆心不就緊緊地連接在一起了嗎？

指責就像玫瑰身上的刺，離得近了就會被扎傷，所以伴侶會疏遠你甚至離你而去。

討好表面上好像能拉近親密關係的距離，但壓抑久了，你心中的怨氣總有壓不住的時候，一旦爆發，那比指責還恐怖。就算你壓住了，整個人也會散發出一股濃濃的怨氣，而且，嚴重影響身體健康。

超理智看起來很有道理，無可挑剔，但冷靜理智到讓人感受不到情感的溫度，總讓人無法接近，伴侶之間無親密可言。

打岔好像比較樂觀，總是一副歡樂的樣子，可是，歡樂的日子難以長久，不是轉身而去尋找新的樂子，就是一個人深陷憂鬱。

只有一致性地表達感受，才能喚醒對方的感受，幫助你們建立情感連接，讓你們的關係越來越親密。因為，如果對方還愛你，他是不忍心讓自己愛的人難過的，自然願意去改變自己的行為。

所以，如果你希望你的伴侶做出改變，就一定要先改變自己的表達方式，接納伴侶的感受，同時表達自己的感受。兩個人只有在感受層面彼此敞開心扉，建立連接，才有可能一起探索出雙方都能接受的新方案。

3.一起探索雙方可以接受的解決方案

動之以情，曉之以理。如果說前面兩步是「動之以情」，那麼，這最後一步就是「曉之以理」。

還記得我在前面講過的一個案例嗎？那位試圖透過投機找回尊嚴的丈夫志北，太太韓欣採用指責的方式一直無法改變志北的行為，就算以離婚來威脅，志北依然無動於衷。但在雙方表達完感受，在兩個人的感受重新連接之後，我提了一個小建議——制定一個家庭規則，家庭成員之間協商約定各自在某方面擁有一定的話語權，彼此之間的權利最好是均衡的。比如說韓欣可以跟志北商定，以後誰要動用家庭資金的話，得先開家庭會議。假設家庭成員四人，必須有三票通過方能動用資金。家中的大事小事都透過「民主協商」來決定，最終，他們雙方都同意了這個解決方案。

這就叫「一起探索雙方可以接受的解決方案」。

在溝通的過程中，如果以上三個步驟有欠缺的話，也就是說，溝通三要素「我」、「你」和「情境」有一個或者多個缺失的話，溝通就會出現障礙。而所謂的一致性溝通，就是確保「我」、「你」和「情境」這三個元素都得到了應有的關注和尊重，如果能做到這一點，很多矛盾就能避免，親密關係的改善也變得簡單很多。

前文中B君的太太，在上我的課之前，一直受不了她先生的臭脾氣，學了一致性溝通後，她知道如何接納先生的情緒，也會恰當地表達自己的情緒，因此，一頭暴躁的獅子在她的懷裡變成了一隻溫馴的小貓。

而我，經過學習，也由原來太太眼中的「木頭」，慢慢地打開了情感的閘門，開始變成了一個有血有肉、有溫度的男人，用我太太的話來說，我終於像個人了。

改變，從承認開始，因為，承認是成長的開始。不管你現在習慣於哪種應對姿態，只要你能把缺失的補回來，你就能成為一名一致性的溝通者。怎麼補呢？

指責的你，請將你正指責別人的手收回來，開始關注對方的感受。對方跟你一樣，也是人，也有憤怒、悲傷和委屈……如果你能夠關注別人的感受，兩個人的溝通又怎會有障礙呢？

討好的你，你把自己的情緒和感受隱藏得這麼好，對方或許根本就不知道你也會難過，也會傷心，也會失望……而且，你一味討好的姿態只會讓對方看不起你！如果你站直身體、挺直腰桿，大大方方地跟對方分享你的情緒、你的感受，你的自信會讓你光芒四射！

超理智的你，你的功課會多一點，因為你缺失了兩個溝通元素，所以，你不光要關注別人的感受，更重要的是要關注自己的感受。只有能感受自己的感受，你才有能力去感受別人的感受。其實，你不是沒有感受，你只是把太多的注意力放在大腦上了。所以，請調整你的焦點，開始關注你的身體，放鬆身體，將抱緊自己的雙手舒展開來，敞開你的心，你才能真切地感受這個世界。記住，你現在所體驗到的世界是不完整的，你只活出了三分之一的人生而已，如果你想活出剩下的三分之二，請給自己一個允許，允許情感流露。

打岔的你，因為你不敢直面問題，一直都在逃避，所以，你的功課最多。不要以為你維持親密關係很輕鬆，那只不過是你騙自己的把戲而已，你騙誰也騙不了自己！所以，請從這一刻開始吧，開始面對你人生的功課。當年讀書時你可以逃課、不交作業，但人生不一樣，你逃得了一時，逃不了一世。雖然你三個元素都欠缺，但沒關係，你有的是創意，有的是才華，也就是說，你有大把錢交學費，只要你願意改變，你的資源無限。

親密關係的好壞與遠近，在冰山的表層很大程度上取決於你的溝通模式恰不恰當、合不合適。只要你能看見自己溝通模式中存在的問題，並透過一致性溝通來表達自己，回應他人，做到不指責、不討好、不超理智、不打岔，那你的婚姻生活會越過越幸福，那些「消逝了的愛」也能夠重新被「點燃」。

當然，冰山的表層會受到深層的影響，所以，要徹底改變，還需要在更深層次下功夫。後面，我們來探索冰山的「感受」層。在這裡，我想真誠地告訴你，就連團長這樣的

「木頭」也能夠改變，變得有血有肉溫暖有加。所以，不管你今天的婚姻狀況如何，請你一定要保有希望，因為，還有心理學可以幫你。

感受層面的連接：你不表達情緒，就會帶著情緒表達

前面我們探討了不同性格的夫妻之間該如何相處，這裡我們更進一步去探索一些共性的東西。因為不管你的伴侶是什麼性格，兩個人在感受層面都是相通的。

在我的職業生涯中，我曾做過不少夫妻諮詢，他們當中的很多人，相遇之初都覺得對方是此生最理想、最契合的伴侶。可是不知道從什麼時候開始，他們的關係停止了正向發展，一輪又一輪的爭吵和矛盾讓親密的感覺逐漸消退。親密，成了他們記憶中的美好。而婚姻，不是過成了毫無波瀾的一潭死水，就是過成了沒有硝煙的「戰場」。

為什麼原本應該最親密的兩個人，卻越過越不親密？

是什麼導致我們無法擁有真正的親密關係？

如何幫助這樣的伴侶克服關係中的障礙，找回那些「消逝」的愛呢？

回答這些問題之前，我們先來了解一個心理學概念——真我。

真我：親密關係是一場尋找真我的旅程

有一個故事曾被當成恩愛夫妻的典範廣為流傳。

一對老夫婦結婚幾十載，一直相敬如賓地生活著。每次吃魚的時候，丈夫都會把自己最愛的魚腹肉挾到妻子碗裡，而自己只吃魚頭。妻子以為丈夫喜歡吃魚頭，於是，每次都主動把魚頭留給丈夫……

儘管兩個人一輩子都沒怎麼吵過架，是大家眼中的模範夫婦，但他們總感覺婚姻裡少了點什麼。

丈夫病重臨終之際對妻子說：「親愛的，其實我這輩子最愛吃的是魚腹肉。」

妻子恍然大悟，淚流滿面地看著丈夫說：「我看你每次都只吃魚頭，以為你最喜歡吃魚頭了，所以每次都把魚頭讓給你，其實我最愛吃魚頭了。」

這樣的相處方式真的是我們所追求的嗎？

很顯然，夫妻雙方都深愛著對方，因為都願意把自己認為最好的東西奉獻給對方。可是，夫妻倆在一起生活了一輩子，卻始終都沒有吃到自己最喜歡吃的東西，這樣的人生太遺憾了。

可見，婚姻裡光有愛是不夠的，還需要有智慧。

夫妻關係區別於其他任何關係，也是其他任何關係所不能取代的。雖然他（她）跟你之間沒有血緣關係，性別不同，性格也各異，但他（她）是此生陪伴你時間最長、跟你最親密的那個人。

如果兩個人彼此都戴著面具生活，就算你深愛著對方又如何？你那真實的自我一再地被壓抑、被隱藏，這樣的婚姻又談何親密呢？

真正的親密關係指的是一個真我和另一個真我的連接與融合，而不是兩個假我的相互糾纏。

什麼叫「真我」？「真我」本來是佛學使用的一個詞語，意思是真正的我。哲學三大終極問題——「我是誰？」、「我從哪裡來？」、「要到哪裡去？」——探索的就是真我的本質。

那「我是誰」，我在前面講到了，「我是」是一個人的自我認知，是身分層面的定位，這是對「我是誰」的表層回答。

「我是誰」的更深層次的答案是什麼呢？這是一個很難回答的問題。我只能做一個比喻：

假設你是一個演員，在電影中扮演著一個角色，這個角色是根據劇本來演的，這個角色是好人還是壞人，是貧窮還是富有，全憑劇本決定。對於一個正常的演員來說，電影拍完了，他就會脫下戲服，從角色中徹底走出來，成為現實中的自己。也許大家聚在一起的時候，還會討論一下各自的演技，演好人的演員也許會對演壞人的演員說：「你這傢伙當時害得我真慘，不過你的演技確實不錯。」

但是，也有一些演員拍完電影後出不了戲，還活在電影中的那個角色裡，錯誤地認為那個角色就是自己。你說這樣的演員傻不傻？

在這個比喻中，「真我」就是演員本身，演員所演的角色只不過是一個角色而已！人生也一樣，在現實生活中，我們需要扮演不同的角色，比如父親、母親、兒子、女兒、老闆、員工、老師、學生、主管、下屬……或者是另一種描述：好人、壞人、勇敢的、懦弱的、勤奮的、懶惰的、進取的、退縮的、指責的、討好的、超理智的、打岔的……

為了適應社會，為了生存，我們就像演員一樣，按照社會的標準、別人的期待來裝扮自己、出演自己。

而這些都是一個人臨時的角色，就像一個演員在電影中所扮演的角色一樣，是臨時的，是劇情的需要，就像外衣一樣隨時都可以更換。

可是，角色只是角色而已！不少人卻誤以為角色就是自己，在虛假的角色裡渾渾噩噩地過一生，這是多麼可悲的事情！

很多時候，角色就像標籤一樣，會阻礙你看見對方的真實。比如說一支筆，筆被命名為「筆」之後，很多人是看不到它的本質的，因為他的視野已經完完全全被「筆」這個標籤給遮蔽了。

婚姻同樣如此，一旦你用角色和標籤來定義你的伴侶，你是無法看到對方內在的真我的，因為你的視線會被他身上的角色、標籤給遮蔽住，尤其是當你有一些負面認知的時候。

比如說，當你把你的伴侶定義為一個不負責任的大壞蛋時，你眼中就只會看到他的各種壞，他身上的好你完全看不到。

又比如說，當你把你的伴侶定義為一個賢妻良母時，你眼中就只會看見她的勤儉持家、賢良淑德。一旦她表現得沒那麼賢慧了，你就會覺得「她不再是你最初認識的那個人」。

當你用一個個角色和標籤去定義、固化你的伴侶時，那麼你就很難感受他的真實，走進他的內心世界，更別說與他產生親密的連接了。

脫掉角色的外衣，真實的「我」才得以呈現，而這就是心理學所說的「真我」。每個人的內在都隱藏著一個「真我」。真我又叫本我，是真實的、毫無掩蓋的、沒有任何包裝的、原原本本的「我」。

只有當你在伴侶面前完完全全、毫無保留地呈現最真實的自己，並跟對方產生連接時，你們之間才有可能產生一種叫親密的關係。

防衛層：保護著自己，卻也隔絕了愛

真我通常沒那麼容易呈現出來，因為大多數時候它都被防衛層和感受層包裹著。如下頁圖十三所示：

「防衛層」又叫「角色層」，它就像一個戰士的盔甲一樣，保護著我們的安全。但是，在保護自己的同時，也隔絕了愛。

防衛通常表現為兩種類型：

1.依賴

依賴，顧名思義就是「我一個人獨立不了，需要依靠另外一個人，否則我就無法生存」。依賴型的人把人生的希望都寄託在另一個人身上，這就像水之於魚一樣，魚離不開水而生活，沒有你他也就活不了，所以，他們總是千方百計地靠近你、依賴你，只有這樣，他們才能獲得足夠的養分和安全感。

依賴型防衛通常表現為兩種形式，一種是「討好」。我們在前面講到了，這樣的人往往習慣於壓抑真實的情緒，隱藏真實的自我，明明心中缺愛、渴望親密，卻不敢敞開自己去跟別人連接。

另一種叫「吞沒」。吞沒是超級版的討好，一個討好的人會不斷地壓抑自己，而一個被吞沒的人連壓抑都不需要，因為他根本就沒

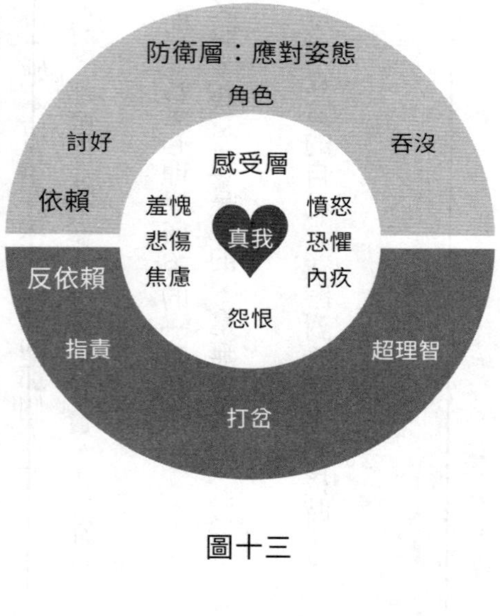

圖十三

有自己。一個從小被父母用包辦代替教育方式長大的人，就會養成被吞沒的模式。這樣的人從小到大都感覺不到「我」的存在，對自己的事情從來沒有自主選擇的權利，活成了別人希望的樣子，完全找不到自我。

為什麼一個人會選擇依賴別人而生活呢？其實，依賴也是一種防衛方式，當你把人生交給另一個人時，你就無需對自己的人生負責，就不用承擔可能的風險。

習慣於使用依賴型防衛的人，人生是被動的，因為，他把自己的人生交給了別人。

2.反依賴

反依賴跟依賴剛好相反，反依賴型的人追求的是獨立、空間和自由。為了保護自己的安全，刻意地跟別人保持距離的一種防衛方式。

反依賴型防衛通常表現為三種形式——指責、超理智和打岔。這三種不良應對姿態，我們前面已經詳細闡述過。

這三種方式跟前面的依賴型剛好相反，是一種主動的防衛方式。

生活中，很多夫妻的結合都是依賴型跟反依賴型的結合。對依賴型的人而言，他的人生目標就是找到一個可靠的肩膀，讓自己心安。在他們眼中，反依賴型的人是獨立的、強而有力的，看起來渾身充滿了能量，是靠得住、值得信賴的理想伴侶。

而對反依賴型的人來說，依賴型的人表面上看起來一點攻擊性都沒有，在他們面前感覺相對安全，所以，依賴型的人很容易吸引反依賴型的人。其實，你們誤會了，依賴型的人控制慾更強，只是他們控制你的方法和手段非常隱秘。當年的你讀不懂、看不透，於是輕易就上當了。

對於依賴型或反依賴型的人來說，他們要嘛是想從對方身上索取更多的愛，要嘛是將自己層層包裹隔絕了愛。這樣的他們都無法擁有真正的親密關係。因為，不管是依賴還是反依賴，都是防衛機制中的一種。防衛層的常用伎倆是切斷身體的感受，而親密本身就是一種感受，沒有感受就沒有親密。所以，防衛層在保護我們自己的同時，也隔斷了愛。

當然，人是群居動物，正如英國詩人約翰．鄧恩所說：沒有人能像一座孤島，在大海裡獨居，每個人都像是一塊小小的泥土，連接成整個陸地。親密關係也是如此。當兩個真我彼此連接、深入融合時，兩個人才會獲得真正的親密。

因此，人與人之間是需要相互依賴的，我並不主張在親密關係中完全獨立自主，不去依賴他人。因為人是社會性動物，每個人的內心深處都需要並渴望自己有人可依賴，也希望自己被別人依賴。適度依賴，會讓兩個人的關係走得更近。承認並覺察到這一點，對夫妻雙方來說很重要。關於這一點，我會在後面的內容中展開闡述。

感受：「應該是」和「如是」之間的較量

親密，是兩個真我的連接。那如何才能讓兩個真我產生連接呢？

在角色層下面，還有一個「感受層」保護著真我。感受層是離真我最近的一層。在冰山的這一層，我們會體驗到各種各樣的情緒，包括憤怒、恐懼、內疚、怨恨、焦慮、悲傷以及羞愧等。而真我就被這些情緒和感受緊緊地包裹其中。如何才能窺探到內心的真我？只有打破這些層層包裹。

那一個人的感受是怎麼產生的呢？不同的人對於同一事件會有不同的看法，會產生不同的情緒和行為反應。當一個事件發生時，我們信念中認為的「應該是」和現實中發生的「如是」會產生比較，兩相比較之下，各種各樣的情緒就產生了。

比如說，「我」認為「我」應該拿到一萬塊獎金（應該是），但事實上，老闆只給了「我」八千（如是），即使八千的年終獎金已經高於同行業的標準，但「我」依然會失望、會悶悶不樂。

「我」認為伴侶應該疼我愛我寵我體貼我（應該是），但事實上，伴侶對「我」的疼愛不是我想像的樣子（如是），內心的不滿開始滋生，於是，「我」便會感覺到痛苦。

「我」認為孩子應該是懂事的努力的上進的（應該是），但事實上，他調皮搗蛋不思進取（如是），一次次的希望化作失望，於是憤怒隨之而來。

當現實的世界與我們大腦中的想像不一致時，我們就會產生感受。

對於好事而言，當「如是」大於「應該是」時，人就會產生開心、興奮等正面情緒；相反，當「如是」小於「應該是」時，人就會產生失望、憤怒等負面情緒。

對於壞事而言則剛好相反，當「如是」大於「應該是」時，人會產生恐懼、驚慌等負面情緒；當「如是」小於「應該是」時，人會產生輕鬆、慶幸等正面情緒。

明白了感受背後的形成機制，我們便可以調節自己的感受。

怎麼調節感受？有兩個方法：

第一，改變「如是」，也就是改變我們所處的環境。

第二，改變「應該是」，也就是改變我們大腦中的信念。

我想大多數人都知道第一個方法，這是人類進化的方向，人類為了提高自己的生活品質，一直在努力改變自己生活的環境。

第二個方法則鮮為人知，因此，痛苦的人群隨處可見。

對於夫妻關係來說，「婚姻環境」除了與伴侶之間發生的一件件事情之外，還包括伴侶本身。因為人們總是習慣於改變環境，所以，當夫妻之間出現問題時，一方總想著去改變另一方。這樣的結果只會加深雙方的痛苦。

我們很難改變別人，但可以改變自己，至少可以改變自己的想法。學過心理學的朋友都知道，只要學會了如何調整、改變自己的想法，很多痛苦都可以迎刃而解。所以，只要你願意改變你的想法，你便可以擁有美好的感受。

如何透過調整自己的想法改變自己的感受呢？請留意你感受下面的感受。

什麼叫「感受的感受」呢？簡單說就是，你對當下的感受所產生的新的感受。

比如說，如果你感到憤怒，你對自己的憤怒不滿意，這個時候，你的內在會有一個聲音：「你是一個受過良好教養的人，怎麼能生氣呢？」於是，在憤怒的基礎上，你又產生了一種新的情緒——自責或者內疚，這就是感受的感受。這種新的感受實際上是由一種想法引起的，所以，從感受的感受中，你很容易看到產生感受的想法。

有過失眠的朋友最容易體會到這一點。當你睡不著時，如果你對自己睡不著這種狀態不滿意、不接納，你的內在就會產生很多對抗的聲音：

「怎麼會睡不著呢？」

「睡不著明天怎麼辦？」

「我一定要盡快睡著！」

可是，當你糾結於睡不著時，你又怎麼可能睡得著？於是，輾轉反側，一夜無眠。

那怎麼辦？很簡單，如果你能給自己一個允許，允許自己睡不著，奇怪的事情就發生了——你一下子就睡著了。當然，睡不著覺有很多原因，有一些生理上的原因不在我們討論的範疇。這裡討論的是心理上的原因。

從心理上來說，一個人睡不著覺通常是因為對於睡不著覺這事過於糾結造成的。

情緒也是一樣的，如果你能夠接納你當下的情緒，不管出現什麼情緒，只要你能給情緒一個允許、一份接納，跟自己說：

「憤怒（或者其他情緒）是可以的。」

你會發現，當你接納情緒時，情緒很快就會得到平復。但是，如果你不允許、不接納當下的感受，感受之外又多了一份感受，於是，本來不好的感受就會越來越多，像一團理不清的亂麻一樣層層糾結在一起，這就是人會深陷痛苦的原因之一。

對感受的感受決定著一個人的生命品質。同樣，在伴侶之間，感受的感受也決定著一段親密關係的品質。

在親密關係中，對感受的感受包含以下兩個方面的內容：

1. 對自己感受的感受，也就是能否接納自己的感受。

2. 對伴侶感受的感受，也就是能否接納伴侶的感受。

一個不能接納自己感受的人，通常很難接納別人的感受；一個能接納自己感受的人，同樣也能夠接納別人的感受。因此，上面兩點其實就是一點。

有一種攻擊，叫「情緒攻擊」

在傳統教育中，我們從小就被教育著「情緒是不好的」、「男兒有淚不輕彈」、「不能生氣，要乖乖聽話」，彷彿只有乖孩子才是好孩子，愛哭的孩子是壞孩子，是不受歡迎的。即使被同學欺負受了委屈，你也只能努力把情緒和眼淚憋回去。

長大後，當你很傷心、很沮喪的時候，朋友也會安慰你說「不要傷心，不要難過」，彷彿傷心難過是不對的，是錯的。於是，你慢慢地學會了壓抑自己的情緒，不敢表達自己的情緒。

不是說「忍一時風平浪靜」、「百忍成金」嗎？情緒一定要被表達出來嗎？不表達情緒有什麼不好呢？

我們來感受一下下面這對夫妻相處的場景：

國慶假期前夕，太太非常興奮地跟先生說：「親愛的，國慶有七天假，辛苦奮鬥了這麼久，好想徹徹底底放鬆一下啊。我們一家人到雲南麗江去美美地度個假怎麼樣？我規劃了很久。」太太一臉渴望地看著先生，想像著漫步麗江古城的那份放鬆與愜意，她嘴角不自覺地上揚。

結果，先生說：「國慶期間去旅遊啊？可是，我同學要來，我得陪他。」太太一聽，興奮之情蕩然無存，但好脾氣的她把心中的失望和不爽壓了下來，略帶酸味地說：「要陪同學啊，那你同學更重要囉。」

先生本來沒有情緒，突然間感到一股莫名其妙的脾氣湧了上來：「我跟老同學幾十年不見，他來找我，難道我不應該陪他敘敘舊嗎？」

他的質問激起了太太的情緒，但她又給壓了下來，說：「我哪句話說不行了，你就陪同學嘛。我跟女兒沒地方去，那就待在家裡囉。」

雖然太太說起話來不緊不慢、語氣和緩，但先生就是感覺胸口有一股火氣騰地衝了上來：「你什麼意思？我陪同學就等於沒陪家人嗎？難道我沒陪你們出去玩過？」

「我沒有這個意思，只是我規劃了那麼久……你同學比我們更重要囉。」太太依舊好聲好氣地說。

先生徹底受不了了，情緒失控地大吼：「什麼重不重要？國慶假期我同學剛好要來，我陪他一下都不行嗎？」

這個時候，太太也憤怒了，但她是有修養的人。於是，她把心中的那團火強行壓了下來，委屈地說：「我哪句話說過不行啊？嫁給你幾十年，我什麼時候說話算數過？」

從始至終，太太一直都是溫柔而又平靜的。但是換作是你，你受得了嗎？受不了！

這個場景是不是很熟悉？在生活中，我們常常會看到這樣一種情況：一對夫妻，其中一方脾氣很好，從來不發脾氣；但另一方一點則燃，動不動就發火。面對這樣一種情況，我們通常會指責發脾氣的一方，同情「脾氣好」的一方。可是，看完上面這個場景後，你是否還會依然堅持原來的觀點？

兩個人相處時，在雙方之間彷彿有一條看不見的「情緒管道」，當一方壓抑情緒時，情緒會在另一個人身上爆發出來。如下圖十四所示：

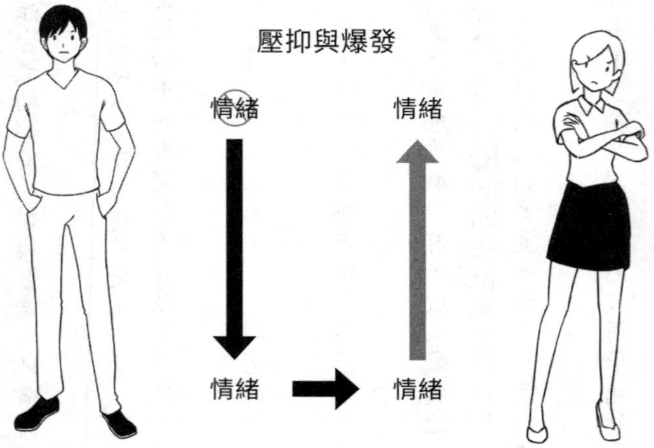

圖十四

為什麼會這樣呢？

情緒難道真的是一種能量，會在兩個人之間傳遞？

情緒是不是能量有待物理學家去研究，但從心理學的角度來看，這種現象很好解釋：你不表達情緒，就會帶著情緒表達！

在溝通中，有三個傳遞信任的途徑：

1. 語言內容。
2. 語調。
3. 身體語言。

有研究認為，在溝通中，「語言內容」只佔7％，語調占38％，身體語言占55％。也就是說，就算你用意識壓抑著情緒，不用語言表達出來，你的語調、身體語言也會把你壓抑的情緒表達出來。

在上述的例子中，太太雖然用詞隱忍，語調平和，但她的面部表情和她的身體動作一定會帶著情緒。一個人的意識可以控制他的說話內容，也可以控制他的語音語調，但無法控制他的身體語言，因為，身體從不說謊（當然，受過專業訓練的除外，比如特工）。

透過語言把你感受到的情緒述說出來，叫「表達情緒」。

而把情緒透過語調和身體語言表達出來，叫「帶著情緒表達」。

當你不表達情緒，而是帶著情緒去表達時，你的情緒會點燃另一個人的情緒。所以，你壓抑的情緒，都會從伴侶那裡表達出來。反之亦然，伴侶壓抑的情緒，也會從你這裡發洩出來。這就是為什麼在一些夫妻中，明明一方脾氣很好，但另一方卻脾氣暴躁的原因。很多時候，並不是對方脾氣差，而是他代你表達了你壓抑的情緒而已！

當然，並不是說發脾氣的一方就沒有問題，他之所以會發脾氣，是因為他沒有學會如何表達情緒。他的表現也是另一種方式的帶著情緒的表達。

如果夫妻雙方都壓抑情緒呢？那孩子就會遭殃！就像一個氣壓太高的輪胎一樣，總會在最薄弱的地方爆發。所以，一味地壓抑情緒不僅會把情緒傳遞到伴侶或者孩子身上，而且還會傷害自己的身體。有研究發現，大多數身體疾病都跟情緒壓抑有關，但這不是本書討論的範疇，就不展開贅述了。

壓抑情緒不好，那是不是把情緒發洩出來就對呢？

當然不是，所謂的「發洩情緒」就是前面說的「帶著情緒表達」。當一個人帶著情緒表達時，往往會失去理智，會說出傷人的話，甚至還會動手傷人，最終導致兩敗俱傷。大多數的家庭暴力都是因此而導致的。

發洩情緒跟壓抑情緒的危害一樣大，所以，有一種攻擊叫「情緒攻擊」。

如何表達情緒，關係才會更親密？

當你壓抑自己的情緒和感受時，你就切斷了與伴侶的連接，隔離了彼此親密的機會。但是，如果你無法控制自己的情緒任其發洩出來，身心受到傷害不說，還會把伴侶越推越遠。所以，不管是壓抑還是發洩，都會切斷雙方的親密關係。

面對情緒，壓抑不行，發洩也不行，那該怎麼辦呢？學會負責任地表達情緒，這樣才能拉近兩個人之間的距離，讓關係變得更加親密。

那怎樣才能負責任地表達自己的情緒呢？

1. 接納情緒，允許情緒的存在

怎麼接納負面的感受呢？很簡單，團長送大家一句「咒語」——「××感受是可以的」。比如：

當你感到憤怒時，跟自己說「憤怒是可以的」；

當你被人傷透了心時，跟自己說「傷心是可以的」；

當你正因某事而焦慮時，跟自己說「焦慮是可以的」。

同樣的道理，當你面對伴侶的負面情緒和感受時，允許並接納對方是憤怒的、傷心的、焦慮的……那麼，他（她）的負面感受自然就消解了。你離真正的親密關係也就更近了。

2. 表達情緒，清除情緒的「垃圾」，釋放積壓的能量

劉備武不能上陣殺敵，文不能定國安邦，可是為什麼他最終做了皇帝？其中一個原因就是他特別善於表達自己的情緒和感受。不懂心理學的人只會罵劉備軟弱愛哭，但其實哭的威力無窮。只要劉備「梨花帶雨」地一哭，張飛、關羽這兩兄弟便死命相隨，所以，歷史上有「劉備的江山是哭出來的」的說法。你看，劉備一哭，天下無敵。

對一段親密關係來說，只有當兩個人彼此袒露自己的感受時，他們之間才會建立深入而長久的親密連接。但是，對中國式的親密關係來說，大多數人是寧可咬碎牙也不以哭示弱，寧可隱忍不發也要息事寧人，他們是不懂得表達情緒和感受的。

一個總是壓抑情緒的人，我稱之為「垃圾人」。很多心理學方面的文章都講到了「垃圾人」這個概念。但我認為，所謂的「垃圾人」不是動不動就拍桌子、罵髒話的人，這種人其實相對很安全，因為他的情緒已經釋放出來、表達出來了，他罵完了就沒事了。

真正的「垃圾人」是前半生都在壓抑情緒、不發脾氣，一旦他的情緒被點燃，帶來的後果可能就是致命的。這種人表面上看起來溫文儒雅、遵紀守法、情緒穩定，但是，一旦他被最後一根稻草壓垮，他的破壞力是不可想像的。

所以，你真正要小心提防的，不是那些動不動就發脾氣的人，而是在他臉上永遠看不到情緒的人。他們心中的「情緒垃圾」年復一年地積壓下來，不釋放出來，產生的能量是非常恐怖的。一旦你成了壓垮對方的那根「稻草」、成了引爆對方情緒的導火線，那結果可能會是你生命中的不可承受之重。

怎麼清除情緒「垃圾」呢？最簡單的方法就是負責任地表達情緒。這裡的關鍵詞是「負責任」。

跟大家分享一個簡單的小技巧——表達情緒時一定要用「我訊息」，而不是「你訊息」。

「我訊息」與「你訊息」帶給對方的感受是完全不同的，我們來看下面的例子。

場景一：孩子沉迷於遊戲，父母很生氣。

用「你訊息」來表達：「你怎麼這麼懶惰？你再這樣，我揍你了！」、「你這麼不愛學習，將來能有什麼出息！」、「你這麼愛玩遊戲，遊戲能養活你啊！」……

而用「我訊息」來表達：「孩子，看到你這麼沉迷於遊戲，不好好學習，我真的好難過、好擔心，我害怕你以後考不上好的大學，我就得花一大筆錢來供你讀私立學校。可是，我的工作壓力好大。」

場景二：另一半在家裡抽菸，你很難受。

用「你訊息」來表達：「你抽菸好討厭啊！」、「你身上好臭好難聞啊！」、「你隨手扔煙頭，不講衛生！」……

而用「我訊息」來表達：「親愛的，我覺得菸味好難聞，每次你一抽菸，我都感覺很難受。而且，你經常抽菸，我很擔心會影響你的身體健康。」

不難看出，「你訊息」表達是以「你」開頭的方式來表達情緒——「你懶」、「你沒出息」、「你好討厭」、「你好臭」……其實，這些都不是在表達情緒，而是在發洩情緒，指責對方。當你一味地指責他人、發洩情緒的時候，對方就會像刺蝟一樣豎起尖刺來進行防衛和反擊。因為，你的「逆耳忠言」對他們來說就是「話裡藏刀」，會刺痛他們的自尊。

「我訊息」表達是以「我」開頭的一種表達方式，表達的是自己的感受，是一種負責任的表達——「當……的時候，我感覺……」給自己的內心感受和情緒一個出口，清晰而直接地向對方表達出來。當情緒被負責任地說出來後，不僅自己的情緒張力會有效釋放，更重要的是，這樣一種表達方式會拉近雙方的關係。因為，當你負責任地表達情緒時，你已經穿透了情緒層，兩個人的真我就自然而然地連接起來了，只有真我連接的關係才是真正的親密關係。

3. 保持覺察，盡量減少大腦中的「應該」

前面講過，情緒是由大腦中的「應該是」與現實中的「如是」不符時產生的。所以，你的情緒並不是來源於對方做了或者不做什麼事情，而是來源於你大腦對所發生事情的解讀。

現實世界不可能按你大腦中的「應該是」發生的，如果你的大腦充滿著各種「應該是」，那必定會跟現實產生衝突，這就是你不得安寧的原因。只有對你大腦中的「應該是」保持覺察並盡可能地放下那些執著的「應該」，盡可能地接納你的伴侶以及世界正在發生的事情，你的身心才會體驗到一種平靜而輕盈的美好感覺。

穿越防衛層和感受層，才能抵達真正的親密

兩個本來陌生的人在一起結合成為夫妻，其實就是一個穿越防衛層和感受層的過程，我們從他們談話內容的變化就可以看出來。

兩人從相愛到結婚一般會經歷以下幾個階段：

1. 談天氣。
2. 談觀點。
3. 談感受。

這是一個從相識到結婚的過程，從初相識的談天氣到能夠坦然向伴侶表達觀點甚至是感受時，兩個人之間的連接便開始了。如果你看到身邊的兩個人經常彼此分享自己的感受，那你就可以初步判斷他們之間已經建立親密關係了。

相反，那些不幸的婚姻都是朝著相反的方向發展的。當兩個人不再分享彼此的感受，開始只談論觀點時，這段親密關係也就漸行漸遠了。到了觀點也不談，只談天氣時，他們的關係距離離婚已經不遠了。

所以，如果你發現你跟伴侶之間的關係開始變得疏離，怎麼重新找回愛的感覺？很簡單，穿透保護層展現最真實的自己，並負責任地表達深藏於內心的感受。當你能夠重新表達

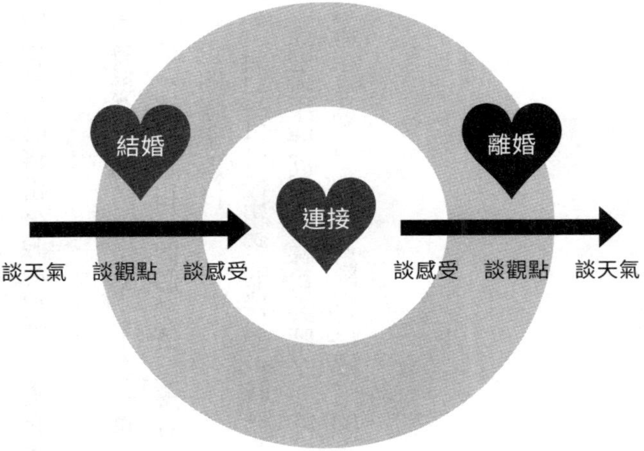

圖十五

感受的時候，你們倆才能夠重新點燃愛的火花，找回親密的感覺。

一段親密關係是否舒展、舒適，取決於我們的真實情緒和感受能否自由地表達出來，尤其是那些負面的情緒能不能勇敢地表達出來。因為真正的親密來源於真實，唯有敞開自己，真實以待，我們才能獲得真正的親密。

為了生存，為了避免遭受傷害，我們難免會使用各種各樣的防衛策略——在「真我」的周圍砌上一堵厚厚的牆，往身上貼各種各樣的標籤。這一堵堵牆和一個個標籤保護著我們的同時，也阻礙著我們與「真我」相遇、與伴侶建立真正的親密連接。

面對陌生人，我們穿上盔甲還情有可原。可是，面對自己最親密的伴侶，我們為什麼還要層層包裹、層層防衛呢？這跟一位戰士把戰場上的盔甲穿回家一樣可笑吧？

如果你的伴侶是一個在你面前也穿著厚厚的盔甲，並習慣性地切斷自己感受的人，你大概可以有如下幾種選擇：

1. 送他去治療或者上療癒性的心理學課程。
2. 自己去治療或者上療癒性的心理學課程。
3. 如果以上兩個方法都無效，那就離開他。
4. 你準備變成一個精神病患者。

我們都知道，每一次真實的敞開，都是一次心靈的冒險。因為每個人的內心都有著深深的恐懼，而恐懼的背後隱藏著的是一個人內心的匱乏，這就牽涉後面的內容了。如果你想進一步了解冰山下的自己，請閱讀下一部分的內容。

觀點層面的連接：君子和而不同

劉新和李頻是一對夫妻，兩個人性格、愛好、習慣截然不同。劉新是典型宅男，最愛電子遊戲，而李頻活潑開朗最喜歡旅遊；劉新簡單知足，安於現狀，而李頻呢，性格最是要強，凡事都要爭個高低。兩個人連飲食習慣都大不同，劉新嗜辣，無辣不歡；李頻口味清淡，偏愛素食。

眾人眼中最不搭的兩個人，婚姻生活走過了十餘年，卻依然相愛如初，感情好到令人羨慕。

而那些找我做婚姻諮詢的夫婦，在我的諮詢室一般都是從吵架開始的，他們吵的通常都是一些雞毛蒜皮的小事，各持己見，互不相讓，每個人都想證明自己是對的。在我面前都是如此，可想而知，他們的日常生活又是怎樣一番景象。

同樣是性格各異、觀點不同、看上去八竿子打不著的關係，為什麼劉新和李頻能活成別人眼中最般配的夫妻，而其他大多數夫婦卻矛盾不停，衝突不斷呢？

香蕉與蘋果，愛與被愛

當局者迷，旁觀者清。如果你也經常因為觀點不同和伴侶爭論不休、吵架不止，那我先帶大家從旁觀者的角度去看一個故事：

以前有人在某論壇上發過這樣一篇文章，引發了熱烈的爭論：

「我喜歡香蕉，可是你給了我一車蘋果，然後你說你被自己感動了，問我為什麼不感動。我無言以對，然後你告訴全世界，你花光了所有的錢給我買了一車蘋果，可是我卻沒有一點點感動。我是一個鐵石心腸的人嗎？我的人品是有問題的嗎？可我只是喜歡香蕉而已啊……」

你有被這個故事共鳴到嗎？你的另一半是否也一樣？你明明喜歡「香蕉」，可是他卻給你一車「蘋果」？你要的他沒給，他給的又不是你想要的。於是，你認為他不愛你，或者他不懂得愛你？

又或者你站到了另一方，滿肚子的委屈——你不告訴我你喜歡香蕉，我又怎麼知道呢？蘋果比香蕉更值錢啊，一車蘋果可以換多少香蕉啊？你怎麼能這麼死心眼呢？為什麼不試試蘋果，蘋果比香蕉對身體更有益啊？

不管你是抱怨的一方，還是委屈的一方，只要你是這兩者之一，你的婚姻就一定會有危險！因為，爭執之下，沒有贏家。就算你口才了得贏了爭論，你也一定會輸掉關係。

每個觀點的背後，都有其正面動機

那面對不同的觀點，該怎麼辦呢？如何才能與不同觀點的人相處？

孔子的答案是：「君子和而不同。」如何才能做到「和而不同」，孔子並沒有說。

我的一位心理學導師張國維博士曾經跟我講過這樣一個故事：

有一次，一個基督教教會請張博士去講心理學課程。在互動環節，一位年輕的神父問了張博士這樣一個問題：

「都說上帝愛每一個人，可是，有些人實在是壞透了，可謂無惡不作。上帝怎麼能愛那些惡人呢？你從心理學的角度怎麼看？」

張博士回答說，上帝是怎麼做到這一點的，他真不知道。作為一名心理學導師，他也能做到愛每一個人，當然，他並不是愛這個人的行為，也不是愛他的觀點，而是愛這個人本身。

每個人的行為背後，都有一個正面動機。行為和觀點也許會有錯，但行為和觀點背後的正面動機不會有錯。

什麼意思？

以小偷為例，我想沒有人會認同小偷的行為和觀點，因為，偷東西是違法的。但是，小偷為什麼要偷東西呢？也許是為了生存，也許是為了孩子讀書，也許是為了養家餬口……

不管是為了生存，還是為了孩子讀書，這些動機你能說是錯的嗎？

所以，行為和觀點可能有錯，但其背後的正面動機總不會有錯。如果你指責對方那些你不認可的觀點和行為，只會把對方變成你的敵人，就算不是敵人，你們的關係也會越來越遠。

比如，如果你發現身邊有人有偷東西的行為，你指責他：「你怎麼能偷東西呢？這是多麼愚蠢的行為，難道你腦袋進水了嗎？你不知道偷東西是犯法的嗎？」

請問他會聽你的話嗎？我想一般不會，他一定會辯解說：

「你以為我想啊？有頭髮誰想做癩痢啊？你是站著說話不腰疼。如果你像我這樣窮，你不僅會偷，還會去搶。」

但是，如果你能看到他背後的正面動機呢，就大不一樣了。這時候你可以先肯定他的動機，肯定他的能力和特質，也就是團長在《只因目中無人》一書中所說的「先對人，後對事」，效果就會完全不一樣。

我們未必能改變每一個小偷，但如果你能這樣做，一定能喚醒部分小偷的良知。

在婚姻關係中也是一樣。當兩個人的觀點不一致，或者你不能接受對方的某些行為時，不妨試試透過觀點和行為去看到他的正面動機。

以前面的香蕉與蘋果之爭為例：

發文章的人之所以會抱怨，是因為沒有看到對方的正面動機。你想想，一個人能傾其所有為你買一車蘋果，那是一份多深的愛啊！你對伴侶的愛視而不見，不僅不感謝，反而充滿怨恨，這樣的後果會如何？對一個普通人來說，只會感到委屈。當委屈積累到一定程度時，只好遠離你了。別人怎麼對你都是你教的，婚姻的破裂一定有你自己的一份責任。

當然，委屈的一方也有自己需要成長的空間。如果你知道有「正面動機」這回事，你就不會感到委屈了，你會從對方的抱怨中看到他的正面動機，他不就只是要點香蕉嗎？香蕉比蘋果便宜多了，下次滿足他便是了，多簡單的事情？

事實有真假，觀點無對錯

莎士比亞說：「一千個讀者眼中就有一千個哈姆雷特。」不同的人面對同一件事時，往往有著不同的感悟與理解，因為每個人都會站在自己的立場，從不同的角度去進行解讀。立場和角度不同，也就決定了得出的結論、形成的觀點不同。

觀點不等於事實。

每個人都會用自己的方式解讀這個世界，解讀的方式又跟歷史背景、個人成長經歷、所處的位置和認知的高度等有關。

楊貴妃是「中國古代四大美女」之一，這是家喻戶曉的事。可是，如果楊貴妃生活在今天，她還會是大眾眼中的美女嗎？那就不一定了，因為審美的標準一直在變。唐朝流行的是「豐腴美」，如果大家觀賞過唐朝的繪畫就會發現，畫中展現的女性形象一定是豐腴的。而現代社會一般講究的是以瘦為美。觀點的標準會因人而異，因時代而異。如果楊貴妃生活在今天，她只能算個胖妞，肯定算不上美人。同樣，如果妳身材發福，不要難過，要對自己有信心，因為，如果妳穿越回唐朝，說不定就是第五大美女呢？

因此，面對不同觀點時，如果我們能清醒地認識到，那只是他對這個世界的一種解讀方式罷了，你對他的觀點就會多一份包容。

世界上沒有兩片完全相同的葉子，世界上也不存在兩個完全一樣的人，更不可能會有思想、觀點完全一致的兩個人。更何況，男人和女人本就來自不同的星球，性別不同，性格不同，原生家庭不同，思維方式也截然不同，對同一事件的看法必然大相逕庭。

但是，如果你固執地認為，只有自己才是對的，不認同也不接納對方的觀點，甚至還習慣性地把自己的觀點強加給對方，要求別人跟你一致。當對方觀點跟你不同時，你就會使盡各種方法企圖改變對方。如果對方不願意改變，你就認為對方變心了，不愛自己了。這樣就麻煩了，你的婚姻可能會因此支離破碎，就算你在婚姻之外，你也很難找到朋友。一個沒有朋友、沒有家的人生，我想一定不是你所追求的人生吧？

跟伴侶觀點不一致時，該怎麼辦？

像劉新和李頻這樣彼此有著不同的觀點，但仍然能夠恩愛和諧地生活在一起的伴侶比比皆是。所以，親密關係甜蜜與否、穩定與否，跟兩個人的觀點是否一致並不完全相關。

而且，以我二十多年的心理學經驗來看，那些經常為不同觀點而爭吵的伴侶，並不是不愛對方了，他們大多數只是不知道如何在觀點層面與伴侶溝通和連接。經過諮詢，我發現，大多數婚姻都是有希望的，因為絕大多數人都沒有學過相關心理學，只要能把心理學這門課補回來，婚姻就會重現光彩。

那面對觀點不一致時，我們該如何與伴侶相處呢？綜上所述，大概可以歸納為以下幾個方法：

1. 觀點不等於事實。要不斷提醒自己這一點，對方的觀點只是對方對世界的一種主觀解讀而已。

2. 透過對方的觀點，去看他觀點背後的正面動機。觀點你無法接受，但觀點背後的正面動機你也許可以接受。

3. 接納對方跟自己的觀點不一樣。關於這一點，我在「接納：婚姻裡最大的陷阱——強求一致」那一部分已經講得很清楚了。海納百川，有容乃大。如果你想擁有幸福的婚姻，就要不斷修煉自己，拓寬自己的思維方式以及視野、格局，尊重不同，理解差異。當你的思維格局越大，你就越能包容、接納別人的不同，允許別人做自己。這也許就是孔聖人講的「君子和而不同」吧。

4. 聽見對方的觀點。這一點十分重要，接納、包容不同的觀點，並不等於對不同的觀點視而不見、聽而不聞。每個人都渴望被看見、被聽見，所以，當你聽到不同的觀點時，你不一定要同意，但最好要讓對方知道，你聽到了。比如，你可以誠懇地跟對方說：

「我聽到了，你的觀點很有趣啊！」

「我明白了，我不同意你的觀點，但我尊重你的觀點。」

「你的見解給了我一個全新的思考方向。謝謝你。」

一花獨放不是春，百花齊放春滿園。你試想一下，如果這個世界只開一種花，那該多單調？如果夫妻雙方都是同一種觀點，那該多無趣？我們幹嘛結婚呢？乾脆自己一個人過就好了，或者找個工廠，按照自己的標準生產個機器人做伴侶算了。

因為不同，才會成長；因為不同，才彼此需要；因為不同，才讓生活更加有趣……接納彼此不同，歡迎彼此的不同，並享受彼此的不同，你才能真正享受婚姻的幸福。

需求層面的連接：別錯把需求當成愛

研究薩提亞理論的林文采博士曾講過這樣一個故事：

一對夫妻在離婚前找她做婚姻輔導，離婚是女方提出的。林老師看她態度堅決的樣子，以為男方出軌了，或者是她心另有所屬，但這些原因都不是。讓她決定離婚的原因竟然是老公沒給她買生日蛋糕。

為什麼一個小小的蛋糕會導致她做出離婚的決定？女方道出了因由。原來，出身貧寒的她從小就十分羨慕別人過生日時有蛋糕吃，可是那時候家裡窮，買不起，她充滿了委屈，於是在心裡暗暗發誓，以後有錢了，年年過生日時都要買個大大的蛋糕。

可是，結婚十多年了，她先生一次都沒給她買過，每次她失望時，先生都說自己忘了。平時先生對自己還是挺好的，所以，十多年來她一次次原諒了他。但今年她實在無法原諒了，因為在她生日前幾天，她主動多次提醒先生，今年生日一定要記得買蛋糕給她。生日這天，在先生下班前，她還特地發了條訊息提醒，可是，先生下班回來時，依然兩手空空，沒有買蛋糕。那一天，她徹底絕望了。

林老師問她先生，他是不是真的又忘記了？先生是個老實人，他誠實地說，自己沒有忘記，就是不想給她買。林老師問他為什麼，他說她太矯情了，都這麼大一個人了，沒必要像個小孩子一樣。

在所有的婚姻故事中，這個故事給我的印象最深刻。至於林老師聽完他們的故事後是如何進行輔導的，我稍後再跟大家說。

看完這個故事，不知各位讀者會不會有共鳴？

你是否也像故事中的那位女士一樣，儘管自己對伴侶提出的要求非常簡單，可是伴侶就是不滿足你的期待？

又或者，你跟故事中那位男士一樣，對於伴侶提出的要求，會覺得荒唐甚至是無理取鬧。

比如：

「他情人節一束玫瑰都捨不得給我買，太讓人寒心了。」

「為什麼一定要這個時候買花呢？比平時貴好幾倍啊！」

「他從來都沒為我挾過菜，他心裡只有他自己。」

「為什麼要挾菜？那多不衛生啊？」

「過夫妻生活時，我一直希望太太能主動點，哪怕一次也好，可是，她一次都不肯。」

「這事哪有女方主動的呢？」

在做夫妻的諮詢個案中，我經常聽到這樣的對話。

親密關係中的傷害和衝突，除了前面談過的應對姿態、感受和觀點層面沒有產生連接之外，還有很大一部分原因來自彼此的需求沒有被看見或者沒有被滿足。

當一個人的需求沒被滿足時，在感受層面就會感到失望。失望的時候，不同應對姿態的人會有不同的行為：

習慣於指責的人會指責、攻擊，甚至出現暴力行為；

習慣於討好的人會壓抑自己的情緒，這股被壓抑的能量往往會在另一個人身上爆發；

習慣於超理智的人會隔離自己的不良感受，表現為講一堆大道理，進而演變成觀點層面的衝突；

習慣於打岔的人會轉移注意力，把精力投注在另一個人身上，或者投入到某些愛好上，以某種著迷的方式避免自己感受那些不愉快的感覺。

不管是哪種應對姿態下的反應，未滿足的需求都會造成親密關係的疏遠、破裂。

那怎麼辦呢？我們又不是超人，怎麼能完全滿足伴侶的需求呢？如果有些需求無法滿足時，該怎麼辦？

親密關係：你的不滿是因為需要還是想要

在親密關係中，如果總是出現抱怨、指責、攻擊這些行為，通常是其中一方需求得不到滿足的外在表現。當需求得不到滿足時，人們通常會抱怨；當抱怨依然沒有效果時，就會指責；當指責引發對方的反擊時，為了保持自己的地位，指責往往會演變成攻擊；攻擊的結果當然是兩敗俱傷；當某一方因傷口無法癒合而感到絕望時，婚姻就破裂了。

很多人以為，自己的需求之所以得不到滿足，是因為自己運氣不好，找了一個不懂得愛的伴侶，幻想著如果換個伴侶，婚姻就會幸福。可是，我看到的事實並非如此，我在過去二十多年的婚姻諮詢經驗中發現，當一個人帶著未被滿足的需求離開原配偶後，如果他沒有學習成長，也沒有經高人點撥，依舊帶著原有的需求去尋找新的伴侶。當新伴侶滿足不了他的需求時，又開始新一輪的抱怨、指責、攻擊，原有的模式再一次輪迴。

因此，帶著未滿足的需求去尋找伴侶來滿足自己是危險的。為什麼這樣說呢？孔子說：「食色，性也。」有需求是人之常情，難道有需求有錯嗎？有需求當然沒有錯，但需求中包含了「需要」和「想要」兩部分內容，如果不能分清這兩者，對這兩者保持覺察，那些未滿足的需求就會破壞親密關係。

那什麼是「需要」？什麼是「想要」呢？在講述「冰山原理」的時候，我簡單地講到了這兩者之間的區別。在這裡，我再深入地跟大家分析一下這兩個概念。

需要

「需要」是內建在我們基因裡的，它是我們生命的「糧食」、能量的來源，是人類為了生存而產生的一種共有的需求。它就像水之於魚，雨露之於花草，陽光之於大地，是一個人賴以生存不可或缺的本能。

人類通常有哪些必需的共性需要呢？心理學家馬斯洛把人的需要分為生理、安全、社交和歸屬、尊重以及自我實現五個層次。

第一層次：生理需要——食色，性也。

餓了要吃，睏了要睡，這就是生理需要。性也是生理需要的一種，所以，孔聖人講「食色，性也」。生理需要是人類維持自身生存的最基本需要。

第二層次：安全需要——減少對未來的恐懼與焦慮。

衣食住行等基本生理需要得到滿足後，你就會開始追求安全需要。所以，安全需要比生理需要較高一級，它不僅僅著眼於當下，還會考慮明天、後天、大後天，是人類為了減少對未來的恐懼和焦慮而追求的一種需要。比如說，儘管今天的你溫飽不愁，但你還會未雨綢繆，為了保障明天的生活而努力奮鬥。這是人類區別於動物的一個特徵。

第三層次：社交和歸屬需要——連接、歸屬、支持、依賴。

每個人都不是一座孤島，無法做到與世隔絕。而社會就像一個大家庭，我們身處其中，總會與他人之間有著這樣或那樣的聯繫。所以，我們需要與他人建立親密關係，比如朋友、家人、同事，然後在相處中找到歸屬感，在被他人需要中找到自我價值，在他人的關心、幫助中得到愛與幸福。

從進化心理學的角度來看，社交和歸屬需要的根源其實是為了確保更大的生存機會。在遠古時代，叢林危機四伏，是一個人的生存機率高，還是一群人的生存機率高？答案很明顯，一群人。

第四層次：認可尊重需求——獨立、被看見、被接納、被愛。

一個人為什麼需要被尊重？我們還是從進化心理學的角度來看，在危險的原始叢林裡，如果前方有一隻老虎正虎視眈眈地盯著你，即使你周圍有一群人，你的危險係數依舊非常高。但是，如果你是人群中備受尊重的那個人，老虎來了，自然有人保護你，你虎口逃生的機會就大多了。這是一個人需要獲得別人尊重和認可的更深層次原因。

第五層次：自我實現需要——自我價值的體現。

什麼叫「自我實現的需要」呢？我們先來看一個小故事，這個故事我在很多場合都曾經講過。

米爾頓．艾瑞克森是美國著名的心理治療師。一次，他到美國中南部的一個小城講學，一位同伴希望他順道看看自己獨身的姑母。

同伴說：「我的姑母獨自居住在一間老屋，無親無故，她患有重度的憂鬱症，人又死板，不肯改變生活方式，你看有沒有辦法令她改變？」

艾瑞克森到同伴的姑母家去探訪，發覺這位女士比形容的更為孤單，把自己關在暗沉沉的百年老屋裡，周圍找不到一絲生氣。

艾瑞克森請老人家帶他參觀一下她的房子。他真的想參觀老屋嗎？當然不是，他是在找一樣東西，一樣有生命氣息的東西。終於，在一間房間的窗台上，他找到幾盆小小的非洲紫羅蘭——這屋內唯一有活力的植物。

姑母說：「我沒有事做，就是喜歡打理這幾盆小花。」艾瑞克森說：「好極了！妳的花這麼美麗，一定會給很多人帶來快樂。如果妳的鄰居、朋友在他們特別的日子裡能收到這麼漂亮的禮物，他們該有多高興啊！」

從此之後，她開始大量種植非洲紫羅蘭，城內幾乎每個人都收到過她的禮物。與此同時，她的生活也大有改觀，一度孤獨無依的姑母變成了市裡最受歡迎的人。

在她逝世時，當地報紙頭條報導稱：全市痛失一位「非洲紫羅蘭皇后」。幾乎全城人都去為她送葬，以感謝她生前的慷慨。

為什麼艾瑞克森的一次探訪和對話，就能改變同伴姑母的下半生的生活呢？因為他激發了老太太內在很重要的一個動力——我們能夠為別人去做點什麼。那為什麼幫助別人的同時反而會收穫快樂和滿足呢？其實，這跟吃飯、做愛是一樣的原理，都是人類進化的過程中，基因裡內建的一個程式使然。因為有飯吃，你的生命才得以繼續；因為有愛，人類才得以延續。所以，食物能帶給人滿足感，愛能帶給人愉悅感。同樣的道理，為了把人類的潛能激發出來，基因內建的程式會讓你在幫助別人、奉獻自己的時候體驗到快樂和滿足，這就叫自我實現。

「自我實現的需要」，就是一個人被別人需要，能夠為社會創造價值的需要，是馬斯洛需求理論的最高層次。

上面五個層次的需求是馬斯洛的需求模型，當然，你也可以發展出屬於你自己的需求模型。但是，你要把握住的原則是：需要，是人類共性的需求。你會有需要，你的伴侶同樣也有需要的東西。

想要

「想要」是什麼？「想要」是個性化的需求，是在成長過程中，我們的大腦受到文化、廣告、文化程度，或者是朋友價值觀的影響所形成的個性化需求，它是我們想像出來的烏托邦類的需求。沒有它，我們的生存不會受影響；但是擁有了它，我們就會感到短暫的滿足。

每個人想要的東西是完全不一樣的，因為這跟他的價值觀和信念有關，是主觀的。所以，「想要」是一種因人而異的、後天形成的，是每個個體獨有的，是為了滿足自己內心的某些缺失而想像出來的。

比如，前文中那位非要老公在生日那天買個蛋糕的女士，她對蛋糕獨特的需求就是「想要」。

「需要」不是問題，「想要」才是問題

人活在這個世界上，總是需要外界和他人提供給我們生存所需的糧食、營養、關愛與安慰。在親密關係中，如果你覺察到自己或者是對方有需求未得到滿足時，你該如何處理？

努力去滿足伴侶的需要

不管是生理層面的需要還是心理層面的需要，都是一個人的正常需要。所以，愛一個人，我們就有責任和義務去努力為自己另一半提供物質和精神層面的糧食，讓我們的所愛能過上好的生活。

1.在生理層面上，盡自己的能力讓另一半擁有富足的生活條件，吃好、穿好、住好，這是生而為人的基本需要。同時，性需求也是一個人的基本需求，我們要努力鍛煉身體，讓自己的另一半能在性生活上有高品質的享受。

2.安全需要也是一個人的生活必需。當一個人缺乏安全感時，會產生焦慮情緒，無法活在當下。所以，愛一個人，就要有能力為對方提供足夠的保障。比如，有足夠的能力養家餬口，有一定的積蓄以應對生活的變化，有足夠的保險以防人生的風險等。

3.社交層次的需要是很多人會忽略的需要。我曾接過一個憂鬱症的個案，案主是一位衣食無憂的富太太，她老公是一位成功商人。家裡請了保姆，她不用辛苦工作，不用操持家

務，也不用整日為孩子操心，每天只負責貌美如花。如此養尊處優的生活為什麼會得憂鬱症呢？原來她先生是一個依然保留著傳統觀念的保守男人，他不允許太太外出交朋友，特別是男性朋友。先生事業成功，工作繁忙，太太只好在家獨守空房，長此以往，不說是人了，就算是一條狗，整天被關在家裡，沒有玩伴，沒有自己的社交圈，也會憂鬱。所以，不要以愛之名剝奪伴侶的社交需要。

4.尊重是一個人幸福快樂的泉源，如果你希望你的伴侶開心快樂，那你必須讓他感受到被尊重。這個層次的需求我們在後面「渴望層面的連接：愛是唯一正確的答案」中還會詳細闡述。

5.自我實現層面的需要是一個人的高層次需要。奧地利心理學家阿爾弗雷德·阿德勒認為，能夠讓一個人超越自卑就是一個人的價值感。當一個人感受到自己有價值時，他才會有力量超越自己。自我實現是身分層面的需要，我們在「我是：改寫婚姻劇本」那一部分會進一步講解。

別錯把需求當成愛

當然，生而為人，是人總有無能為力的地方，所以，不管你的能力有多強，你總有無法滿足另一半需要的時候。一般而言，對於伴侶無法滿足的需要，絕大多數人都會諒解、包容和接納。但有些需求，並不是一個人的能力問題導致無法滿足，就像前面故事中的那位女士，她希望在生日時老公能給她買個蛋糕，她老公是絕對有能力滿足她的這個需求的，這些有能力滿足但由於某種原因不願意滿足的需求通常就是「想要」，所以，**在夫妻矛盾中，「需要」不是問題，「想要」才是問題。**

由「想要」引發的婚姻中最嚴重的問題就是錯把需求當成愛。

什麼叫錯把需求當成愛？

還記得本書一開始講述的那七個「愛情」故事嗎？

故事一中的王七，之所以會對一絲不苟的李一著迷，因為他有一位同樣一絲不苟的媽媽；

故事二中的可柔會被有暴力傾向的先生吸引，因為她的童年飽受父親暴力之苦；

故事三中的雪兒會迷戀傲天的鞭策，因為她有一位同樣鞭策著她長大的父親；

故事四中的依依會嫁給一位控制狂人，那是因為她需要一位控制狂人給自己安全的保護；

故事五中情緒化的晴兒，需要有一位情緒穩定的伴侶，所以，她如願以償地找到了像木頭一樣的林木；

故事六中聖母般的馬麗，為了維護她那聖母的形象，她需要身邊有人被她照顧，所以，拯救渣男成了她前半生的宿命；

故事七中認為自己只有「小三」命的胡麗晶，之所以會一次次愛上那些有婦之夫，是因為她有被需要的需要……

這樣的故事我可以寫上好幾部長篇小說，表面上看他們的故事各不相同，但他們的不幸都有一個共同的特點，就是錯把需求當成愛。

當你肚子餓的時候，你需要食物，這個時候，食物對你就會充滿吸引力。同樣，當你內心有一個未被滿足的心理需求時，那些能滿足你心理需求的人也會對你充滿吸引力，就像食物對你的吸引力一樣，你渴望得到他，渴望跟他在一起。可是，這種感覺並不是愛，僅僅是需求而已。一旦你錯以為這就是愛的話，你就會像前面七個故事中的主角那樣，等著你的並不是幸福的婚姻，而是無盡的痛苦。

為什麼錯把需求當成愛的婚姻是不幸的？能找到一個剛好滿足自己需求的人相伴一生不是一件很幸福的事情嗎？

這個問題我們在本書一開始就討論過，我們再來深入討論一下。

先不說「想要」，就算兩個人是因為「需要」而結合的，婚姻也很難幸福。

我們先從人類最基本的需要——「情慾」的需要開始。

馬斯洛在需求層次理論中，把生理需求放在最底層，這是人類的最基本需求，而情慾是眾多生理需求中最容易促成婚姻的一種需求。

情慾是所有動物都會有的一種慾望，是爬行腦的反應，也是一種異性吸引的反應，是交配的慾望，是身體的享受。動物為了繁衍後代，激勵交配，進化的過程中在基因裡內建了一種程式，讓其在與異性交配中產生快感，以此激勵動物交配並繁衍後代。所以，對一個身心健康的人來說，情慾的需求需要被滿足。

情慾本身沒有問題，但是，如果僅僅是因為情慾而結合就會產生問題，因為情慾會產生控制，會產生依賴或擁有權。而且，因為人類貪圖新鮮的本性，情慾過後就會產生厭倦感。更重要的是，動物性的情慾主要是為了交配和繁衍後代，所以，情慾沒有忠誠可言，因情慾而結合的夫妻，出軌是不可避免的。

除情慾之外，還有一種常見的需求是安全感。

安全感就是渴望穩定安全的心理需要，是指人們從恐懼與焦慮中解脫出來後獲得的信心、安全和自由的感覺。安全感是對可能出現的對身體或心理的危險和風險的預感，以及個體在應對處事時的有力、無力感，主要表現為確定感和可控感。

在生理需求之上就是安全需求。生理和安全，這是人類的最基本需求。所以，除了情慾之外，很多婚姻是因為對方能給自己提供安全的生存條件而結合的，這種需求在女性擇偶時更加明顯一點。就像曾經有位網紅說的那樣「寧可在寶馬車上哭，也不在自行車上笑」，這句話代表了部分人的心態。所以，在擇偶時，如果是因為房子、車子等能給自己帶來安全感的東西而結合的婚姻，其後果很可能就是在這個安全的牢籠裡哭。

至於馬斯洛需求層次中的其他需求，在這裡就不再一一列舉出來了，因為其原理都是一樣的。

就算這些需要是必需的，我們也無法一一滿足，更不用說「想要」的部分了。「想要」是獨特的，跟一個人成長的背景有關，更多的是在潛意識層面的，這些需求很多時候連自己都說不清楚。連自己都不清楚的需求，我們怎能要求一個跟自己性別不同、出身不同、成長背景不同、所受教育不同的人來滿足自己呢？

因此，只要你是帶著需求去尋找一個能滿足你需求的人結婚，那你面對的結果基本上都是一樣的，你會經歷以下幾個階段的循環：

1.失望期：當你內心有一個未被滿足的需求時，內心彷彿有一個無底洞，就像一個飢餓的人一樣，焦點和注意力都在尋找能滿足自己需求的東西。當伴侶無法滿足你那顆匱乏的心，當期望得不到滿足時，失望情緒就會自然產生。這時，關係從正面、積極開始向負面、消極轉變。

2.抱怨期：當失望積累到一定程度時，心裡就會生出抱怨。不同應對姿態的人表現抱怨的方式會不一樣，指責的人會指責甚至攻擊伴侶；討好的人會壓抑自己的情緒，犧牲自己，讓自己變得悶悶不樂；超理智的人會講大道理，試圖說服對方改變；打岔的人會轉移注意力，另尋新歡。新歡有可能是人，也有可能是物。

3.相互傷害期：不管是哪種應對方式，都會給伴侶帶來傷害，受傷的一方自然會用自己的方式進行反擊。反擊一旦開始，就變成了互相傷害。

4.破裂期：當雙方或者其中一方感到受傷太深，達到了無法忍受的程度時，關係就完全破裂了。一段本來相互吸引的關係最終以相互傷害而結束。

5.報復期：一般來說，兩個人的關係進入破裂期，關係也就結束了，但有少部分自我價值感較低的人會進入報復期。在這個階段，因為內心的恨無法消解，於是會採取某些行動去報復對方，其內心的聲音是：「你讓我不好過，你也別想好過」。當然，報復者也沒有什麼好結果。這是關係中最糟糕的結局——兩敗俱傷，玉石俱焚。

6.進入下一個循環：雙方分開後，如果你沒有對過往這段關係有所覺察，依然帶著自己的需求去尋找下一個對象，你還會掉入同一個「怪圈」，重新經歷一次從需求、失望、抱怨、相互傷害、破裂到報復的輪迴。不同的是，這一次只是換了一個對象而已。

因此，錯把需求當成愛的關係是找不到幸福的，因為，當你帶著需求去要求伴侶時，你其實是在索取。一段相互索取的關係又怎能幸福呢？

面對未滿足的需求，我們需要彼此顧念

那面對雙方皆未滿足的需求，我們該怎麼辦呢？

還記得前面提到林文采博士那位學生的故事嗎？太太想在過生日的時候，老公能為自己買個蛋糕，可先生就是不願意，還差點因為一個小小的蛋糕而離婚。林老師的解決方案是什麼呢？就是彼此顧念。

「彼此顧念」的意思就是，既然對方想要，對我來說又不會太難，我又愛著對方，那我為什麼不為對方做呢？

我跟我太太也有類似的例子。我太太是一個很會照顧人的人，吃飯的時候，她經常會把她喜歡的菜挾給我。她也希望我跟她一樣，能把自己喜歡的菜挾到她的碗裡。可是，曾經的我也跟那位先生一樣，固執地認為沒這個必要，心裡想：自己挾自己喜歡吃的菜不是更好嗎？而且，為別人挾菜，那多不衛生啊？因為這件小事，我倆沒少吵架，搞到大家都

不開心。

自從聽完林老師講的這個故事，我突然靈光一閃清醒過來，也看到了自己的固執。

「看見」是改變的開始，自此之後，我開始懂得這件事對我太太來說有多重要。當我開始也會為她挾菜後，我發現，我們的關係又親密了許多。

在婚姻關係裡，彼此顧念才能互相滋養

人們總是不敢表達自己的需求，尤其是對那些習慣用反依賴方式進行防衛的人來說。依賴與反依賴是人的兩種常見的防衛機制，這個我們在「感受層面的連接：你不表達情緒，就會帶著情緒表達」那部分已經詳細講解過了。

在這裡，我們再深入了解這兩種類型的需求。

依賴型的人相信生命中最大的滿足來源於關係，如果沒有愛，就像人沒有空氣、沒有食物，魚沒有水一樣。依賴型的人需要接觸，身體上的接觸、精神上的接觸、深層次的接觸，所以，他們總想靠近對方，越靠近越好。

對依賴型的人來說，接觸就是他們的精神食糧。如果沒人可依賴，他們就會像無根的浮萍一樣無依無靠，活得憂鬱、空虛又寂寞。所以，依賴型的人在關係中渴望有更多的連接，希望跟自己的伴侶有更深入的親密關係，享受兩人世界，絕不希望別人介入。

為什麼會這樣呢？因為他們在童年時通常有被遺棄的經歷，他們自卑、缺乏安全感，

因此，長大後的他們在感情裡常常患得患失，特別害怕被遺棄的感覺，哪怕是小小的分離，對他們來說，都是痛苦的經歷。

為了不被遺棄，依賴型的人通常會用討好的方式對待自己的伴侶，他們常常會壓抑自己的需求，盡量去滿足別人的需求。但是，一旦他們的付出沒有得到關注或者是肯定，內心就會生出很多抱怨。由於自卑的緣故，他們不敢表達自己的需求；當伴侶無法滿足自己的需求時，他們又滿腹委屈。當然，他們不會承認自己是因為自卑而不敢表達的，他們會給自己的不表達一個合理化的理由：要我說了你才做，那還有什麼意思呢？

其實，你不說才真的沒意思，要知道，你不表達，別人又怎麼會知道呢？

反依賴型則剛好相反。他們通常是因為在小時候受到過某種傷害，對身邊的重要他人感到深深的失望，覺得他們靠不住，於是，自小便養成了凡事靠自己的性格。長大後的他們表現為需要自由，需要空間，不敢與人太過親密。一旦關係過於親密，感情過於濃烈，他們就會本能地逃離。

其實，反依賴型的人並不是不需要親密，而是不敢親密，因為他們曾經被親人所傷，或者對親人失望透頂。所以，他們需要關係，卻又擔心被關係困住，對他們來說，關係就像一座美好的監獄。

為了不被關係所束縛，反依賴型的人常常會將自己的需求隱藏起來，他們覺得如果太親密，自己就會消失。這對他們來說是一種很深的恐懼。

而依賴型的人恰恰相反，他們清楚明白地知道自己的需求，而且他們中的大部分人都會表達自己的需求。所以，對反依賴型的人來說，依賴型的人對親密的需求就像撲面而來的海嘯一樣，會將自己淹沒，讓自己感到窒息和恐懼。

在應對姿態上，依賴型的人通常表現為討好，而反依賴型的人往往表現為指責、超理智和打岔。

說到這裡，大家不難看出，**依賴的背後，是害怕被拋棄。而反依賴的背後，是害怕被入侵、被吞沒。**依賴型和反依賴型的人看起來是那麼的不合適，但奇怪的是，你很少會看到依賴型的人和另一個依賴型的人結婚，同樣，反依賴型的也不會找反依賴型的。但依賴型和反依賴型這兩類人總是彼此吸引，偏偏更容易看對眼。一旦一個依賴型的人跟一個反依賴型的人結合了，他們之間就總上演著一方追逐、一方逃離的「遊戲」，一方越是想拉近彼此的關係，另一方逃得就越遠。

如果你的伴侶是依賴型的，那彼此顧念的意思就是盡量滿足他想與你靠近的需求。如果你不滿足他，他就會感覺到被拋棄，進而陷入到無盡的痛苦之中。如果你真的愛他，為什麼又要讓他痛苦呢？何況，允許他靠近你一點，這對你來說又不是太難的事。

如果你的伴侶是反依賴型的，在他的創傷沒被療癒之前，請你給他點空間，因為他的內心曾經被親密關係傷害過，太過親密只會讓他感到恐懼。

除了依賴型和反依賴型這兩種人，對於不同應對姿態的人，你也可以採用更具體的彼此顧念方式。

面對指責型應對姿態的人，你要知道，指責的背後一定有一份未滿足的需求。這就像一隻渾身長滿刺的刺蝟，扎人的外殼只是偽裝，內心卻渴望溫暖和被愛。和這樣的人相處時，你要透過他指責你的手，去看看他有什麼沒被滿足的需求。

比如，當伴侶指責你「老公，你都不愛我」時，你不要去和她對抗「我怎麼不愛妳了，我明明很愛妳啊」，而要看到她指責背後的需求——希望獲得你的愛。你不如當即就對她說：「我現在就好好愛妳，來，親愛的，抱抱妳。」

比如，當伴侶指責你「你又遲到」時，你如果回說「堵車啊，我又不是故意的」，那你倆肯定會吵起來。但是，如果你能洞察到他內心的期待是「你可以早點來嗎」，並回覆她說「好，我下次一定早點來」，那她還有什麼好指責的呢？

面對超理智型應對姿態的人，你要知道，他們滿嘴的大道理，其實也是在表達一種需求，他需要你聽見他的道理，同時，他也渴望被看見。所以，當他們對你滔滔不絕地講大道理時，你只需這樣回應他：「哦，原來你是這樣想的。我明白了。」、「這個觀點好特別，很有創意。」……當你這樣說的時候，你並沒有同意他，也沒有和他爭辯，所以，你既不會挑起「戰爭」，也不會委屈自己。

面對打岔型應對姿態的人，你要知道，他們看起來沒有任何需求，其實，他只是不敢表達需求而已。當他還是孩童的時候，他的需求完全得不到及時的回應和滿足，所以長大後的他什麼都不敢奢求，把自己的需求深深地隱藏起來，裝作活得很瀟灑、很樂觀，什麼都不需要。如果他是你的伴侶，你千萬別綁住他。你越想綁住他，他就會越掙扎，越痛苦。

在一段親密關係中，彼此都需要做到相互看見，讀懂自己、伴侶的應對姿態和觀點背後隱藏著的需求，然後互相滿足，相互尊重。

彼此顧念的方式：用對方需要的方式去愛他

在需求層面，只要不錯把需求當成愛，雙方能在需求層面彼此顧念，關係就會越來越親密。我在前面講到的蘋果和香蕉的哏，其實是一種典型的需求錯位的現象——一方傾盡所有地付出，卻並不是對方真正需要的和希望得到的。所以，對親密關係來說，光有愛是不夠的，還需要有智慧。

怎樣才能愛得更有智慧呢？分享一個簡單的，也是大家需要掌握的方法，就是愛的五種語言。

《愛之語》是美國婚姻家庭專家蓋瑞．巧門博士寫的一本書，他把人們表達愛和接收愛的方式分成如下五種：

第一種，肯定的語言。

習慣於用這種語言表達的人，喜歡透過肯定的言語來讚美、激勵對方，使對方感受到愛意，同時，他也希望能在一段關係中獲得認可和尊重。我們會把這種人稱為聽覺型的人。

團長就屬於這種人，我現在情感比較外露、喜歡表達，經常跟太太表達愛意和讚美：「親愛的，我愛妳。」、「親愛的，這件衣服襯得妳真美。」、「親愛的，今天晚上妳做的飯菜太好吃了。」……我內心裡其實也很希望聽到我太太對我說上一句：「老公，你真好，我愛你。你是我心目中的男神。」

遺憾的是，我太太並不喜歡透過語言來表達愛，比起花哨的語言，她更喜歡實在的表達。

第二種，透過行動或者服務。

這是我太太經常用的愛的語言，她習慣於透過生活中的服務和點點滴滴的付出來表達愛。對她來說，愛就是心甘情願地付出。

但我是一個反依賴型的人，從小就非常獨立，從來不喜歡麻煩別人，也不喜歡別人幫我做一些事。所以，以前的我經常跟我太太發生爭執，尤其是吃自助餐的時候，我太太總是很體貼地幫我裝一大盤菜放到我面前。每當這個時候，我都感到很糾結、難受——不吃完，我有罪惡感；但是吃完的話，有些菜確實不是我喜歡的。而我呢，經常被我太太抱怨說：「吃自助餐的時候，也不幫我拿點吃的。」

其實，這就是語言的匹配問題了——我太太表達愛的方式是付出，而我表達愛的方式是說出來。

所以，每個人表達愛的方式、用的愛的語言各不相同。如果你想讓你的伴侶感覺到你傳達的愛，那你就必須以他（她）常用的愛的語言來表達。

第三種，禮物。

禮物意味著用心和愛，意味著興奮與驚喜。很多人希望透過禮物來確定自己是被愛的，也喜歡在重要的節日透過交換禮物來表達愛。

大部分時候，禮物確實是一段關係的黏合劑，但前提是，對方喜歡你的這種愛的語言；如果對方不喜歡，那你挖空心思準備的禮物，可能還不如你親自下廚做的一頓燭光晚餐。我太太就不太喜歡這種愛的語言。每次我精心準備了一份禮物送給她，結果換來的是她的吐槽：「太浪費錢了，還占地方，不喜歡。」

第四種，身體的接觸。

情侶之間牽手、擁抱、親吻、肌膚相親等，這些都是身體的接觸。喜歡透過身體的接觸來表達愛的人，我們稱為「體感型人」。我就是這種人，對我而言，擁抱親吻、牽手凝視、肌膚相觸等，這些都充滿了暖暖的愛意，是幸福的味道。但我太太就不怎麼喜歡，如果我在公眾場合去牽她的手，她就會抗拒地甩開。

對於渴望身體接觸的人來說，一個溫柔的擁抱要比讚美、禮物更能表達愛。

第五種，高品質的相處時光。

有這樣一句話：世界上最遙遠的距離，不是我愛你，你卻不知道我愛你；而是我就在你面前，你卻在玩手機。你玩你的手機，我追我的劇，兩個人同處一室卻相對無言，這不叫高品質的相處時光，因為你們彼此的注意力都不在對方身上。

只有當你們放下手機、暫停電視，彼此都把全部的注意力投注到對方身上，一起去經歷一些事，比如，你說著心事，她用心聽著你的心事；比如，你們倆放下一切去共赴一場美麗的約會；再比如，選擇一處浪漫之地共度兩個人的美好時光等，這些都屬於高品質的相處時光，因為有愛的自如流動。

以上就是愛的五種語言。其實，愛不僅僅五種語言，它有很多另類的、個性化的表達，是因人而異的。如果你表達愛的語言和伴侶的不同，那麼，無論你多麼努力地去表達愛，對方也很難感受到你的愛。同樣地，能讓你感受到被愛的語言，不一定會讓別人也產生被愛的感覺。這就是為什麼在親密關係裡，經常有人會有這樣的疑問：「我這麼愛他，為什麼他總是感覺我不夠愛他。」不是你不夠愛他，只是你們表達愛的方式、感受到被愛的方式不同而已。

人們的需求各不相同，愛的語言也不同。要有效地表達愛，讓對方感知到你的愛，兩個人就必須互相遷就，用對方能領會愛的語言。這就是林文采老師說的「彼此顧念」——如果我知道你需要什麼，雖然我不需要，但是為了你，我願意去做。

在一段親密關係中，如果你坦誠地告訴你的伴侶，你希望對方用哪種愛的語言來表達，我相信，你的婚姻關係應該很和諧。因為婚姻裡的大多數抱怨其實是因為妳的老公給妳買了一車蘋果，但是妳要的是香蕉。如果妳不告訴妳老公，妳真正想要的是香蕉，那他可能一輩子都不會買香蕉。

本章小功課

如果你希望你們的關係變得更加親密，請雙方一起完成下面的功課：

1.跟你的伴侶坦誠地討論一下你們的關係，看看是因為愛而在一起的，還是錯把需求當成了愛。

2.列出自己的需求清單，跟伴侶分享，讓伴侶知道你的需求，並分清哪些是「需要」，哪些是「想要」。

3.跟你的伴侶討論五種愛的語言，讓你的伴侶知道你需要用哪種語言表達愛。

4.雙方彼此顧念，對於那些伴侶需要的，自己又能做的事情，盡量帶著愛意去做。對於那些超過自己能力的需求，坦誠告訴對方你暫時做不到，請求對方接納你的無能為力。

你們原本是各自獨立的兩個靈魂，因為彼此需要，兩個靈魂才有了交集。但「需要」可以拉近兩個人之間的關係，也可以毀了一段親密關係。是拉近還是毀滅，關鍵在於，你是否真正理解「需求」的概念，是否能妥善處理好需要和被需要之間的關係。而這，決定著一段親密關係的品質和溫度。

當然，僅僅是彼此顧念地滿足對方的需求是不夠的，因為是人總有無能為力的時候，有些需求是無法滿足的。當你無法滿足伴侶需求時，該怎麼辦？請看後面「渴望層面的連接：愛是唯一正確的答案」。

渴望層面的連接：愛是唯一正確的答案

前面我們講到，要擁有美好的親密關係，夫妻雙方需要彼此顧念，盡量滿足對方的需求。但是，有些需求我們是無法滿足的，當對方的需求得不到滿足時，我們該怎麼辦呢？我們透過一個案例來探索解決方案。

二十多年前，那時的團長喜歡周遊世界，所以，我開發了一項遊學的業務，帶著民營企業老闆到國外考察學習，走進世界五百強企業，直接向最成功的企業學習經營管理。

那個年代，很多珠三角的企業老闆都沒有出過國，第一次出國，難免有些不適應的地方，比如飲食習慣。我們都知道，西式早餐基本上以冷餐為主，而廣東人喜歡熱氣騰騰的食物，所以，在吃早餐時，我遇到了一個很尷尬的情況——有客人向我提出一個我無法滿足的要求：

「團長，西式早餐我吃不慣，能不能幫我弄碗白粥來？」

白粥，看起來是一個簡單得不能再簡單的要求，可是，遠在歐美國家，我到哪裡幫他找一碗白粥啊？

當然，這裡需要說明的是，現在我們出國的人多了，大多數接待遊客的飯店都會有白粥供應，但當時我們所住的飯店都是豪華飯店，那時候出國旅遊的中國人也不多，所以，飯店是沒有供應白粥的。

如果你遇到這種情況該怎麼辦呢？

我想大多數讀者都會跟客人解釋，說這是國外，沒有白粥，嘗試說服客人吃西式早餐。我當時也是這樣做的，但效果通常不好，遇到一些脾氣不好的會罵我：「你有沒有搞錯啊？這麼小的要求你都做不到，還說什麼豪華團，白粥都沒有得喝，以後都不跟你玩了！」

為什麼這樣做沒有效果呢？因為這是回到觀點層面解決需求層面的問題。在「冰山原理」中，用淺層的方法是無法解決深層問題的，要解決需求層次的問題，只有到更深一層去解決，而「需求」的更深一個層面是「渴望」。

我們在「冰山原理：冰山下的自己和海面上的他人」那一部分已經講過，渴望是精神層次的需求。

人都渴望被愛、被尊重、被接納、被欣賞、被肯定、被理解，所以，當你無法滿足一個人的具體需求時，可以嘗試滿足他的渴望。

以前面的案例為例，我無法滿足客戶對「白粥」的需求，那我可以怎麼做呢？

請你想像一下你就是那個客戶，當你向我提出白粥的要求時，我不是跟你解釋或者找理由說服你吃別的早餐，而是找來服務生，跟他提出為你專門煮一碗白粥的要求。當服務生拒絕我的要求時，我沒有放棄，繼續找來經理，為你爭取喝白粥的權利，盡可能地滿足你的要求。這個時候你感覺如何？你會怎麼做？

我相信絕大多數的人看著我為你爭取白粥時，都會感覺自己備受尊重。同時，看到我的努力沒有結果時，反而會安慰我：「算了算了，團長。不用再努力了，我吃點別的也可以的。」

為什麼客戶會放棄他對白粥的需求呢？因為我滿足了他的渴望，也就是他被尊重的精神需要。所以在婚姻關係中，當你無法滿足伴侶的某些具體需求時，可以滿足他的渴望。

每個人的心裡都有個情感帳戶，就像你在銀行裡有個帳號一樣。你在銀行的帳號裡存的是錢，而情感帳戶裡存的是愛、欣賞、接納、關懷、肯定、尊重、讚美等精神食糧，情感帳戶裡裝的這些東西就是渴望。

「渴望」與「需求」息息相關，渴望得不到滿足時，需求就會多；當渴望被滿足時，需求就少。一個在渴望層次匱乏的人，就像內心有一個無底洞，就算你是個大富豪，窮盡各種方法也填不滿對方那些千奇百怪的需求。

一個人永遠給不了別人自己沒有的東西

面對伴侶或者自己那些無法滿足的需求，該怎麼辦呢？如何才能建立幸福的親密關係？愛才是唯一的答案！

什麼是愛？我們在「親密」部分已詳細講述過了。

愛不是要求對方滿足自己的需求，而是想為對方做一點什麼，讓對方變得更好的那種感覺。

愛是深深的感動與喜愛，愛是忠誠的，是願意為對方犧牲的，是心甘情願滿足對方的需求的。

愛是付出而不是索取，有愛就有信心，有安全感；有愛就會讓關係得到滋養。因真愛而結合的婚姻，才是幸福的！

那為什麼有些人能長久地愛上一個人，而大多數人卻只會在婚姻中不斷索取呢？

這跟我們內心是匱乏還是富足有關。舉個不太恰當的例子：

比如我講課講了近一個小時，我感到口渴，需要一杯水解渴，水就是「需要」。可是，當我口渴的時候，大腦裡冒出的並不是水，而是茶或者是果汁，那麼茶或者果汁就是我的「想要」。

那什麼才叫愛呢？所謂愛，就是當我口渴了，我喝了一杯水之後，我不再口渴了。這個時候，我覺察到身邊的你也許有跟我一樣的需要。於是，我由內而外地生起慈悲心，去心甘情願地為你倒一杯水，送到你的面前，這叫「愛」。所謂「仁者愛人」，當一個人能夠推己及人，能覺察到他人的需求，並願意為他人做些力所能及的事情時，我們就會說這個人充滿了愛。

所以，愛，是內心富足後的自然反應。一個內心匱乏的人，心裡是生不出愛的。

請你試想一下，當你的伴侶總是在要求你付出，不斷向你索取的時候，你的感覺如何？這種總是被別人索取的感覺怎麼可能會好呢？當需求得不到滿足時，你就會感覺到失望、沮喪，甚至覺得眼前這個人並不是自己想找的人，隨之而來的是互相攻擊、互相抱怨。這就是錯把需求當成愛的婚姻的大多數結局。

只有因愛而結合的婚姻才能夠互相扶持、互相成就、互相包容。

所以，愛才是唯一的答案。可現實是，大多數的婚姻並不是因為愛而結合的，而是因為雙方的需求，這樣的婚姻怎麼辦呢？難道就只能坐等關係的破裂嗎？

當然不是！因為，心理學有解決方案。

為什麼有的人總是向別人索取？而有那麼少量的人，他們能真正地去愛呢？

道理很簡單，精神跟肉體一樣，都是需要糧食的。

我在前面講到了，一個人的身體要想健康成長，需要蛋白質、澱粉、糖、脂肪、微量元素等物質營養。同樣，心靈的成長也需要精神的養分，這些精神的養分叫「心理營養」，比如愛、肯定、欣賞、接納等。可是很多時候，大多數人都是在不完美的原生家庭中長大的，從小心理營養就不足，於是長大後就成了一個內心匱乏的人。

內心匱乏的人跟肚子飢餓的人是一樣的，他們的焦點都在尋找食物，唯一不一樣的是，一個尋找物質的糧食，一個尋找精神的糧食。

這樣的人是很難去愛的，因為，一個人永遠給不了別人自己沒有的東西。換句話來說，一個人曾經被怎樣對待，他就會用同樣的方式去對待他人——一個曾被粗暴對待過的人，他會用同樣粗暴的方式對待這個世界；一個曾經被愛過的人，才有能力愛別人。

所以，那些童年沒有得到過愛的人，是不會去愛別人的，這就是愛的秘密，也是怎樣找回愛的答案。

對於不會愛、沒有能力去愛的人，也就是那些在成長過程中心理營養缺乏的人來說，唯一的出路就是去療癒自己童年的創傷，補回那些曾經缺失的愛。當你的愛不再匱乏之時，你自然懂得愛你的伴侶。

那如何才能夠療癒童年的創傷，找回愛呢？

我先跟大家分享一下我的故事。我追我太太追了八年才成功，結婚之後，我以為我倆從此就能幸福地生活，然而並沒有。婚後，我太太總是抱怨我像個木頭，一點溫度一絲感情都沒有，更談不上愛了。

當時的我感到十分委屈，我為她做了那麼多，她卻說我不愛她，心裡很無奈。而且，當她不斷抱怨我的時候，我也感受不到她的愛，一段經過艱苦努力才好不容易在一起的婚姻，卻過得千瘡百孔，滿是傷痕。

一個偶然的機會，我走進了心理學的世界。當我上了神經語言程式學（Neuro-Linguistic Programming）、薩提亞專業課、催眠、完形療法等心理學課程並在現實中活學活用之後，我太太給了我一個很高的評價，她說：「老公，我發現你上完這些課程之後，終於像個鮮活的人了。」

為什麼我上完這些課程之後不再是塊「木頭」，而開始像個人了呢？這就是課程的療癒功能。

經由這一系列課程，我終於明白了，為什麼我的親密關係總是這也不順那也不順，根源就在我的原生家庭這裡。我的母親是個完美主義者，對我非常苛刻，家裡處處都是規則。在我的童年記憶裡，都是應該做什麼，不應該做什麼。而且，父母要忙於工作，根本沒有時間照顧我，從小就把我寄放在村裡的一位孤寡老太太家。在這樣的成長背景下長大，我養成了獨立、疏離的反依賴型人格。因為我從小都沒有被細膩的感情滋養過，又怎麼懂得去溫暖別人呢？所以，我成了我太太眼中的「木頭」。

接觸心理學之後，我學會了如何自愛，懂得把向外伸的手收回來，開始懂得去自我肯定、自我欣賞。在導師的引導下，我看見了自己內在的那個脆弱的小孩，我學會了如何去呵護、關愛那個缺愛的孩子。

有人說，你今天流的淚，是當年你腦子進的水。如何才能放掉腦子裡的這些水呢？答案就是讓它變成眼淚流出來。

在一次次的療癒課程中，一個從來不會哭的我，開始學會了流淚，從眼角的一點濕潤到嚎啕大哭，這是一個非常不容易的過程，因為，在療癒的過程中，你必須回到過去那些傷痛的經歷，那一個個已經癒合的傷疤要重新撕裂開，那種痛徹心扉的感覺真不好受，但非常值得。

經過一次次療癒之後，我的內心也開始變得細膩柔軟，從那以後，我太太的抱怨少了，我跟我太太之間的關係也越來越好。這就是我療癒自己之後收穫的驚喜。

所以，什麼叫「療癒」？所謂療癒就是把過去缺失的愛重新補回來。父母當年沒有能力給你足夠的愛，今天的你已經長大成人了，你不妨試著成為自己的「父母」，去重新關愛那個內在缺愛的小孩。當你把那曾經缺失的愛補充回來之後，你就有能力去愛別人了，因為，你的內心充滿了愛。

與其外求，不如自修；與其等待別人來填補你內心缺失的愛，不如自給自足。如果小時候的你沒能從父母那裡獲得充分的愛、接納和認可，今天的你已經擁有了足夠的能力，你的能力已經比你父母不知道高出了多少倍，這個時候的你，為什麼還去抱怨父母，指責伴侶呢？父母當年給不了的，你今天完全可以自己給予自己，如果你連自己都不愛你自己，你還能指望誰來愛你？

當你能夠好好愛自己的時候，你內在的創傷就開始得到了療癒，你情感帳戶中的愛也慢慢地豐滿起來。當你的愛豐盈到開始溢出來時，你就是愛本身，無論誰跟你在一起都會得到滋養。如果你能成為這樣的人，你的伴侶還有什麼好抱怨的呢？

讀到這裡，我相信聰明的你已經知道親密關係的關鍵了，當你內心是匱乏的，你就會帶著需求去尋找婚姻對象，而這實際上是一種索取，跟愛剛好是背道而馳的。

大多數問題婚姻，都是錯把需求當成愛的結果。如果你的童年並不是很完美，擁有幸福婚姻的前提是，夫妻雙方至少有一方願意學習和成長，療癒自己過去的創傷，重新找回那缺失的愛。當然，雙方一起學習和成長會更好。

借假修真：提升支持力，修復親密關係

冰凍三尺非一日之寒，親密關係的療癒也需要一個過程。在你找回愛之前，如果你還在意你們的關係，不妨先借假修真。

什麼叫「借假修真」呢？心理學家曾經做過這樣一個實驗，他們建造了兩間四面全是鏡子的房間，當然，鏡子十分堅固，不會被打破。然後把一隻好鬥的公猩猩與一隻慈祥的母猩猩分別放進房間裡。幾個小時後，當工作人員打開公猩猩的房間時，發現這隻公猩猩雖然十分疲憊，但依然在跟鏡子裡的自己戰鬥。而那隻母猩猩呢？當工作人員把牠從房間裡放出來時，發現牠的目光更加慈愛了，因為，牠從鏡中看到了另一個慈祥的自己。

各位讀者，你們是否也會有同樣的情況？當你遇到一個慈祥的人時，你也會變得慈祥；當你遇到一個好鬥的人時，你也會變得好鬥。

為什麼會這樣？原因很簡單，在我們身體中有一種叫「鏡像神經元」的神經系統，這種神經系統是高等動物在進化過程中發展出來幫助我們模仿學習的。同時，這種幫助我們學習的鏡像機制會讓我們產生與我們看見的對象相同的情緒狀態。當人經歷某種情緒或者看到別人表現出這種情緒時，他們腦島中的鏡像神經元都會活躍起來。換句話說就是，我們看見別人笑的時候，我們也會笑；看到別人悲傷時，我們也會悲傷。

同樣，我們愛一個人時，他也同樣會愛我們，這是高等動物在進化過程中內建在基因

中的程式。在這種程式的作用下，愛變成了一種很神奇的東西，你付出愛之後，愛並不會減少，反而會增加，因為當你付出一份愛時，對方就會收穫一份愛。他收穫了一份愛，也會付出一份愛，這樣，你們就擁有了兩倍的愛。所以，當你去索取時，你們的愛會耗盡枯竭；當你真正去愛時，你們的愛會越來越濃，你們的關係也在付出與收穫的過程中建立了親密的連接。

所以，只要有一方願意，哪怕你的愛並不是由內心富足而產生的，而是刻意假裝出來的，也會起到同樣的效果。一開始，你的愛也許是假的，但對方鏡像神經元收到的是真的，當他感受到愛時，他會同樣回饋你真愛，這時，你的鏡像神經元就會收到真愛，於是，在雙方鏡像神經元的作用下，你們的愛就會越來越真，越來越濃。這叫「借假修真」，或者叫「以術入道」，也叫「種子法則」。

為什麼叫「種子法則」呢？

我們前面分享過一個心理學理論叫「ＡＢＣ法則」，不知大家是否還記得？「ＡＢＣ法則」說的就是，一個人內心的信念決定一個人的行動，而不同的行動會創造出不同的結果。通俗來說就是，你今天的結果就是你過去的行為創造的，而你過去做或者不做某件事情，取決於你內心的那個信念。反過來，你內心的信念會透過你的行為表現為你今天的生活。

根據這個原理，我們可以知道，「信念」與「行為」是相互影響的，當你內心有了某個信念，你就會產生某種行為；當你不斷地重複某個行為時，你的內心也會跟著產生某個信念。

比如，一個內心富足的人，會樂於分享；一個不斷去分享的人，他的內心也會越來越富足。因為，分享是富足的前提，在不斷分享的過程中，內心會收到重複的暗示：我是富足的，所以我才會分享。因此越分享，越富足。

這個原理在社會上很常見，只要你留心，你會看到一個慷慨的人，他會變得富有；而一個吝嗇的人，他會一生貧窮。為什麼會這樣呢？我們來看看他們的內在信念就一清二楚了。一個吝嗇的人，他的內心是匱乏的，一個內心匱乏的人的內心想法一定是「我沒有」，至少是「我不夠」。而一個人的內在存在著什麼想法，就會在外在創造成什麼樣的事實，這就是所謂的「存乎內，形於外」。因此，當你內在擁有一個貧窮的信念，不管你如何努力，你都依然是一個貧窮的人，就算真的賺到了一定的金錢，你的內心依舊是貧窮的，因為，你的內心總覺得不夠，總想要向外索取。一個總是索取的人，身邊的人會像躲瘟疫一樣逃避你。這樣的人，怎麼可能富足呢？

那為什麼一個慷慨的人越分享越富有呢？因為只有內心富足的人才會主動去分享，假設你什麼都沒有，那你即使想分享也不敢分享。所以，一個願意分享的人，他內在的信念是「我是一個擁有的人」，就算他暫時看起來並沒有擁有什麼，但是他內心相信自己遲早會擁有，要不，他怎麼會分享呢？一個內在相信擁有的人，自然就會透過行動讓自己擁有得越來越多。

行為會在潛意識中種下一顆信念的種子，所謂「種子法則」，就是那些現在看起來微不足道的想法，但只要假以時日，一顆再微小的種子也會長成參天大樹。

愛也是一樣，「愛」與「愛的行為」就像雞與蛋一樣，有了雞，就會有蛋；有了蛋，也會有雞。

所以，當你的內心暫時還沒有完全療癒的時候，你不妨試試先從愛的行為開始。當你願意去做一些愛的行為，你就在內心種下了愛的種子。

你若不愛你自己，你便無法來愛我

如果你想得到什麼，你就先給出去，就像農夫在春天種下希望的種子一樣，種下愛的種子。當種子開花時，你的生命也將變得更豐盛、更美好。那麼在婚姻生活中，你可以種下哪些愛的種子呢？

1. 我看見你

士為知己者死，女為悅己者容。這句話的意思是，男人願意為賞識自己、了解自己的人獻身；女人願意為欣賞自己、喜歡自己的人而打扮。

每個人都希望被別人看見，當一個人得不到別人關注的時候，他就會透過一些偏激的行為來獲得關注。夫妻間的爭吵大多數都是想獲得對方關注的吶喊。

在親密關係中，人們也渴望被自己的另一半「看見」。比如你新做了一個髮型，結果你的伴侶毫無察覺、當你透明的時候，你是不是很失落、傷心？但是，如果他第一時間注意到了你的改變，並讚美道：「親愛的，你今天換了個新髮型啊，滿特別的。」你內心的鼓舞和歡欣將會化作最燦爛的笑容。

日常生活中，每一次情感的回應都會增加伴侶之間的情感連接，也都在往伴侶的情感帳戶裡「存錢」。相反，每一次錯失回應或者拒絕回應，都是在透支你們的情感帳戶，讓你們的關係變得疏遠。

所以，大家不妨從今天開始關注伴侶的一言一行，細微的改變尤其是好的改變，並且不吝嗇你的讚美，這樣，你的伴侶就會感覺自己被看見了，是被愛著的。

需要提醒大家的是，要適當忽略伴侶身上那些不好的行為，因為過多地關注問題就等於強化了問題的存在，對親密關係的維護毫無益處。遺憾的是，很多情況下，我們首先關注到的都是那些不好的行為。

2. 你是有價值的

心理學家阿德勒認為，幾乎人人都有自卑，能超越自卑的法寶就是價值感，可見，價值感對一個人來說有多重要！

價值感是每個人都渴望的。如何讓你的伴侶感到有價值呢？你只需勇敢地說出你的需求——「親愛的，我需要你，沒有你在我身邊，我很孤獨。」、「親愛的，你太能幹了，吃來吃去還是你做的飯菜最好吃。」……作為伴侶，聽你這麼一說，他的內心瞬間就被成就感、滿足感填滿——原來我是有價值的，原來我是被需要的。

當一個人被需要時，他就會感到有價值感。而一個不被需要的人，慢慢會活成一個沒有任何價值的廢物。

3. 你是獨特的

顧名思義，「獨特的」就是指特別的、唯一的。即便是平凡普通如路邊一朵不起眼的小花，你也要看到它的價值和獨特之處。

也許有人會抱怨說：「我老婆煮的菜跟黑暗料理一樣，卻要我讚美她廚藝非凡，這太強人所難了。」確實。這個時候，你不妨說：「親愛的，妳今天這頓飯太特別了，我這輩子都沒有吃過這樣的飯菜，有種不一樣的味道。」這樣說，是不是也能產生非常好的溝通效果？

人都是喜歡特別的，特別是女人，最喜歡與眾不同。所以，面對那些你不能接受或者實在找不出價值的，你就欣賞其獨特性。

4. 你是有貢獻的

「你是有貢獻的」跟「你是有價值的」是同一件事的兩個表達方式，一個是創造需求，讓對方有價值感；另一個就是要看到對方的貢獻。

對一個家庭來說，夫妻兩人只有分工不同，絕無地位高低之分。但很多男人都會犯同一個錯誤——認為自己是家庭的最大貢獻者，因為家裡的每一分錢都是自己辛苦打拚賺來的。妻子在家最多就是做做飯而已，沒什麼貢獻可言。

真的是這樣嗎？當然不是！社會是有分工的，太太在家照顧好孩子，把家打理得溫馨浪漫，讓你的孩子青出於藍而勝於藍，讓你有一個幸福的港灣，這些不是價值嗎？

你的伴侶即使什麼都不幹，他也是有貢獻的。他最大的智慧、對家最大的貢獻就是——他選擇了你，並懂得欣賞你。

5. 你是屬於這裡的

每個人都需要並渴望獲得歸屬感，當人們體驗到歸屬感時，會感覺安全、放鬆、寧靜和滿足。但家長們經常說的一句話——「如果你在外面沒混出個人樣，就不要回來」，這就全盤破壞了孩子的歸屬感。

團長的父母雖然苛刻，但他們完完全全滿足了我這方面的渴望。當我想出去闖卻瞻前顧後的時候，父親對我說：「大膽出去闖，大不了回來，家裡還有幾畝地。」簡單的一句話卻給了我十足的安全感，因為我知道，即便是我在外面混得窮困潦倒，家也永遠都是我可以回歸的溫暖港灣。

親密關係也是同樣的道理。如果你能給予你的伴侶持續的關愛和包容、堅定的信心和陪伴，不管他事業發展如何、身價幾何，你都願意陪他看盡人生繁華，那麼，無論他飛得再高再遠，他也是有牽絆有歸屬的，因為他的心有所屬。

一段持久穩定的親密關係，光靠緣分是遠遠不夠的，還需要愛與智慧，當你有了這兩者，你就能夠充分地滿足伴侶內心深處的渴望，讓他時刻感覺到自己是重要的、是被愛的，你們的情感帳戶永遠是富足的，那你們的婚姻就不懼風雨，牢不可破。

本章小功課

如果你希望重新找回初戀時的甜蜜，請完成下面小功課：

1.夫妻雙方中至少有一方開始學習和成長，當然最好是雙方能夠一起學習。

2.如果有童年的創傷經歷，就像身體有病需要治療一樣，心理創傷也需要治療。

3.以五種「愛的種子」為參考，夫妻雙方共同約定，一起去種下愛的種子。

愛，就是讓你所愛的人因為有你而生活得更好，如果你願意為你所愛的人完成上面的功課，相信你們的關係一定會日漸親密。

最後，送上薩提亞女士的一首小詩作為本章節的結束：

如果你愛我
請你愛我之前先愛你自己
愛我的同時也愛著你自己
你若不愛你自己，你便無法來愛我
這是愛的法則

因為，你不可能給出你沒有的東西
你的愛，只能經由你而流向我
若你是乾涸的，我便不能被你滋養

——〔美〕維琴妮亞・薩提亞

我是：你隨時可以改寫自己的婚姻劇本

「我是」是冰山的最底層，如果前面闡述的是建立親密的方法，是親密的技術，那這一層則是親密關係的根本，是親密之道。

在我接手的許多個案裡，很多來訪者都喜歡用一些否定性的或者標籤性的詞語去定義自己的伴侶，比如：「我嫁了個渣男，倒了十八輩子霉。」、「我娶了個蕩婦，家門不幸。」、「他就是個自私鬼！」

也有給自己貼標籤的：「我太糟糕了，沒有人會愛我的。」、「我一點都不漂亮，誰會娶我啊？」、「我從小就被遺棄，就是個獨身的命！」

這些關於「我是誰」的定義，就像一個個魔咒一樣，會在無形中影響著你的婚姻，甚至你的整個人生。

為什麼會這樣說呢，我們先來看一下下面的這個案例。

他們欺負的真的是你嗎？

在我的《重塑親密關係》課程中，我做過這樣一個諮詢個案：

案主虎妞是一位道地的東北女性，短髮，中性服裝，說話直爽，從不轉彎。

一上台就說自己受不了公公。一開始我以為這是一個公媳關係的個案，於是問她：「是和公公住一起嗎？」

她說：「不是。」

「哦，那是發生了什麼事情嗎？他干擾到了妳和先生的關係嗎？」

「也不是，我老公對我很好！」

我不知道她與公公之間究竟發生了什麼，我請她從同學中找一位最像她公公的人上來，站在她面前，請她看著那位同學的眼睛，然後問她有什麼感受。

她咬牙切齒地說：「我想把他幹掉！」

「幹掉」這兩個字出自一位女性之口，著實讓現場學員嚇了一跳。

但我知道，這是她的一種模式，她既然想幹掉公公，我猜她同樣想幹掉其他人。

我問她：「妳除了想幹掉妳公公外，以前是否也同樣想過幹掉某些人？」

她想了想說：「大學的時候有個室友，還有高中的同學……初中的那個女生，我也滿想弄死她的。」

「這些人妳都想幹掉嗎？」

「是的。」

「天……」、「這麼恐怖啊！」、「不會是反社會人格吧？」台下一陣唏嘘，但我知道虎妞肯定不是這樣的情況。

我接著問她，這些人有什麼共同特點。她想都沒想就回答：「他們都欺負我！」

可是，在我進一步詢問這些人是怎麼欺負她時，她卻支支吾吾：

「我就是看他上課轉筆煩。」

「整天穿條花裙子炫耀，有什麼了不起。」

「為什麼就有人非要長得高頭大馬的呢？」

看她說的都是風馬牛不相及的事情，我猜，不是對方做了什麼事情讓她憤怒，更像是她胸中有一團無名火急需找個對象發洩。

可是，沒有無緣無故的恨，也沒有無緣無故的怨，到底發生了什麼事，才會讓她這樣呢？

我用時間線療法回溯到她的過去，試著去探索這團火焰的源頭。時間線療法認為，有問題的行為模式的背後一定有一個根源性的事件。只有找到模式的根源性事件，才能找到治療的關鍵。

剛開始回溯時，她喘著粗氣，停留在憤怒的情境中。後來，她開始顫抖、流淚、搖頭……顯得痛苦、無助，從一隻「大老虎」，變成了一隻顫抖的「小貓咪」。

我問她看到了什麼，她說：「他們欺負我，戳我的傘，說我的媽媽是……地主的女兒……說要打倒地主的外孫女……」

虎妞待情緒平復下來後，和我們說起了不願回首的童年。原來，她的媽媽是地主的女兒。她上小學時，班上的孩子總是因此欺負她，要嘛把她的筆折斷，要嘛趁她走路時突然絆倒她，還用糨糊在她桌子上寫了兩個很扎眼的字——地主。

從小，她就覺得這一切是自己的錯，因為老師不會幫自己，爸媽也因為同樣的原因被欺負，保護不了她，還是「夾起尾巴做人」比較好。

但老天好像不肯放過她，有一天下雨，在放學回家的路上，她被幾個同學堵了起來不讓她走，還戳破了她的雨傘。她狼狽又無助，但是周圍沒有一個人願意來幫她，最後她是淋著雨自己哭著走回家的。從那以後，她就變了個人，留著男孩子一樣的短髮，身材也變得孔武有力，沒人敢惹她。

「他們都欺負我，我恨死他們了。」虎妞憤恨地說。

「是的，虎妞，我知道妳很難過，可是，聽妳的講述，好像他們欺負的並不是妳啊。」

「什麼?!」我的說法讓她震驚了，「不是欺負我，那還能是欺負誰？」

我們不難看到虎妞發怒模式的起源，因為曾經被同學欺負，但當時的委屈她無人能說，因為大環境如此，家人也無力給她安慰和幫助。於是，當年那些被壓抑的情緒變成了一個定時炸彈，她揣著這個炸彈行走，看到誰稍微不「順眼」，她的憤怒就彷彿找到了「炮灰」，對方也許是中學同學、大學室友，還有今天的公公……

我問她：「虎妞，妳看我身上的這件衣服，如果它髒了，或者有人覺得這衣服很難看，人家罵我：『你看看你，穿成這樣來講課，難看死了！』我該怎麼辦？」

虎妞：「不要穿就好啦，把它換掉。」

我脫下外套扔到一邊，問她：「虎妞，我現在沒穿這套衣服了，妳覺得別人還會罵我嗎？他們到底罵的是我，還是我的這件衣服呢？」

虎妞愣愣地看著我，沉默了。

「所以虎妞，當時那群小孩欺負的是妳，還是地主外孫女的這個身分呢？」

聰明的讀者也看出來了，其實，人們欺負的並不是虎妞，而是「地主」這個身分，這是歷史的原因。在那個年代，地主是為人所不齒的。

這個關於身分層面的自我認同，就是「我是」。

虎妞把自己這個人和地主外孫女這個身分牢牢地綁定在了一起，她帶著這個心結生活了五十多年，過去的委屈和憤懣，她不知道找誰發洩，潛意識只能在生活中尋找一個又一個的假想敵，給對方扣上各種帽子，好讓自己有理由討厭對方，以前是同學、同事，現在是公公。

現在她知道，只要像脫掉一件外套一樣，把自己這個人和身分分開，她就可以活得輕鬆自在。

虎妞突然明白，自己只是在某個特定歷史背景下受到了拖累，把歷史的還給歷史，就不用跟別人對抗了，她也就能重新做自己，重新和別人建立和諧親密的關係了。

我再次把那位像她公公的男同學請到虎妞面前，讓她看著那位同學的雙眼一會兒，問她：「妳現在有什麼感覺？還想幹掉他嗎？」

她笑了，說：「我想請他吃飯。」

我知道，她與公公之間的那顆「炸彈」已經拆除了。

在這個個案中，我所做的僅僅是改變虎妞對自己身分層面的認知，而這個層面的小小改變能徹底改變整座冰山。

「我是……」是什麼？

那麼，我是誰呢？我在本書開篇的七個故事中已做過簡略的闡述，在這裡我再跟大家深入探討一下這個問題。

我們先從名字開始。

如果你問我：「你是誰？」我會回答你：「我是黃啟團。」可是，「黃啟團」是我嗎？顯然不是，「黃啟團」只是我的名字而已。

養過寵物的朋友都知道，一般人養寵物，都會為寵物取個吉祥的名字，比如我女兒養過一隻貓，幫牠取名叫「豆豆」。一開始的時候，小貓並不知道自己就是「豆豆」，可是當你一遍遍地叫牠「豆豆」後，牠就知道自己是「豆豆」了。小貓把「豆豆」認同為自己的過程，就是「自我認同」。寵物如此，人也一樣。

我們不僅會把名字認同為「我」，我們還會把很多東西認同為「我」。比如社會角色：

一個做慣了主管的人，會認為「我」就是主管；

一個做老闆的人，會認為「我」就是老闆；

一個生活在社會底層的人，會認為「我」就是個卑微的人……

其實，無論是主管、老闆還是社會底層的人，都只是我們在社會上扮演的角色而已。角色並不是「我」。

我們來看看這樣一個場景：

兩個演員在拍電影時，一個演好人，一個演壞人，在戲中，他們打得你死我活，相互憎恨。可是，拍完戲脫掉戲服之後，他們會在一起吃飯，相互欣賞，甚至還會相互讚美：「你在戲中那個壞蛋（好人）演得實在太好了！」

可見，角色並不是「我」，只是「我」的其中一件外衣而已。

自我認同除了名字、角色這些比較直觀的東西之外，還有很多抽象的、不易覺察的自我認同。

比如，如果一個人的父母從小就一直對孩子說：

「你是個善良的孩子。」

「你有領導的天賦。」

「你是畫畫的天才。」

「你的歌唱得很好聽。」

只要重複的次數足夠多，孩子也會認同自己就是善良的人、是領導者、是畫家，或者是音樂家。

但是，也有部分父母因為沒有學過心理學，不知道什麼叫「自我認同」，經常會帶著情緒給孩子賦予另一種身分：

「你就是個廢物。」

「我生個叉燒都勝過生你。」

「你讓我丟臉。」

「你就是個負累。」

這些話聽多了之後，孩子也會慢慢接受自己真的就是個廢物，認為自己不夠好，不配得到美好的生活。就算他的意識不承認，他的潛意識深處也會這樣認同。

一個人一旦接受了這些對自己的評價，這些評價就會像一個人的名字一樣內化成生命的一個部分，成為生命的劇本，然後，用一生時間去把這些自我認同活生生地在生命中呈現出來。

自我認同不僅僅會透過言語內化為自己的一種認識，更多的是經過人生的各種經歷和體驗而潛移默化的。

比如本書開篇七個愛情故事中的胡麗晶，因為自己是個女孩子，從小被父母遺棄，過著寄人籬下沒人疼愛的生活。在這段成長經歷中，她形成了一個自我認同，認為是自己不夠好，父母才會不要她。因為這個自我認同，她長大後在親密關係上吃盡了苦頭。因為這種自我認同，她不敢跟正常的男士談戀愛，只有在那些有婦之夫身上才能找到自己的價值。「我不夠好，不配擁有婚姻」這樣一個人生劇本，讓她一次次地重蹈「小三」之路，也織就了她前半生的命運。

愛情中的「南橘北枳」

在民間一直有「三歲定八十」的說法，雖然「三歲就決定了一生」的說法未免有些誇張，但從心理學的角度來看，童年的成長經歷對人生有著相當大的影響，這是科學的，因為，自我認同往往是在童年建立的，這些自我認同就像人生的劇本一樣，會影響我們的一生。

阿德勒說，幸福的童年能夠療癒一生，不幸福的童年需要用一生去療癒。如果我們有一個不夠好的人生劇本，該怎麼辦呢？

我的好朋友朵拉曾經在她的心理學小說《月球旅館》中，寫了一個溫暖而有趣的愛情故事：

南橘北枳說的是，一粒種子在某個地方可以長成又大又甜的橘，換個地方卻長成又小又酸的枳。

打個比方，橘和枳突然有了人的意識。在鏡子裡看見自己和對方後，它們開始懷疑人生：「這是我嗎，這是我嗎？」

然後異口同聲地說：「哇哦，原來我可以長成這樣。」

同一粒種子，發展成不同的存在。

有些人終其一生都未曾擁有這樣的鏡子，有些人則很幸運，比如蘇菲。

蘇菲是Sunny的朋友，出生在重慶市萬州區，細眉細眼，高顴骨。

蘇菲知道以自己的長相，在美女如雲的重慶根本沒有吸引力。她大學的時候偷偷地喜歡過一個男生，那個男生經常和她眉來眼去，她以為男生也喜歡她。直到有一天在食堂吃飯，她排在男生的後面，聽見男生和另外幾個人談論女同學，他說：「蘇菲啊，顴骨高，殺人不用刀。」

她不明白這話的意思，但明顯不像一句好話。這時她才知道，他之所以看她，並不是在眉目傳情，只是覺得她的高顴骨有問題，下意識地盯著看而已。

就像小時候發現別人臉上有胎記、牙齒不齊或者肢體殘疾時，你會不由自主地盯著看一樣。但是你的媽媽會提醒你，不要盯著別人的缺陷看，這是沒教養的表現。顯然，那個男生的媽媽沒有提醒過他。

除了蘇菲之外，寢室裡的所有女生都有男生追，蘇菲覺得自己像個異類。

大學畢業那年，她坐火車回老家，對面一個油膩中年男跟她搭訕，那人聲音好聽，只是個子矮，手指又粗又短，像掰開的五瓣大蒜。

她差點跟他下了火車，只是她不喜歡大蒜一樣的手指才沒有跟去。

月球旅館剛開張的時候，蘇菲來住，那時她已經工作了幾年，仍然沒有男朋友。

談起那段經歷，我問她：「為什麼沒跟那個中年男人下火車？」

蘇菲說：「我非常渴望跟他下去，但不知道為什麼，就是沒有。」

後來她又說，好像有一百雙眼睛在盯著她，有一百個聲音警告她不能下車。

二〇一七年，蘇菲遇到了一點麻煩。

她是小學國語老師，但她最不想做的職業就是老師。

她的家人都是老師，爺爺是，姑姑是，哥哥也是。爸爸更是在教師進修學校工作，是老師的老師。老師這個職業對她來說就是生命的重複。在她大學填報志願的時候，她首先把師範相關的選項排除掉了。

爸爸問她：「妳不想當老師，那妳想幹什麼？」

聽到爸爸這個問題，蘇菲有點慌張，她只知道自己不想幹什麼，卻不知道自己想幹什麼。

再用那粒種子打比方，她不知道自己是什麼樣的種子。

假如知道自己是什麼種子，她就可以決定自己長成橘，還是長成枳，可她不知道。仔細想想，其實很多人活得都挺「隨緣」，學什麼「隨緣」，做什麼工作「隨緣」，愛什麼人「隨緣」，從沒想過內心真正想要的是什麼，發自內心熱愛的是什麼，讓我們熱淚盈眶、奮不顧身的又是什麼。

於是，她只好又在志願上填了師範相關專業。考試時，她特意漏掉了數學最後一道大題。她的想法是，如果自己的分數不夠，就不用上師範學校了。萬萬沒想到，那年學生不足，雖然她的成績低於標準線，但也被師範院校錄取了。真是陰差陽錯。

後來，她成為一名小學老師，無意中發現學校三、四年級的學生有情緒和行為上的問題，就在課堂上引入了SEL（社會情緒學習課程）。她出於好心，可是這些內容與考試無關，家長怕耽誤孩子的成績，就投訴她。蘇菲是個急性子，到家長群組裡跟他們爭論，隨後對罵，結果又被家長投訴了。

那段時間她的情緒很差，比沒有男人追求還差。她的網站文章充滿了抱怨，我把她封鎖了。

此後的兩年，我和蘇菲再也沒聯繫過。

二〇一九年元旦，我和包括Sunny在內的幾個朋友去清邁跨年。當天晚上，我們在湄平河放天燈，成千上萬的天燈從河畔緩緩升到夜空，像橘紅色的精靈一樣盤旋起舞。Sunny在看網路訊息的時候，發現久不聯繫的蘇菲也在湄平河邊，就在離我們不遠處。

我們穿過熙熙攘攘的人群，在塔佩門前見面了。我們興奮地張開手擁抱，比他鄉遇故知更開心的，應該是他國遇故知吧。隨後，我們去了古城裡的酒吧。人們全去河邊放天燈了，酒吧顯得格外冷清。我們問蘇菲什麼時候來清邁的，她說已經來了兩年。原來她在這裡工作。

蘇菲講起了她的故事。二〇一七年暑假，她為了散心來到清邁，晚上和朋友去酒吧喝酒。酒吧裡有幾個法國男生，其中一個捲頭髮、碧藍眼睛的男生一直看蘇菲，還朝她舉杯微笑。蘇菲心裡惱怒，以為他在看自己的高顴骨，於是轉過臉去。那個男生走過來，坐在她旁邊，他叫阿蘭，用生硬的英文和她套關係。他們就這麼認識了。第二天，他們一起去了素貼山、帕辛寺和夜間動物園。第三天，他們去了曼谷。阿蘭溫柔、體貼，來自法國南特，給她講那裡的城堡、教堂和電影節，蘇菲則給他講重慶的歷史和火鍋。

說不上是誰勾引誰，他們自然而然地滾了床單。那是她有生以來最美好的回憶。蘇菲認真地問他：「你覺得我漂亮嗎？」阿蘭說：「妳是我見過最美的女孩。」

蘇菲說：「沒有吧，我的顴骨很難看。」

阿蘭聽不懂「顴骨」這個英文單字，蘇菲就讓他用手摸自己的臉。

他懂了，說：「妳可能不知道，這裡是妳臉上最美的部分。」

聽到這裡，Sunny帶著醋意說，小心別被他騙了。

蘇菲說：「他要帶我回法國結婚，我沒同意。第一，我還沒有準備好；第二，我又遇到一些更有趣的人，有醫生、鼓手、調酒師，還有一些修行者。」每個人都很好，也都對她很好，就像這座城市一樣。

最重要的是，這一切都讓她重新發現了自己：她是美的，她是受歡迎的，值得被追求的。

一天晚上，她獨自站在湄平河邊，忽然覺得自己融入了清邁的夜色中，有種靈魂出竅的體驗，她感覺到自己與世界產生了某種神秘的連接，有種內在的力量在她的身體深處醒來，遍布四肢，那是一種難以言喻的愉悅。

也許蟬從舊殼中掙脫出來的時候就是這種感覺吧。

那幾天她的內心充滿了快樂，覺得一切都充滿了快樂：河邊的樹充滿了快樂，隨處可見的7-11充滿了快樂，塔佩門邊的鴿子充滿了快樂，甚至角落裡的微塵和砂粒都充滿了快樂。世界在與她的快樂共振。或者反過來說也可以，她的快樂引起了世界的共振。

這時我們才發現，眼前的蘇菲與以前的蘇菲完全不一樣。她的臉上閃著由內而外的自信，完全沒有以前的自我設限。

暑假結束之前，蘇菲回國辦了辭職手續，託朋友在清邁找到了一個幼教的工作。在這裡，她可以給孩子做SEL、做樹屋、做戲劇教育，不必擔心家長的投訴。當她看到一群小朋友在樹屋裡由拘謹到瘋玩時，她從來沒有如此喜歡過老師這個職業。

在多元、包容而且物價不貴的清邁，她找到了屬於自己的鏡子。

二〇一九年元旦，我和Sunny喝多了，在燈火繁華的深夜，為了另一個蘇菲。

透過鏡子，蘇菲看到了截然相反的兩段人生：一個在萬州，壓抑，自我設限，沒有人喜歡她；一個在清邁，自在，完全綻放，人人把她當公主。

一個是橘，一個是枳，同一粒種子，卻可以過不同的人生。

這是我看過和聽過有關自我認同改變的最美的故事，朵拉把這個轉變過程歸功於外在的「鏡子」。從我的角度看，除了外在的鏡子之外，更重要的是她內在的因緣時機剛好成熟。不管是外在還是內在，總之，她有關自己的自我認同完全改變了，我們再一次感受她自我認同改變後的那種喜悅：

那種感覺是不是跟你從噩夢中醒來的感覺一模一樣？啊！原來噩夢裡的苦難不是真的！那只是一場夢而已！

或者是一名在電影裡演一個飽經磨難的角色的演員，脫下戲服的那個瞬間，他也會有類似的感覺，原來戲裡的一切都是假的，原來人間是如此美好！

在親密關係中，如果兩個人都能像蘇菲一樣，把那些從別人的評價裡內化而成的自我認知像脫掉戲服一樣丟棄掉，兩個純粹的靈魂活在一起，那一定是我的文字所無法表達的美好關係，我想，那才是真正的靈魂伴侶吧？或者叫神仙眷侶？

蘇菲的快樂，是因她脫掉了那些困擾了前半生的標籤。在欣賞這個故事美好一面的同時，也請大家感受一下我們給別人負面評價時帶給別人的痛苦。

你的伴侶會不會是另一個蘇菲呢？

當你認為你的伴侶不夠好時；

當你評價你的伴侶不夠漂亮、不夠溫柔時；

當你認為你的伴侶無能、不夠有擔當時……

你的評價會內化為他對自己的評價，成為他的自我認同，成為他的人生劇本，成為他人生苦難的一部分。

你的每一個負面評價，都會成為他人生的負擔。

如果你愛他，又何必給他的人生增加苦難呢？

蘇菲之所以能改變自己的命運，是因為她遇到了阿蘭。如果你愛你的伴侶，為什麼你不能像阿蘭一樣，成為一面可以讓對方看到自己美好一面的鏡子？

改寫婚姻劇本，重塑親密關係

從最前面的七個故事寫到這裡，我想大家已經清楚地認識到，破壞親密關係的罪魁禍首是那些在「我是」層面的錯誤的自我認同，這些「自我認同」就像人生的劇本一樣，決定著我們的人生，也決定著我們的婚姻幸福與否。

要重塑親密關係，就必須改寫婚姻的劇本，也就是重新改變那些讓我們受苦受難的自我認同。

那如何才能改變那些破壞親密關係的「自我認同」呢？

請問各位讀者，你的名字可以改嗎？答案是肯定的！前面我們講過，一個人的名字也是自我認同的一部分，既然名字可以改變，那所有你認同是自己的東西就像名字一樣，都是可以改變的。

就像蘇菲的高顴骨，原來她一直認為那是醜的象徵，因為大家都認為醜，所以，她也接受了那是醜，直到她遇到那位法國男子阿蘭，原來在某些人眼裡是醜的高顴骨，在另外一些人眼中是美的象徵！

既然美醜並沒有客觀的標準，那麼我們為什麼不選擇讓自己開心快樂的「自我認同」呢？

因此，改寫婚姻劇本大概可以分為以下幾個步驟：

第一步：覺察。

覺察，也就是「看見」。團長講了這麼多故事，就是為了讓大家看見，你對自己的所有定義都像你的名字一樣，是你身邊一些重要的他人賦予你的，同時，也被你接受了的東西。這些東西都像你的名字一樣，你可以接受，也可以改變。

第二步：重新選擇。

當你能夠看見，你就可以重新選擇。就像你看見你衣櫃裡的衣服後，可以選擇穿哪一件一樣。

在你的一生中，你會遇到無數的人，這些人會給你各種不同的評價。當然，我知道，那些對你無關緊要的人對你的評價也無關緊要。那些你在意的和在意你的人，他們的評價你同樣也會在意。

在我們很小的時候，父母給我們買什麼衣服我們就穿什麼衣服，因為那時我們還小，沒有選擇的權利和智慧。但今天的你已經長大了，你不僅擁有了選擇的權利，同時也擁有了選擇的智慧。那你為什麼不重新選擇呢？

難道你甘心背負比如「我不夠好」、「我很醜」、「我很笨」、「我不值得」等這些破爛不堪、苦難深重的「戲服」一輩子？

不管你會如何選擇，都請你記住：你的人生就像一場戲，如果前半生的生活不是你想要的，你完全可以改寫你下半生的劇本。

劇本改了，你的下半生將會完全不一樣。

第三步：實踐新的選擇。

換一雙新鞋子難免會不習慣，換一個新的劇本也一樣。但是，你千萬不要因為不習慣而丟掉新鞋，重新撿回那雙舊鞋穿，雖然我知道你習慣了穿舊鞋。

我們不能因為習慣了苦難而苦難一生，也不能因為不習慣幸福而放棄幸福。

上述三步是對於凡夫而言的，如果你境界夠高，在「我是」層面，你會有更高的感悟。當你能夠看見所有的自我認同都是一種標籤，都像衣服一樣可以選擇，也可以更換時，你還可以選擇什麼都不穿，讓兩個真我赤誠相待。

「真我」是一個人內在靈魂的所在，也就是《佛經》上說的「不垢不淨，不生不滅，不增不減，不來不去，常樂我淨」的那個「我」，是那個原原本本、毫無偽裝的「我」，是唯一的，是每個人最真實的自我。

每個人的內在都隱藏著一個「真我」，有層層外衣保護著最中心的真實。只有撕掉標籤、脫掉角色外衣，「真我」才得以呈現。兩個真我的連接，那就是另一個境界的親密了。

最後，用一個神話故事結束這一章節。

據說，天上神仙的能力是固定的，不會增也不會減，而地上的人和妖是可以透過修煉提升自己能力的。

有一天，天庭上一群小神仙不滿足自己普通的能力，商議一起投胎為人，在人間好好修煉，這樣修煉成仙後就會功力大增，會升級為更高級別的神仙。

可惜的是，在投胎為人的時候要喝孟婆湯。喝完孟婆湯後，就會忘記自己是誰。當然，有些聰明的神仙會用自己的仙法騙過孟婆，沒喝孟婆湯。

於是，這些投胎為人、本來要好好修煉的神仙就分為兩種：

一種忘記了自己是誰，就白白浪費了做人的這一生。不僅如此，還在做人時經歷了種種苦難，苦不堪言，甚至痛不欲生，因為他忘記了自己原來是神仙。

另一種則知道自己是誰，他們把人間的所有經歷都當成是修煉的過程，就像一個演員演戲一樣，他也會經歷戲中的悲歡離合，但他會把演出的過程當成是一種學習，一個提升自己能力的過程。他每時每刻都知道，他是一個演員，只是在體驗戲中角色的苦難，但那些苦難並不是他人生中真正的苦難。當他演膩了悲劇時，他便會選擇演喜劇，因為，他是有選擇權的。

你又怎麼知道，你不是投胎為人，來人間修煉的神仙呢？

愛的療癒：重塑親密關係

讀到這裡，我相信你與伴侶兩個人的關係已一目瞭然了。兩個人就是兩座冰山，如果能看見自己的冰山，了解對方的冰山，就能在冰山的各個層面產生連接，不僅是行為上的連接，還要有情感上的連接、觀點上的連接、需求上的連接、渴望層面的連接，也就是愛的連接，更重要的是靈魂（「我是」）層面的連接。連接的層面越多，兩個人的關係就越親密。

如果你發現你和你的另一半在某些層面卡住了，怎麼辦？沒關係，只要你願意，一定可以重塑你們的親密關係。透過下面的旅程，一起重塑我們的親密關係吧。

療癒之旅要經歷的三座「城堡」

如何才能重塑親密關係呢？美國著名喜劇作家羅伯．費雪寫過一本探索生命本質的書——《為自己出征》，講的就是療癒的故事。

書中講述了一位勇敢的騎士，他日夜身披黃金盔甲，時刻準備為正義出征。因為盔甲曾多次保護過自己的生命，騎士特別愛惜，就連睡覺的時候也穿著。可是，問題來了——當他想跟太太擁抱的時候，太太卻被盔甲扎到了；當他去親吻孩子時，孩子一臉陌生地躲開了。他開始覺察到，原來盔甲在保護自己的同時，也隔斷了他跟親人之間的連接。他想脫掉盔甲，誰知怎麼脫也脫不掉。

為了拯救自己，騎士向智者請教。智者告訴他，唯有為自己出征，方得解脫，在智者的指點下，他踏上了療癒的旅程。在旅程中，他經過三座城堡的艱難考驗。

第一座城堡：沉默之堡。

這座城堡就像它的名字一樣，靜悄悄的毫無聲息。騎士在這種無邊無際的安靜裡感到了前所未有的孤單，往事也一幕幕地在眼前閃現，悲傷的、遺憾的、難過的、開心的……他不禁嚎啕大哭起來，哭得累了便沉沉睡去。第二天醒來時，騎士發現自己臉部的盔甲居然融化了。原來，脆弱的淚水可以融化堅硬的盔甲！

第二座城堡：知識之堡。

經過第一座城堡的頓悟之後，騎士繼續前行，不久便來到了第二座城堡，叫「知識之堡」，門一合上就打不開了。在這座城堡裡，騎士發現了很多很多的經典書籍，他不停地看書，不停地獲取新的知識，卻還是沒辦法打開城堡的大門。直到他看到一本書上說，如果不放下已經知道的，又如何去探尋未知的部分呢？他突然間醒悟——固執在以往的認知上，學再多的新知識也沒用，只有放下舊的認知，才能獲得真正的新識。這個時候，他發現身體的盔甲又脫落了不少，城堡的大門也打開了。他感覺到多年未有的輕鬆和愜意，於是，踏著堅定的步伐繼續前行。

第三座城堡：志勇之堡。

當他來到第三座城堡「志勇之堡」時，門一打開，騎士就遇到了一條巨龍迎面襲擊而來，他躲無可躲，無處可退，內心恐懼到了極點。危急時刻，他鼓起勇氣拿出寶劍來跟巨龍對抗。結果，當他拔出劍的時候，巨龍就消失了。這一刻，他終於明白了，所有的恐懼都只是自己的想像，勇敢直面它，它便灰飛煙滅。

經過這三座城堡，騎士身上的盔甲全部脫落，他重新獲得了自由的生命。

其實，騎士一路上所經歷的就是一次療癒的旅程。三座城堡也分別對應著療癒之旅的三個部分：

第一部分：覺察，「沉默之堡」。

人在沉默中會提升覺察力。

覺察包括覺察自己、覺察對方和覺察婚姻狀況三個部分。

覺察自己就是看清楚自己的冰山，從行為、應對姿態一直到渴望。

覺察對方就是看見伴侶的冰山。

知人者智，自知者明。當一個人覺察自己時，會反省，會慚愧；覺察對方時，能體會到別人的苦，會生出慈悲心。當你因為覺察而慈悲愧疚時，淚水會融化你那堅強的外殼。當你的保護殼被融化後，就像武士的盔甲被融化掉一樣，你才能有與他人連接、建立親密關係的條件。

在療癒的旅程中，這個部分包含兩個步驟：

1.覺察：看見婚姻的現狀和雙方的防衛機制。

2.慈悲：看見防衛機制下面的創傷。

第二部分：改變信念，「知識之堡」。

一般人都認為，知識越多越好，其實知識是有它的時效性的，有些知識當時有效，但今後很可能就會變成人生的障礙。

比如，關於婚姻，一直有一種潛移默化的認知，認為應該「男主外，女主內」，這個知識是有它的歷史背景的，在農耕文明和工業文明時期，繁重的工作需要強大的體力，在生理結構上，男人的體力一般而言比女性要強大很多，所以，在需要體力才能完成工作任務的時代，「男主外，女主內」是非常合理的，也是非常科學的。但是，當今已經進入了訊息化時代，許多工作不再需要強大的體力了，在這樣的時代背景下，「男主外，女主內」明顯不合時宜。

如果你不能放棄那些陳舊的知識，你又如何能獲得新的知識呢？

放下舊的信念，才能創造新的自我——這是騎士在第二座城堡歷練時收穫的人生啟示。這也是療癒旅程的核心部分——改變信念。

信念決定一個人的行為，行為會創造結果。當你能夠改變當事人的內在信念，你基本上可以改寫他的下半生。

在婚姻中，最需要改變的信念就是關於責任的信念。為什麼成功的事業易得，幸福的婚姻難求？因為大家都知道，事業是否成功，是「我」的責任；而婚姻的問題，都是對方的錯。

所以，在療癒的旅程中，這個部分包含一個步驟：承擔責任，承擔屬於自己的責任。

第三部分：有勇氣去行動，「志勇之堡」。

知道不等於做到，如果你沒有勇氣去實踐你新獲得的知識，再好的知識都是廢物，只會成為你人生的束縛。

這本書也是一樣，你光讀完這本書是沒用的，除非你有用到具體的實踐中；如果你沒有學用相結合，這本書也就沒用！

如果你沒有行動，在你的想像中會有很多困難，但只要你邁出第一步，困難就會像騎士在「志勇之堡」遇到的惡龍一樣，頃刻間煙消雲散。

在療癒的旅程中，這個部分包含兩個步驟：

1. 請求：請抱緊我，表達自己的需求。

2. 連接：寬恕、接納與愛的表達。

以上就是一個完整的療癒之旅的三個部分和五個步驟，這是團長做婚姻諮詢時的常用方法。一般而言，經過這五個步驟，夫妻雙方的親密關係都會有巨大的改變，大量走到離婚邊緣的夫妻，經過這五個步驟後都能重新獲得幸福。

下面我再為大家詳細闡述這五個步驟。

覺察：看見婚姻的現狀和雙方的防衛機制

覺察的第一步，是我們要知道自己現在在哪裡。

《溫和且堅定的正向教養》一書的作者簡．尼爾森提出，孩子變壞會經歷四個階段，這個理論在夫妻關係中也適用。

一個人內在的需求如果無法得到充分滿足，親密關係就會出現以下四個階段的偏差行為：

第一個階段：吸引關注——「作」是為了讓你看見我。

人是需要被看見的。只有被對方看見了、注意到了，我們才會感覺到自己的存在感和重要性。

一旦感覺到別人不重視自己，我們就會採取或怪異或討好的行為來吸引對方的注意。

大家還記得自己小時候是怎麼引起父母注意的嗎？

打架、上課蹺課、不做作業……總之，各種調皮搗蛋能成功吸引到父母的加倍關注。

當你想要吸引伴侶的關注時，你又會怎麼做呢？故意發脾氣、抬槓，或者是想盡辦法討好對方，等等。

這個階段的主要情緒是煩躁。所以，如果你的伴侶總是各種「作」、總是刻意地來煩你時，你就要意識到，對方只是在向你求關注而已。

但是，我想提醒大家的是，沒有哪一種吸引關注的辦法能夠一直有效，這就是為什麼以前只要自己一哭，老公就有求必應，現在無論怎麼哭對方都無動於衷、視而不見的原因。

因此，為了得到對方的關注，你會變著花樣去「作」，如果「作」也達不到你要的效果，你們的關係就會進入下一個階段。

第二個階段：權力鬥爭——你想讓我做的事，我偏不做！

求關注的需求沒能得到滿足時，雙方就開始權力鬥爭了。

在親子關係中，如果你沒有給孩子自主選擇、決定的機會，那麼，當他長大到十二歲左右時，他就開始跟你唱反調了，表現就是「你讓我吃這個，我偏不吃」、「你讓我這麼做，我偏要反其道而行之」。總之就是，他要活出自我，要擁有話語權。

同樣地，在親密關係中，如果你的伴侶沒能吸引到你的關注的話，你們之間就會上演「誰在家裡說了算」的權力爭奪戰——你讓他往東他偏就往西，即使你說的是對的，他也不會按照你的想法去做，偏要和你唱反調。

關係來到了這個階段，你會感到憤怒，兩個人相處演變成一場權力的鬥爭，處處充滿衝突。

關係處於吸引關注、權力鬥爭這兩個階段時，表面上看有很多問題，其實只要能看到對方的需求，雙方能做到彼此顧念，婚姻還是有希望的。

第三個階段：報復——你傷害了我，你也別想好過。

當對方使盡渾身解數也沒能獲得你的關注，權力鬥爭也輸了的時候，他就會透過報復的手段來證明自己的重要性。

「我不好受，你也別獨自好受。」——這就叫報復。在親密關係中的表現就是，你惹我生氣了，那我就去刪掉你的電腦遊戲、刷爆你的卡；你天天往外跑不顧家，那我也玩到天亮再回家；你出軌，那我也出軌報復你等等。總之就是，你讓我不爽，我就讓你更不爽。

但是，大家需要明白的是，報復很容易，但是破壞性也很強，這樣做只會加速親密關係的破裂，讓你和伴侶的關係越來越差，而這樣的結果其實並不是你想要的。

關係到了這個階段，你會感到十分痛苦。當婚姻處於這個階段就開始危險了，因為有些報復性行為會給對方帶來不可彌補的傷害。當然，如果雙方願意學習成長和療癒自己，婚姻還是有希望的。

第四個階段：放棄——你讓我幹嘛，我就幹嘛。

當婚姻走到第四個階段，就基本沒希望了。這個時候，你對婚姻已經心灰意冷了，也放棄了掙扎——「既然我過往所有的努力都是沒用的，那我不如什麼都不做，你讓我幹嘛我就幹嘛。」

表面是順從，實際上是破罐子破摔，像行屍走肉一樣活得麻木又毫無生機。無論伴侶做什麼，你都不會關心，連跟他溝通的慾望都沒有了，甚至連見他一面都懶得見了。你只會關心財產有沒有分配好，因為你已經徹底放棄了。

在婚姻中，放棄的結果有兩種：

一種是離婚，關係就此結束；另一種是湊合著過，為了孩子或者某些面子上的原因，不少人選擇不離婚，湊合著過完下半生。這樣的關係表面上風平浪靜，甚至「相敬如賓」，但其實雙方都已經徹底失望了、放棄了。

只要你的婚姻還沒有走到第四個階段，那我就要恭喜你，你的婚姻都是有希望的。一旦你們的關係發展到了第四個階段，婚姻就很難修復了，因為對方已經心如死灰了。但就算心死了，我也建議你來心理學的課堂，摸清楚自己的內在模式，看看自己究竟是一個怎樣的「產品」。因為你的內在模式不改，你即使換一個伴侶，婚姻也還是會不幸福。

找到親密關係的「共同敵人」，而不是把伴侶當敵人

除了從偏差行為去覺察關係之外，還可以用「外化對話」的方式去覺察。什麼是外化對話？請先看一個我在《重塑親密關係》課程上做過的案例。

李玉梅和王蓮生是一對結婚十多年的夫妻，一上台，玉梅就把自己的椅子往後挪了一下。

這一個小動作逃不過我的眼睛，我已經感覺到了這份關係到了怎樣的「冰點」了。因為我們的身體是最誠實的，她連坐都不想和這個男人坐在一起。我就著這個話題問她：「玉梅，妳為何要離丈夫那麼遠呢？」

她愣了愣，說：「我想離他遠點！我們不親密！沒有溫暖！完畢！」

玉梅，性格真的是如寒風中的蠟梅，剛毅果決。

我想讓她緊繃的線條放鬆下來，試著調侃她：「哈哈，妳那麼強勢，不應該是妳先生感覺不到溫暖嗎？」

她馬上辯駁：「十八年婚姻，我一直等不到溫暖，就算我是火爐，在一座冰山邊生活了十幾年，也冷透了。」

「等」不到溫暖，我彷彿越來越能摸到問題的癥結所在了。

我請玉梅和我們分享一下，她所說的「沒有溫暖」到底是怎麼回事。

「十八年了，我一直沒有安全感。」玉梅拿起話筒說道：「我們是做小本生意的，生意人嘛，都想為自己爭取最大的利益，有時候，遇到一些無賴的客戶，我氣不過，直接和他們吵起來。每到這個時候，他一個大男人不是站出來把那些混帳『擺平』，反倒過來拉著我，讓我別衝動，當老好人打圓場。一個大男人不衝鋒陷陣就算了，還拉著自己老婆不讓我上前，算什麼……」

坐一旁的蓮生臉都紅了，好像有什麼話想說，卻如鯁在喉根本說不出來，只能用力地喘著粗氣。

玉梅注意到了，毫不留情地嘲諷道：「你別委屈，有件事我進棺材也忘不了。剛結婚那時，有一次我們逛街，看到路邊有個小販在賣紅薯，那味道吸引到我，我走過去排隊。等排到我時，紅薯只剩最後一個了。這時，從後面衝上來一個小混混，說『這紅薯我要了』。我哪裡肯放棄，大喊『你是什麼意思』。沒想到小混混直接亮出一把刀來，我怕了，往丈夫身邊退。結果他直接拉住我說『算了算了，我們走吧』，就這樣，那個混混如願以償，而我卻只能一肚子委屈……我只恨自己瞎了眼！」

「夠了！」蓮生這時拿起了話筒阻止玉梅再說下去，一行行眼淚從這個大男人臉上流下來。「事情不是這樣的……」他說罷哭了起來。

我安撫蓮生，讓他說說事情究竟是什麼樣的。

「不就是一個紅薯嗎？犯得著跟這種人爭吵嗎？他如果真敢對妳用刀，我直接就會擋過去的，我沒妳說的那麼孬。」

「切。」一絲冷笑浮現在玉梅的嘴角。她根本不相信，不僅不信還感到不齒。

看到這裡，台下的學員也有些同情玉梅，因為蓮生一看就是個文弱的男性，的確很像「和事佬」，也難怪玉梅會這麼失望。

我繼續問玉梅：「玉梅，妳為什麼當初會選擇他做丈夫呢？」

「我覺得他很老實，也很聽我的話。」她誠實地說。

「哦，所以你指望一個任妳掌控的人為妳遮風擋雨？」我反問道。玉梅低頭不說話。

讀者們，你們聽到這裡是不是也覺得很矛盾？其實並不複雜。

隨著治療的深入，我用催眠的方法帶玉梅回到了她的原生家庭。

原來，玉梅在六歲前，一直是家裡的獨女、小公主，要風得風，要雨得雨。但是，爸爸似乎不滿於此，他更想要個男孩，可惜，一連生了四個都是女孩，直到第五個孩子才是弟弟。

弟弟出生後，家裡的負擔已經很重了，光靠他做一份工作根本不足以養活一大家子人，無奈之下，媽媽也不能再做家庭主婦了，只能和爸爸一起外出工作。他們眾姐弟也成了在家留守的兒童。

玉梅覺得，有家不能團聚的狀況都是爸爸造成的。我用薩提亞雕塑的手法請同學們把他們一家的狀況用靜態的畫面方式呈現在舞台上。當她看到那一幕時，心中情緒的堤壩瞬間崩塌了，在台上對扮演「爸爸」的角色控訴：「你怎麼那麼無能，生那麼多孩子，不僅拖累我們姐弟幾個，也對不起媽媽，你就是個『孬種』！」

多年積壓的情緒在那一刻像火山一樣集中爆發了出來，玉梅哭得很傷心。

在她心目中，男人就應該遮風擋雨，做不到就不配做男人。既然爸爸做不到，自己是長女就要「扛」起來，她從初中起就開始打工，為了讓幾個弟妹能有學上，她甚至放棄了考大學的機會，去廠裡做工，從車間摸爬滾打做到高層，一路的艱辛，只有自己知道。

這是玉梅的故事。在成長的過程中，她養成了「指責」的習慣。

我又用原生家庭雕塑的手法看了蓮生的家庭。

在蓮生的家庭中，台上站滿了人，因為他家兄弟姐妹很多。但是，「爸爸」的位置沒有站人，因為他很早就去世了。

台上的「媽媽」用手指著幾個孩子，呈指責的姿態。原來，自從爸爸去世後，家庭的重擔就壓到了媽媽身上，讓她變得脾氣暴躁，滿腹牢騷，孩子們稍微做得不如意，她就破口大罵。

所有孩子都跪在地上朝媽媽伸出手，這是討好的姿勢。但蓮生和他們不一樣，他雙手抱在胸前，站在一旁，離媽媽有一定的距離。這是因為作為家中的長子，他不想讓自己去依賴媽媽，他也知道跟媽媽爭吵是沒有什麼好結果的。所以，從小他就學會了理智、抽離和冷靜，這就是他的生存策略。

可是，看起來冷靜的蓮生，站立時卻一直面朝一個方向，剛好就是爸爸空缺的位置，彷彿他一直祈禱那裡有個人出現。

後來蓮生承認說，雖然這個家裡的人很多，但是他一直覺得自己是孤獨的，他非常希望爸爸能夠出現，給他認可、肯定、激勵。雖然他對爸爸的印象早就幾近消失，甚至每年的掃墓也未必參與，連他都不知道自己還有這份隱隱的期待。

我問蓮生，當初是太太身上的什麼吸引你的呢？他說，她能幹聰明，很有魄力和擔當，是他們工廠管理層的唯一女性。再聯想到玉梅前面說的，嫁給蓮生是因為他老實，能聽自己的話。我想，聰明的讀者已經看懂這個「找爸爸」的故事了——在蓮生的內在住著一個渴望強大的爸爸的小男孩。

玉梅強勢，喜歡蓮生聽話；蓮生理性，渴望有一個強大的爸爸。這就是他們相互吸引的原因。可是，本來相互吸引的一對，怎麼就變成了今天的相互怨恨呢？其中根本性的原因是錯把需求當成愛，這個我們在前面「需求層面的連接：別錯把需求當成愛」那一部分已闡述過了。我引用這個案例是希望大家知道在婚姻中如何覺察到自己的模式。

像所有夫妻一樣，婚姻一旦出現問題，我們總會在對方身上找原因。玉梅以為，蓮生是破壞他們婚姻關係的罪魁禍首。同樣地，在蓮生心目中，玉梅才是「魔鬼」。

如果雙方都把對方看成是問題的原因、是罪魁禍首的話，那婚姻就沒有出路了。那怎麼辦呢？

面對共同的敵人時，群眾會團結起來。

很多時候，當夫妻有矛盾時，會不自覺地把對方放在對立面，這樣對立的結果只會讓雙方的關係變得更糟糕。

心理學有個流派叫「敘事療法」，在這個流派中有個小技巧叫「外化對話」，外化對話就是將問題和人分開，可以把一個人的模式、情緒、生病的部分等外化成為一個部分，可以為它命名，這有助於看見它，提升覺察程度。

在關係中，如果能找出破壞我們親密關係的共同「敵人」，也就是把某一方或雙方的問題找出來，然後一起共同面對，這樣，兩個人的關係會變得更加緊密。

激化矛盾的往往並不是矛盾本身，而是我們面對矛盾時的態度。

真正令我們痛苦的也不一定是我們伴侶本身，而是伴侶身上的某個模式。

什麼是模式呢？模式就是，一而再，再而三地在我們的親密關係中出現的一種行為習慣。

玉梅的模式就是「指責」。在她的心目中，男人就應該遮風擋雨，就算小混混手中拿著刀，她也希望老公能像蓋世英雄那樣勇敢地為自己出頭。當蓮生做不到時，她就指責。而蓮生本來以為強勢的玉梅能彌補他缺失的爸爸的位置，渴望玉梅能像其他人的爸爸那樣保護自己，沒想到不僅沒有保護，反而是暴風雨般的責罵，所以，他內心那個小男孩十分委屈。

這種情況下怎麼辦呢？很簡單，摸清楚是誰破壞了他倆的親密關係，找到「共同的敵人」。

關係再差的兩兄弟，一旦面對共同的敵人，他們就會選擇團結起來。

夫妻也是如此，兩夫妻居家過日子，難免會有摩擦和衝突。有摩擦，就會有指責，有攻擊。但是，只要「共同的敵人」一出現，夫妻雙方就會站在同一戰線，同心抗敵。

而親密關係裡的「共同敵人」就是模式。只要「敵人」一出現，夫妻雙方就會共同對付它，像防小偷一樣去防範它。防範的前提是，我們至少要知道它是誰，這就叫覺察。

所以，**重塑親密關係要做的第一件事就是——找出模式，一起面對這個「共同的敵人」，而不是把伴侶當敵人。**當夫妻倆聯手抗敵的時候，親密關係就有希望了。

找出模式之後要怎麼辦呢？接下來，我們要為這個「共同敵人」命名。

也許有人會問為什麼要命名。那生個孩子、養隻寵物、買間房子，我們為什麼都要命個名呢？命名的意思就是，這隻寵物是我的，這孩子是我的，這棟房子是我的。當我們能夠為某個東西命名時，我們就會成為它的主人。這是我們人類的思維模式。

所以，只要你能夠為自己內在的某個模式、某個創傷命名，你就會成為它的主人，對它就有了一份覺察。往後只要它一出現，你就能認出它來。而且，它再也無法干預到你了，都是由你來掌控它。

這就好比入室偷竊的小偷，如果你看到他了，那小偷就無從作為；反之，如果你看不到他，小偷就會偷光你所有的財物。

所以，命名的目的在於，看見它，覺察它，認出它來。

有一部叫《腦筋急轉彎》的電影，影片的女主角是一個叫萊莉的小女孩，但是她的腦海裡還存在著五名情緒小人，分別是樂樂、憂憂、怕怕、厭厭、怒怒。這部電影導演的手法跟外化對話的原理是一樣的，情緒本來是人的一個部分，但導演把各種情緒外化成一個個獨立的人，並且為他們命名，這樣的好處，你能對情緒保持很好的覺察，更重要的是，讓你成了情緒的主人。

只要憤怒的情緒一出現，萊莉就知道自己內在的另一個傢伙「怒怒」來了。當她帶著這樣的一份覺察時，怒怒就不能掌控萊莉了，因為她才是怒怒的主人。

情緒如此，模式也是一樣。

因此，我要做的是，幫助他們找到破壞他們關係的模式，讓他們為模式命名。玉梅有一種模式，就是她習慣性地指責她老公。我請她把內在那個習慣指責的部分外化成一個小女孩，並為那個小女孩命名，比如叫小花。只要她一開口罵人，她就意識到「哦，小花出現了」。如果她意識不到，認不出小花來，她整個人就被小花掌控，變成愛指責的小花了。以前的玉梅就是經常被小花控制的玉梅。

現在，你知道那個愛指責的並不是你，只是你內在一個叫「小花」的模式。小花一出現，你能覺察到並認出它來。於是，你就成了小花的主人，掌控權和選擇權都在自己手中。這就是命名的威力。

把玉梅內在的指責模式外化為「小花」後，不僅玉梅能看見她，蓮生也能看見她。如果蓮生能看見小花，並在能力允許的範圍內去寵她、愛她，餓了給她一顆蘋果，渴了給她倒杯茶，重要日子送給她一朵真正的小花，讓小花在充分的溫暖和愛中得到滋養和成長。被充分關愛到的小花就會越來越少出現。兩個人的關係想不親密都難。

蓮生的內在也有一個小男孩，因為他爸爸在他很小的時候就不在了，所以這個小男孩很希望被看見、被關愛。如果不被別人看見，他就滿肚子的苦水和委屈。我請他給這個小男孩命了個名，叫「小寶」。當他累的時候，如果玉梅能體貼地說上一句：「來，小寶，喝杯茶吧。」當他委屈的時候，如果玉梅能理解地說一句：「小寶，我看到你了，我知道你是委屈的。」當他孤單的時候，如果玉梅能給他一個溫暖的擁抱，我想小寶的委屈頃刻間就會煙消雲散，因為他已經被療癒了。

本來玉梅與蓮生的關係是對立的，但經過這樣一個過程，他倆需要共同對付的就是那個習慣指責的「小花」和那個委屈的「小寶」，在一起對付這兩個小搗蛋的過程中，玉梅與蓮生就站在了同一陣線上，他們的關係也因此變得更加親密。

當然，這個個案並非到此結束，這僅僅是婚姻諮詢中的覺察部分。後面的部分與這個主題無關，我就不一一分享了。

在一般情況下，我們通常會把一個人的問題等同於他這個人本身，這樣的結果會造成兩個人相互對立。而外化對話可以把人和問題分開，把問題獨立出來，夫妻雙方緊密地團結在一起，共同面對問題。

我非常喜歡這個方法，這個方法大大地提升了我的覺察能力，希望這個方法對你同樣有用。

所有的疏離都是一種自我保護的防衛

在親密關係中，你有沒有過類似的經歷呢？渴望愛與被愛，卻對潛在的失去與拒絕產生焦慮。因為心中的怕，又想方設法地讓那個人不那麼重要。

比如，害怕被對方拋棄，於是，自己先變得冷漠疏離；

比如，害怕失去與拒絕，於是，潛意識裡拒絕自己「真的在乎一個人」；

比如，害怕受到傷害，於是，帶著攻擊姿態來保護自己，讓自己變得麻木。

本該是親密無間的戀人關係，卻活成了「最熟悉的陌生人」。為什麼會這樣呢？這跟我們內在的防衛機制有關。

拿動物來說，遇到危險時，牠們會產生三種本能的防衛反應：
第一種，打得過就打，也就是攻擊。
第二種，打不過就跑，等於是投降和逃跑。
第三種，打不過也跑不掉時怎麼辦呢？裝死。
我們人也一樣。在危險面前，為了保護自己免受傷害，我們總是穿著一身厚厚的盔甲。在「應對姿態」那一章節已詳細闡述過的「指責、討好、超理智和打岔」，其實就是一種防衛方式。
指責就是動物本能中的第一種：攻擊。
討好是第二種：投降。
超理智是第三種：裝死，也就是用一些合理化的理由來麻痺自己，切斷真實情感，讓自己不去感受恐懼、悲傷等不良情緒。
打岔是第四種：逃跑。
不管是什麼形式的防衛，目的只有一個，就是為了保護自己。
在動物中，有些弱小的動物身上是長刺的，比如刺蝟，在平時，牠們身上的刺是貼在體表舒展開的。只有在遇到危險時，它們才會「怒髮衝冠」般把每一根刺都豎起來抵禦敵人。牠們身上的刺，並不是為了傷害別人，僅僅是為了保護自己而已。
人類身上的盔甲也一樣，是一種保護自己的防禦機制。但是，這些防禦機制在保護自己的同時，無形中也會傷害到身邊的人，就像武士的盔甲一樣，在戰場上，盔甲可以保護自己的安全，但在家裡，它卻給另一半和孩子帶來了傷害。

為什麼動物身上會長刺？如果你熟悉動物的話，你會發現，像獅子、大象、長頸鹿等這些身形巨大的動物，牠們是不會長刺的，因為不需要。

為什麼人需要盔甲？

神話故事中的超級神仙，如孫悟空、哪吒、二郎神等，是不需要穿盔甲的。西方的超級英雄也是一樣，你看過超人穿盔甲嗎？他把一條三角褲外穿在身上就行了。

只有弱者才需要盔甲的保護，因為力量不夠。

一個人之所以會自我防衛，一定是內心脆弱的緣故，特別是那些有內在創傷的人，被傷得越深，保護層就越厚，就越難以接近。

因此，我們需要看到，那些讓你難受的人，其實是一個病人，他們的內在一定隱藏著一顆脆弱的心。

人的內在有兩股力量：

一股是保護自己安全的力量，這股力量會不斷砌牆。

另一股是與世界連接的力量，這股力量會不斷拆牆。

兩個人的關係是遠還是近，是疏離還是親密，就是這兩股力量鬥爭的結果。

一方面，因為內在的恐懼，我們會穿起盔甲，豎起扎人的刺，在自己周圍砌上一堵又一堵有形或無形的牆來保護自己。這樣的我們確實是安全的，但也是孤獨的。因為，牆在保護我們安全的同時，也阻斷了我們與他人的連接。

可是，與人連接是每個人內心深處的渴望，於是，我們又會主動拆掉一些牆。一拆牆，真實的自我就赤裸裸地暴露在對方面前，我們又會感覺到不安。於是，又開始砌牆。

在親密關係中，夫妻雙方經常上演這樣的「拉鋸戰」——建立防衛機制，確保自己是安全的，但同時又是孤獨的，於是嘗試去連接；一連接就容易受到傷害，於是，為了保護自己，又重新在自己周圍砌了一堵又一堵厚厚的牆。

親密關係裡所有的疏離，其實都是一種自我保護的防衛。當你能覺察到這一點時，你就懂得了一個道理——防衛會阻礙親密的連接，如果要獲得親密，就必須放下防衛。

因此，親密關係是建立在兩個人的安全感之上的，只有雙方具有足夠的安全感，才敢於拆掉那些阻礙親密的防禦之牆。

能看到人內在的這兩股力量的鬥爭，以及因此而建造的種種防衛之牆，這就是最好的覺察。

慈悲：看見對方的苦，喚醒自己的慈悲心

人之所以需要防衛，一定是因為內心脆弱。如果你只看到對方的防衛，那一定會引發你的防衛，因為，你的內心同樣脆弱。兩個相互防衛的人又如何能夠親密呢？

只有當一方開始覺察到這個原理，婚姻才會有希望。因為，當你看到對方的脆弱時，你的慈悲心就會被喚醒。

怎樣才能喚起一個人的慈悲之心呢？我先跟大家重溫一部電影《我不是藥神》。在這部電影裡，演員徐崢扮演的主角程勇是個爛人，天天跟前妻爭奪孩子的撫養權，父親躺在醫院卻連醫療費都付不起。為了賺錢，他從印度走私盜版藥賣給中國患者。但這樣的一個爛人最後卻冒著坐牢的風險貼錢幫患者買藥，變成了人人景仰的英雄。

我在前面講到了，爛人也好，壞人也罷，他們的內在其實都是「病人」。當一個人內在匱乏的時候，他就會透過各種手段、方法來保護自己，滿足自己的需求。這是一個人會變成爛人、壞人的根源所在。

那是什麼讓程勇從一個爛人變成了英雄呢？他的轉變歸因於兩個契機。第一個契機是，患白血病的摯友呂受益為了不拖累家庭而選擇自殺給程勇帶來的巨大打擊，這個時候，他的良知被激發出來了；而當黃毛為了保全程勇而命喪黃泉的時候，程勇的慈悲之心被徹徹底底喚醒了，即使是傾家蕩產，他也毫不猶豫地自己賠錢去進藥救人。這就是慈悲之心。

慈悲，往往是從看到他人的痛苦開始。當一個人只看得到自己身上的苦時，他就會像刺蝟一樣，豎起渾身的刺來保護自己。但是，當他把焦點從自己身上移向他人時，別人的苦就會喚醒他的慈悲之心。

親密關係也是一樣的道理。我們最大的問題是，只看見自己的委屈和辛苦，看不見對方的付出和艱難。問題發生時，我們也總習慣性地把手指向別人，卻忘了向內行走，看向自己，看見自己。當你也能夠看見對方的委屈和辛苦時，你的慈悲心就會被喚醒，你就會發自內心地理解、包容、接納對方，而不是向對方索取和抱怨。而當兩個人都能做到彼此看見，彼此顧念時，你們之間的愛不就回來了？

我們每個人都或多或少地心裡帶著傷，但是，不管我們內在的創傷有多大，請一定相信：它都可以被療癒，因為人人都擁有自我療癒的能力，都潛藏著一顆慈悲之心。當你把向外伸的手收回來，轉而向內行走時，你會發現，你無須做多少努力，你和伴侶之間的愛自然就流動起來了。

當你能夠看到對方內心的脆弱時，就像你知道伴侶正在生病一樣，你一定會關心他、呵護他。試問誰又會對一個病人展開攻擊呢？這種事連畜生都不會做，何況是一個人？

我曾寫過一篇文章叫〈沒有壞人，只有病人〉（參見本書附錄），看完這篇文章之後你會發現，你的伴侶之所以會讓你難受，其實是他生病後的反應而已。明白這一點，你內在的慈悲自然就會生起。

你之所以會指責、攻擊，只因你的無助。所以，覺察，是療癒的開始。

責任：不管對方有多錯，其中一定有你的責任

我曾在網路上看過一個很有意思的哏，據說美國有位作家寫了一本書，一個星期之內賣出了二十萬本，這本書名字叫《如何在三十天內改變你的妻子》（How to Change Your

Wife in 30 Days），後來作者發現出版社搞錯了，他本來的書名叫《如何在三十天內改變你的生活》（How to Change Your Life in 30 Days）。出版社把「生活」（Life），印成了「妻子」（Wife）。他要求出版社改正書名後重新推向市場，結果，賣了一個月才賣出了兩本。

從這件事中可以知道，人們有多想改變自己的伴侶。

我們都知道，事業是否成功是自己的責任。但是，一旦婚姻遇到問題，都會認為是對方的錯。

真的是對方的錯嗎？對方有沒有錯，我真不知道，但當你這樣做的時候，我肯定你錯了！

為什麼我這麼肯定呢？當你一旦把一件事的責任交給了別人，你就失去了主導權，你的命運就交給了別人，你的人生就開始由別人作主。

導致這樣的結果，難道你還說自己沒錯嗎？

雪崩的時候沒有一片雪花是無辜的。在婚姻關係中，不管對方做得有多錯，其中一定有你的責任在，這是肯定的。如果我們把所有的責任都推給另外一方，這段關係是沒辦法改變，也沒辦法拯救的。

那該怎麼辦呢？

如果你希望重新拿回人生的主導權，最好的解決方案就是開始承擔婚姻中屬於自己的責任。

其實，很多人對責任都存在誤解，以為責任就等於「是我的錯」。錯，這是兩個不同的概念。

什麼叫責任？根據字典給出的定義，責任有兩重涵義：

第一，個體做好分內應做的事。

第二，個體沒有做好分內應做的事而需要承擔的後果。

怎麼理解呢？團長先問大家一個問題，如果天打雷天下雨，你有沒有應盡的責任？有，如果你不打傘、不穿雨衣到處跑，你就需要承擔你沒做好個體分內應做的事的後果——很可能被雷劈。

如果把老天換成是老公或老婆，一旦老公或老婆「打雷下雨」，伴侶有沒有責任呢？比如說，玉梅內在的小女孩「小花」出來了，作為老公蓮生有沒有責任呢？肯定有。我在《別人怎麼對你，都是你教的》這本書裡就講到，一段糟糕的關係，其中必有你的一份功勞。如果蓮生能夠看見玉梅指責背後的脆弱，他就能夠及時地給她安慰和關愛，那玉梅內在的「小花」就不會一再地出現去破壞他倆的親密關係了。

做好自己分內應做的事，如果沒做好那就承擔相應的後果，這就叫責任。

如果大家還不太明白，我們從英文的角度來解釋更容易理解。「責任」的英文叫Responsible，由兩個字根組成——「response」和「able」，也就是說，責任等於反應加能力。意思就是說，當你有能力去為一件事情做出反應的時候，你就是有責任的。

所以，責任源於覺察，是你覺察之後的一種有意識的回應。當你能夠看見自己應盡的責任，你就有了選擇權。比如，玉梅能看見內在的「小花」，那麼她就有責任了，就能選擇如何去應對「小花」。如果她看不見，就無從應對，只能任憑「小花」掌控自己。

一旦你負起了責任，你會發現，你坐在了生命的駕駛位置，成了自己生命的主人。因為負責任，就表示你有能力去回應、去處理它，你就擁有主導權、掌控權。

如果你總是抱持一種這跟我無關、那也跟我無關的態度，你的人生就是被動的，因為你的人生已經被別人操控了。你生活的世界就會退縮到一個小小的世界角落裡。

所以，負責任是從被動變成主動的一個過程，而你的世界跟你所說的責任密切相關。

你的責任越小，你的世界就越來越小。

反之，你的責任越大，你的世界就會越來越大。

如果你把上面的這兩句話理解透徹了，還能認同接受，那你的婚姻沒問題，你的企業沒問題，你的整個人生都沒問題。因為你的責任是無限的，只要你願意，你可以回應一切。

「如我不願棄已知，故我不可知未知！」在「知識之堡」中，最重要的功課就是放棄一些陳舊的信念，升級一些新的觀念。在眾多需要升級的信念中，有關責任的信念缺失或過時是毒害性最大的。

當然，還有許多關於婚姻的信念都需要升級，需要升級的信念因人而異，如果你改變了這個信念後，你的婚姻依然還存在問題，建議你找一位你信得過的婚姻諮詢師來幫助你，專業的事情交給專業的人。有專業人士的幫助，你的婚姻會更加幸福。

請求：情感的依戀是必要的、健康的

開始講「請求」之前，我先跟大家分享兩個心理學研究案例。

第一個是關於孤兒的研究。二戰結束之後，心理學家發現，在孩子們的成長過程中，孤兒院孩子的死亡率是普通家庭孩子的三到五倍。但令人困惑的是，他們跟普通家庭的孩子一樣，都生活在溫暖安全且飲食良好的環境中。那為什麼孤兒院孩子的生存機率會這麼低呢？

第二個是關於猴子的心理學實驗。心理學研究人員在鐵籠裡放置了兩隻假母猴——一隻是用冰冷的鐵絲做的母猴，另一隻母猴是用柔軟的絨布做的，然後把一隻剛出生不久的小猴子放進籠子裡。

鐵絲母猴能滿足小猴子的一切生活所需，渴了餵水，餓了餵奶。而另一隻絨布母猴呢，除了抱起來柔軟溫暖之外，什麼都給不了小猴子。

然後心理學家開始實驗。當他們拿走鐵絲母猴的時候，小猴子一點反應都沒有。但是當他們拿走絨布母猴的時候，小猴子表現得很焦慮，眼巴巴地望著絨布母猴的方向，完全無法安定下來。

這就像我跟我太太滿足了小狗所有生活的必需條件，但是它跟我女兒最親密。為什麼會這樣呢？

其實，這兩個心理學研究都說明了一個道理——滿足生存很重要，但往往不被看見、不被感恩。

但是，給予愛的話就會被重視、被感恩。因為愛不是人生的點綴，它是人生的基本需要，甚至關乎我們的生存。

所以，我們需要別人的愛，這並不丟人。

很多文章都說，健康的依戀就是要獨立，不要去依靠任何人，尤其是女人，不要靠任何男人，因為依戀就意味著沒長大。這是我非常反對的一個觀點。我認為，**情感的依戀是必要的，也是健康的。隔離情感才是病態的。**

一個再獨立的人，也需要愛的滋養。如果沒有愛，我們就會變成我太太口中那種沒有感情的「木頭人」。所以，女人一定要靠男人，男人也要靠女人，男人跟女人是要互相依靠、互相生存的，要不我們幹嘛結婚？

適當勇敢地表達「我是需要你的」，親密關係才會更進一步。遺憾的是，生活中的大多數人並不是這樣說的，他們只會一肚子怨氣，陰陽怪氣地說：

「你怎麼那麼晚才回家？」

「你心裡還有這個家嗎？」

「工作重要還是我重要？」

……

每一個抱怨背後，都是沒被滿足的需求。「你怎麼那麼晚才回家」、「你心裡還有這個家嗎」諸如此類的質問背後，隱藏的其實是「親愛的，我很孤獨，希望你早點回來陪我，我需要你的陪伴」的需求。

同樣的道理，無論是哪種防衛形式，表現上看是攻擊、指責、討好、超理智、打岔、抱怨等，底下其實都是對愛的呼喚：

我需要你！

你能回應我嗎？

請你看見我吧！

你能接納我嗎？

關注我好嗎？

我對你來說重要嗎？

能支持我嗎？

你還需要我嗎？

我還能依靠你嗎？

你能在我身邊嗎？

你還愛我嗎？

……

表達憤怒，你就孤獨，因為憤怒會把人推遠；

表達需求，你就獲得了愛和關注，因為需求會拉近兩個人的關係。

那要怎麼表達呢？學會下面這四句話：

第一句：我看到的事實是什麼？

第二句：我的感覺是怎樣的？

第三句：我內心有著怎樣的想法？

第四句：我的需求是什麼？

這就是真愛的密碼——我們需要冒一點風險敞開自己，勇敢表達自己內心的真實想法和需求。這也是我們每個人走向親密關係的一門必修課。

連接：寬恕、接納與愛的表達

曾看到一則很有趣的故事：

一對老夫妻相守六十年，非常恩愛，無話不談。老太太唯一的秘密就是一個盒子，誰都不能碰，誰也不能問。

直到老太太生命垂危時，她讓老先生打開了盒子。盒子裡是兩個布娃娃和九萬五千塊錢。

老太太解釋說：「自從我們結婚那天開始，每次你惹我生氣，我都會做一個布娃娃。」

老先生聽後很是欣慰，結婚這麼多年，原來自己只讓老伴生過兩次氣。

隨後，老先生又好奇地問那九萬五千塊錢的來歷。

老太太回答說：「那是我賣娃娃的錢。」

有人說，再恩愛的夫妻，一生中都有一百次想離婚的念頭和五十次想掐死對方的衝動。沒有完美的人，更沒有完美的婚姻——這就是婚姻的真相。

但是，很多人並沒有清醒地認知到這一點，總跟一些事情過不去。比如，對方沒能以自己期待的方式回應；比如，對方不經意間犯了一個錯；比如，對方不關心不體貼自己；比如，對方懶惰、拖延、不求上進……一旦對方的所作所為觸及了自己內心的脆弱時，就會反覆責問、無法原諒，自己活得痛苦，對方也感覺難受。於是，親密關係就卡在那裡，兩個人也沒有任何親密的連接。

人無完人，每個人身上都或多或少地存在著缺點和不足。這就導致了在交往過程中，錯誤不可避免，傷害也在所難免。這個時候，要怎樣才能建立連接呢？答案是寬恕與接納。很多心理學文章都在講，要無條件地愛、無條件地接納，要寬恕，但很多人還是做不到，不知道從何下手。為什麼會這樣？歸根結底是因為他無法跟自己內在的不好的感受待在一起。

不好的感受是怎麼產生的呢？因為大腦中的「應該是」跟外面世界的「如是」發生了牴觸。當外面的世界跟我們想像的不一樣時，我們的心裡就會受到影響，因為我們總想讓外面的事物都按照自己期待的方式來發生，這就是產生不好感受的重要原因。比如說，你會埋怨伴侶，對他心生不滿，一定是你的伴侶沒有按照你期待的方式去說話、做事和行動。

所以，一個人會有不好的感受，或者接受不了別人的某種行為，究其根源是因為其內在的「庫存」不足。因為「庫存」不足，我們的內在就像一個填不滿的深洞。為了填補這個深洞，我們內心深處會滋生出一個又一個的需求，就像餓狠了的人會到處覓食一樣，我們會不斷地向外尋求。這個時候，大腦中的「應該是」就出現了。

當大腦中的「應該是」與現實中的「如是」不一致時，情緒就產生了。所以，情緒的產生並不是因為對方做了什麼或者沒做什麼，而是來源於我們大腦對所發生的事情的解讀。

講到這裡，大家看清楚了不能寬恕的根源在哪裡了嗎？就在自己這裡。不是我們不能寬恕別人，而是我們無法接納自己罷了。

不能原諒別人的人，一定是不能原諒自己的人。真正的寬恕，要從寬恕自己開始。當我們覺察到伴侶的某些行為給自己帶來了不好的感受時，我們首先要做的是接納自己，接納自己「庫存不足」的事實，接納是自己大腦中的「應該是」製造的衝突和矛盾，接納自己身上的缺點和不足。

當我們能夠接納完完整整的自己時，我們就能從怨懟和痛苦的情緒中解脫出來，身心將會體驗到一種輕盈而安寧的美好感覺。這樣的我們，內心是可以容納所有人的，身邊的人自然活得開心、舒適，兩個人的關係自然就建立了親密連接。

所謂親密就是，在伴侶面前，你沒有恐懼，你能勇敢地在他面前呈現自己最脆弱、最滄桑、最不堪的一面，這樣的話，兩個人在每一個層面都自然地產生連接了。怎樣才能做到沒有恐懼呢？無條件地接納與包容，既接納自己的缺點和不足，也允許對方不完美，這也是一種愛的表達。所以，當伴侶做錯了某件事，或者讓你產生了不好的感受的時候，團長希望大家能夠給對方一點點的寬容和接納，因為這個人跟你我一樣，都是凡人，都會犯錯。

真正的親密就是在你的伴侶面前沒有恐懼

這趟親密關係的重塑之旅走到這裡，我想大家已經十分清楚什麼是親密了。所謂的親密，就是我們願意敞開自己，卸下滿身的防衛和盔甲，把最真實的自己呈現在伴侶面前，包括美好的、醜陋的，舒服的、不舒服的，表面的、隱藏的，安全的、恐懼的。所以，真正的親密不是兩個人都變成完美無缺的聖人，而是在對方面前，我們可以毫無恐懼地呈現自己，彼此分享內在所經歷的風景。當兩個人沒有任何偽裝或防衛地彼此敞開，分享更多的關於自己的內在故事（當然，關於前任的那些事最好壓在箱底永不提起），那你走進對方心裡也是早晚的事。

因為，沒有敞開就不會有親密的連接。當我們在感受層面、觀點層面、需求和渴望層面、靈魂（我是）層面都向對方敞開時，兩個人的內在冰山就連接在一起了，這就是真正的親密關係。

回想一下，我們生命中那些關係很好的知己或者是親密朋友，不都是從彼此敞開以及彼此分享感受、觀點、需求和渴望開始的嗎？人生有「三大鐵」：一起扛過槍的戰友、一起同窗過的同學以及一起交過心的閨蜜。為什麼他們縱使隔著萬水千山，卻能彼此牽掛、親密有加？因為他們彼此敞開、彼此知道對方非常隱私的事，關係自然親密。

當你了解我的故事越多，我們的關係就越親密，愛的連接就越深越長久。親密關係更是如此。

敞開自己就是一個脫掉盔甲的過程。當然，脫掉盔甲難免會受傷，但如果你一旦受了點小傷，或者僅僅只是有受傷的感覺，你就內心充滿恐懼，迅速穿上厚厚的盔甲，重新用你習慣的防衛式應對姿態把自己武裝起來——冰冷堅硬的盔甲確實給我們帶來了踏踏實實的安全感，付出的代價卻是愛的連接被切斷——沒人能輕易傷害我們，但也沒人能輕易走近我們，我們活得封閉又孤獨。

所以，親密需要一點點勇氣，因為，每一次敞開都是一次心靈的冒險。當然，我不建議你對任何人都去冒這個險，我只是建議你在你愛的人面前鼓起勇氣，勇於嘗試，一點點脫掉你的盔甲，敞開你的心扉，呈現你的脆弱，喚醒他的慈悲，用脆弱的淚水融化那堅硬的外殼，以最柔軟的方式與你最愛的人相處。

一句話，**真正的親密，就是在你愛的人面前沒有恐懼**。

沒有恐懼，就無須防衛；沒有防衛，就不用穿上盔甲；沒有盔甲，兩個真我自然就連接在一起，這就是親密的真諦。

反過來看，真正阻礙親密關係的是內在的脆弱，一個內心脆弱的人是很容易受傷的，至少他很容易感到自己受傷。一旦有受傷的感覺，他就會充滿恐懼；一有恐懼感，他就會開始防衛；一旦防衛，關係就變得疏離了。

因此，破壞親密關係的根本原因是由內在匱乏、自我價值感低所導致的脆弱，具體表現如下：

1. 不敢表達情緒。
2. 缺乏共情能力。
3. 看不到別人的正面動機。
4. 不敢表達自己的需求。

如果你或者你的伴侶有上述這些症狀，是時候療癒自己了，而療癒的旅程就是：

1. 勇敢地呈現問題。
2. 覺察雙方的防衛模式。
3. 看見對方的痛苦，喚醒自己的慈悲心。
4. 承擔屬於自己的責任。
5. 發出請求：請抱緊我。
6. 愛的連接。

重塑親密關係是一件非常值得去做的事，因為，這關乎你一生的幸福。如果你願意，我建議你找一位專業的心理諮詢師或者婚姻輔導師協助自己，療癒過往的創傷。

Chapter 3

激情：愛情最後都會只剩下親情嗎？

在親密關係中，如何維持長期的激情？

美國心理學家羅伯特．史坦伯格認為，完美的愛情和婚姻關係包含三個基本元素，即親密、激情和承諾。上一章節我們探討了親密部分，這一章我們來研究一下激情。

我曾接到這樣一個夫妻個案。

一對原本甜甜蜜蜜的夫妻在結婚幾年後，丈夫突然提出離婚。妻子不想離婚，於是找到了我。

我問他們夫妻倆，離婚是不是因為感情破裂了。丈夫回答說：「沒有。」

「那你為什麼提出離婚呢？」我繼續問道。

他回答說，對妻子提不起任何的興致和激情，感覺這樣的婚姻太沒意思了。

這樣的抱怨是不是很熟悉？曾經相愛的兩個人一起走過很多年的歲月之後，卻發現彼此熟悉得如同左手摸右手一般，早已失去了激情。曾經如膠似漆、充滿激情的愛情經過時間的沉澱，兩個人最終活成了最熟悉的陌生人……

一旦激情退去，很多人便覺得愛情消失了，兩個人也到了各奔東西的分岔路口。

就算兩個人沒有選擇分開，愛情最終也成了親情，愛人變成了家人。真的是這樣嗎？難道婚姻真的是愛情的墳墓？

一般人的愛情大概有下面幾個階段：

第一個階段叫情慾。

在情慾階段，我們的身體受性荷爾蒙的影響，對異性充滿激情。在這個階段，哪怕對方只是輕輕地觸摸了一下你的指尖，你都會臉紅心跳、激情澎湃，身心的愉悅感達到了頂峰。

第二個階段叫親情。

隨著時間的流逝，兩個人從心動走向平淡，激情慢慢消失，隨之而來，兩個人就會進入到第二個階段——親情的階段。當愛情進入這個階段，兩個人之間激情耗盡，慾望也熄滅了，很容易產生膩煩感，向外尋找，因為人都會有追求新事物、尋求新刺激的本能。所以，這個階段是最危險的階段，大多數愛情就「死」在這裡。

第三個階段，回歸愛情。

當兩個人的關係進入親情階段，要怎樣做才能維持長期的親密關係，順利過渡到第三個階段——回歸愛情的階段呢？

從最前面史坦伯格的八種婚姻分類中我們已經知道，親情階段兩人的關係就是陪伴關係，完美愛情的三個元素中缺失了激情。只要能讓我們家人般的關係增加點激情，我們的關係就能夠重新回歸愛情。

很多人會錯誤地認為，隨著年齡的增長，激情會自動減退，真的嗎？

大家有沒有發現，我們身邊有些人雖然年歲已高，但活得很有激情。我就遇到過這樣一個老太太，是我們公司NLP高級執行師課程的老師，叫蘇西．史密夫，已經快八十歲了。但是，每次見到蘇西，我都能感覺到她身上的每一個細胞都在向外迸發著活力。她身上展現出的澎湃熱情、眉飛色舞的自信，讓她整個人都彷彿散發著光。

反觀我們身邊的一些年輕人，年紀輕輕，活得就像當年的我一樣，如直愣愣的木頭，一點激情都沒有，每天就像機器一樣按部就班地做著一些事。用富蘭克林的話來說就是，有些人二十五歲那年就已經死了，只是到七十五歲那年才埋葬。跟這樣的人朝夕相處過日子，可以想見一輩子會過得特別漫長、相當痛苦，就算你沒有離婚的念頭，日子也會過得非常枯燥無味，就像曹操形容的雞肋般，食之無味，棄之可惜。

可見，激情跟年齡並沒有必然的關係。激情雖然會隨著時間熄滅，但我們可以重新點燃它，讓兩個人的關係再次回歸到愛中。

團長不希望大家的婚姻都走到「雞肋」的地步。可是，現實生活中的愛情結局總是讓人失望，誰也不能保證一段親密關係裡，激情會一直持續。在我們視力範圍之內，可以看到的事實就是，兩個人一旦過了情愛的階段，就會進入到親情的階段，這好像是關係發展的自然規律。那這樣是不是就意味著所有的關係都逃不開喜新厭舊的魔咒？是不是激情消耗完了就注定只剩下親情了呢？當然不是。

激情從何而來，跟什麼有關？

要找回激情，我們就得先弄清楚激情是怎麼來的，它跟什麼有關？在回答這個問題之前，我們先來看兩個例子。

第一個例子是關於一部電影。大家有沒有看過一部叫《赤手登峰》的紀錄片？這部紀錄片講述的是，攀岩運動家艾力克斯．霍諾德在不借助任何繩索或安全裝備的情況下，徒手登上美國優勝美地國家公園海拔三千英尺高的酋長岩的壯舉。

一旦失手，等待他的就是粉身碎骨。那他為什麼還如此熱衷於做這件事呢？

在接受媒體採訪時，記者也總會不厭其煩地問他類似的問題：「只要一個小錯，手腳一滑就會墮入死地，我不是很明白……」

普通人都不是很明白，甚至不能理解，難道他都不會恐懼嗎？

而他的回答是：「我在攀岩的時候，能夠感受到那種極度的寧靜，也能夠感受到那種跟整個宇宙萬物合一的感覺。」

看過這部紀錄片的人都知道，艾力克斯跟他女朋友的關係不是很好。從心理學的角度來說，他其實是個病人。在現實世界裡，他很難享受到普通人很容易就能享受到的愉悅和激情，只有在徒手攀岩時，他才能感覺到內在迸發出來的生命力和最鮮活的感受。

對艾力克斯來說，他的激情來源於專注。

第二個例子是關於一個人。這個人叫羅靜，大家聽過她的故事嗎？她是中國首位征服十四座海拔八千公尺以上雪山的登山愛好者。有一次，我聽她的訪談聽到毛骨悚然。她說跟她一起登山的朋友大多都埋在了雪山上。主持人問她：「那妳還要繼續嗎？」她說：「登山者最好的歸宿就該是雪山之上。」

一個人的生命力會在某一刻，經由某件事情被徹底地激發出來。激發羅靜生命力的，是雪山。我曾經聽過羅靜的採訪，二〇〇六年，她的人生經歷了一次「雪崩」——她離婚了。支離破碎的家庭讓她陷入了痛苦、無助的谷底。為了散心，她跟朋友去爬了一次雪山，從此便一發不可收拾地愛上了雪山。她說：「享受攀登過程和登頂時領略到的風景，並希望去過的土地都能記住我曾經來過，那是一種挑戰自己而產生的成就感和存在感。」這種成就感和征服慾望，其實就是激情。

對羅靜來說，她的激情來源於未知和挑戰。

那你的激情又來源於哪裡呢？大家不妨回顧一下自己過往的人生，你對什麼事情是一直保持著不滅的激情的？

比如說，遊戲。不一定是電子遊戲，比賽或者是體育類的競技遊戲。不管是哪類遊戲，可能都會讓你激情澎湃。

比如說，探險。當你抵達一個新的地方，面對新的挑戰時，你整個身體的能量都會被喚醒，每一個細胞都充滿了激情和挑戰。

比如說，越野。團長就非常喜歡開車去越野，這也是一項讓自己充滿激情的愛好。驅車縱橫於未知的荒野山地間，我整個人的激情都被喚醒了。

無論你對什麼保持著激情和熱愛，我們都可以得出這樣一個結論，那就是激情跟以下幾組關鍵詞有關：

1. 專注

專注，意味著活在當下，但生活中很少有人能真正做到專注地做一件事。

我曾聽過一個有意思的笑話：夫妻倆正親熱的時候，妻子看到天花板有點裂了，於是跟老公說：「親愛的，我們完事之後修修天花板吧。」

這個笑話很短，但餘味悠長。

現代人的快節奏生活，讓我們總是在焦慮未來，一個焦慮未來的人是無法活在當下的，如果你的焦點這一刻都不在此時、此地，激情又從哪裡來呢？

當你為所謂的未來奔波的時候，如果你能抽出幾分鐘時間專注地聞一聞路邊的花香；當你按部就班地做著枯燥乏味的工作時，如果你能放空大腦聽一首旋律優美動聽的音樂；當你躺在床上為了第二天的事情輾轉反側的時候，如果你能靜下心來聽一聽窗外的蛙聲，你會驚奇地發現，心無旁騖地專注於某件事情，哪怕時間很短，也會重新激發你對生活的激情和熱愛。

2. 未知和挑戰

壹心理是我投資的其中一家企業，CEO叫偉強，每當他遇到困難和壓力的時候，他就會選擇到無人區徒步幾天。他的每一次出發，都讓我們緊張不已，但這種未知和挑戰，他卻能享受其中。

未知的世界，能激發我們內心的鬥志和潛藏的力量，能喚起我們底層的核心能量。你可不可以讓你們的夫妻生活有意識地打破常規，來點冒險，去體驗一些未知的領域，讓生活增加一些變化？比如和伴侶去旅行，去冒險，去到一個陌生的地方過兩人世界？

所以，如果你想要讓自己活得有激情，那就請你為自己所做的事情增加點難度和未知的挑戰，你要付出些努力才能夠達成。

3. 變化和創新

大家有沒有發現，有些人一輩子都在用同樣的東西、吃同樣的菜、去同樣的地方上班，然後回到同樣的家。這樣日復一日、年復一年的機械生活怎麼可能會有激情呢？

而那些剛交往的情侶或者是新婚的夫妻，為什麼每天都過得充滿激情？因為為了討伴侶歡心，你會變著花樣地給對方驚喜——生日的時候為他精心準備一份禮物，偶爾到浪漫的餐廳吃一頓燭光晚餐，或者在重要節假日送上一束漂亮的玫瑰花。

可是結婚幾年之後呢，很遺憾，大多數夫妻就開始進入到千篇一律的生活中，日復一日的都是柴米油鹽。當你把日子過成了一潭一成不變的死水，激情也就變成了一件奢侈品。

如果你不想讓自己的婚姻陷入雞肋般的親情期，不想讓婚姻變成一潭死水，一點波瀾、一絲活力都沒有，那麼，有些事情你是必須要去做的。

心理學領域有一句經典的話：「在長期親密關係裡，應該自動發生的情節都已經發生了。」意思就是說，如果你不刻意去製造點什麼，就別指望你們的關係會有激情了。

想要維持長期親密關係，你就必須懂得如何有意識地喚醒激情，創造親密。回想一下，你的慾望在最初被激發的時候，是不是也因為它是未知的、新奇的、冒險的？當激情逐漸消退的時候，如果你把專注、挑戰、未知、冒險、變化和創新這些能夠喚醒激情的元素都運用到親密關係中，結果又會怎樣呢？

為什麼有的人活著活著就沒了激情？

在一開始，我跟大家講述過親密、激情和承諾分屬不同的中心。人體的能量中心大概分為三個區域：一是心區，對應親密，是情感連接的中心；二是腹區，對應激情，我們的生命力、性能量、熱情都在這個區域激發出來，是一個人生命力的體現；第三個區域是腦區，對應的是承諾，負責理性的思維。

所以，激情是屬於腹區的能量，它的底層能量就是性能量。

一提到性能量，很多人就簡單膚淺地認為是性行為。其實，性能量遠不止性行為這麼簡單，它還關乎一個人生活的方方面面，是生命力的一個直觀體現。

什麼是性？我們來看看中國古人怎麼理解「性」這個字（如下圖十六）。

左邊一個豎心，右邊一個「生」字，什麼意思？就是讓你的心生發出來，讓你保持一種生氣勃勃的活力，這叫性。所以，性並不是專指做愛這點事，它是貫徹到生命中的每一刻。比如，當艾力克斯徒手攀岩的時候，當羅靜登頂海拔八千公尺雪山之巔的時候，或者是當舞蹈家在跳舞、音樂家在演奏、你在玩遊戲的時候，這些都是一個人富有激情、生命力旺盛的表現。

如果一個人的心沒有了生氣，這個時候，他的性能量就枯竭了，激情和慾望當然也就減退甚至是熄滅了。

生命力衰減，人就萎靡不振；生命力旺盛，人

圖十六

就會活得生機勃勃。

所以，是性能量讓一個人生氣勃勃。小孩子的性能量就很足，他們瘋玩一整天也不知疲倦，渾身的精力旺盛到彷彿用不完。所以，性能量是泛指生命的能量，是人生的陽氣，而人的本性是具備生命力、創造力和向上提升的能力的。

道家有個說法，一個人的生命力體現在「精，氣，神」三者，一個人精滿，氣足，自然就有神。

這裡所說的「精」，可以理解為性能量，也就是說一個人充滿了性能量，他的氣就足，就會顯得精神飽滿，神采奕奕，生命力十足。

如果一個人性能量缺失的話，那你在他身上都感受不到一絲的活力和朝氣。這樣一個沒有了激情的人，充其量就是一條鹹魚。

那為什麼我們會從激情滿滿的一條「鮮魚」逐漸變成一條毫無生機活力的「鹹魚」呢？有兩個原因：

1. 外在因素

一個人活在壓力區或者無聊區，是很難活出激情的。

什麼叫「壓力區」和「無聊區」？我們先來看看下一頁的圖十七。

這個圖表中，橫座標代表「個人能力」，縱座標代表「事務難度」。如果你正面臨著一件非常棘手的事務，但是你的能力又不足以支撐你的雄心壯志，你無法很好地處理這件事情時，你就會感覺到「壓力山大」。

反過來，如果你是研究生、博士畢業，個人能力非常強，但是你日復一日重複的工作是在高速公路收費站收費，你會不會覺得人生太無趣、太無聊？會！因為你的能力遠遠超過了你所要處理的事務的難度，殺隻雞卻動用了宰牛的刀。

這兩個區域，一個叫壓力區，一個叫無聊區。處於這兩個區域，一個人是很難活得有激情的。

那在哪個區域，我們才會迸發出激情呢？中間這個區域，也叫激情地帶。當你的工作能力跟你所面臨的事物的難度剛好匹配，甚至於說你還面臨著一些未知的挑戰，但是你踮

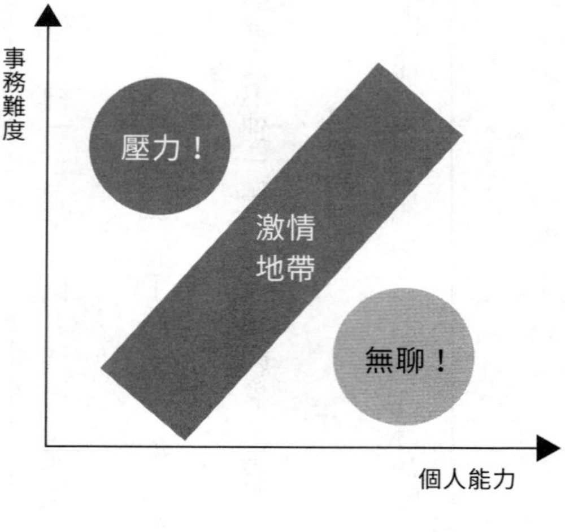

圖十七

踮腳努力一把也能夠出色完成，這個時候，你才會充滿激情和樂趣。

大家現在知道，為什麼自己玩遊戲的時候會充滿激情了？因為你打遊戲過的每一關，都是你的能力剛好能夠過關，但是你又無法輕易過關。所以，當你在玩遊戲的時候，你就會不斷地嘗試、不斷地挑戰，激情也會不斷被喚醒。

但是，如果讓你去玩一個兩、三歲小朋友玩的小遊戲，你玩起來會有激情嗎？我想，答案一定是很無聊。因為你現在的能力遠遠超過了遊戲的難度。又或者，如果讓菜鳥級別的你去玩那些遊戲高手玩了十幾年才能夠玩到的級數，你又會如何？三兩下就失敗了，你還會有繼續玩的激情嗎？很難。

透過玩遊戲這個例子，我相信大家對如何喚醒自己的激情多少有所感悟了。當你正在做的是跟自己能力相匹配，但又帶著一些未知和挑戰的事情的時候，你才能夠喚醒生命中的激情。

因為沒有難度，就沒有挑戰。沒有挑戰，就沒有激情。

所以，這也是讓你擁有激情的一個簡單的原理。

玩遊戲如此，探險和越野也是如此。

如果讓你在一條筆直且寬闊平坦，沒有任何難度和挑戰的公路上開車，你會不會有激情？不會，相反，你很容易就會打瞌睡。可是，當你把車開到荒野的時候，全然陌生的環境、未知的挑戰以及遠近高低各不同的景色，都會讓你全心投入、專心一致地沉浸在當下，在這種狀況下，你就能夠喚醒身體裡每一個細胞的活力。

2. 內在因素

如果你的思想被封印了，你是很難有激情的。

對一段關係來說，當兩個人一起冒險，一起打破原有生活規律，去做一些從未嘗試過的事情的時候，兩個人最能連接到真實的彼此，也最能活出激情和親密。道理很多人都懂，可是，為什麼有的人就是不願意去做呢？原因很簡單，被自己的思想封印了，用心理學的術語來說，就是被頭腦中的限制性信念束縛住了。

什麼叫限制性信念？就是大腦中那些讓我們行動受限的想法，這些想法會局限我們對世界的認知，讓人生更少選擇。這些想法又叫「病毒性信念」。

比如，每當節假日，我都會找一家特別的飯店住一下，體驗不一樣的生活。我住過森林、雪山、沙漠、高山、海邊，還有海上遊輪，我總是喜歡讓生活富有變化，增添些不一樣的色彩。可是，有時候我邀請某些朋友一起出去度假時，某些人會這樣跟我說：「金窩銀窩不如自己的狗窩，家裡那麼舒服，幹嘛老往外跑呢？」

就是這些想法局限了他的人生，讓他這輩子少了很多美好的人生體驗，這些想法就是限制性信念，這些想法會像病毒一樣封印你的人生。

也許有朋友會說，不是這些想法限制了我，而是我口袋中的錢限制了我。表面上看起來是這樣的，但如果你深入了解就會發現，並不是貧窮限制了你的想像，恰恰相反，而是缺乏想像力讓你變得貧窮。關於限制性信念與金錢的關係，我在另一本書《別人怎麼賺錢，是你不會的》裡面講得很清楚，有興趣的朋友可以去閱讀。

封印我們內在激情的想法還有很多。比如：

有些人根深蒂固地認為性是骯髒的、羞恥的，於是習慣性地壓抑自己的性需求，讓婚姻中的性生活變得索然無味。

有些人錯誤地認為，有了孩子之後，要以孩子為中心。殊不知，夫妻的幸福是孩子未來的榜樣，如果你活得死氣沉沉，你的行為無疑在摧毀孩子的婚姻。

有些人認為玩是一種浪費，於是他的人生只有工作，毫無生活樂趣可言，因為這樣的想法封印了自己的快樂。

你相信的，正在把你困住。這些信念就像看不見摸不著的牆一樣，把人困在這些隱形的牢獄中，走不出去。要想底層真正地充滿激情，你就必須打破信念的框架，從中走出來。

什麼叫打破信念的框架？我跟大家分享一件事。

我兒子大學畢業的時候，我們一家陪兒子策劃了一次自駕畢業旅行，租車從美國的東部一直開到美國的西岸。在路上，我問兒子說：「你學了四年的設計，學到最重要的一點是什麼？」他回答說：「學到最重要的一點是打破框架。」

我問：「什麼叫打破框架？」

他說：「遵從框架生產出來的叫『產品』，打破框架的叫『藝術品』。比如『一天吃三頓』就是框架。在遠古時代，人類的生存沒保障，那時候的人居無定所，是很難保證什麼時候吃飯的。一日三餐是農耕時代的習慣，因為農耕文明的特點是日出而作，日落而息，生活比較規律，而且勞動量巨大，需要三餐定時才能保證勞作時需要的能量。但是，現代人、都市人基本上沒有多少體力勞動，卻還是一日三餐，於是，大量都市人營養過剩，患有肥胖症。這就是框架，我們被以往的習慣框住了。

「再比如，一般來說，椅子都是四條腿的，如果你做一把四條腿的椅子，那就是產品。但是，如果你打破框架，不按傳統不按牌理出牌，製作一張一條腿的椅子，那就是藝術品了。」

這番話很有意思，人生也一樣。如果你想享受更好的兩性生活，就必須跳出原有信念的框架，破掉原來的那些規則，丟掉內在的「必須」和「應該」，從一些小的細節開始改變，比如說換個髮型、換種風格的服飾、換種口味的飲食……別讓自己的每一天停留在日復一日的柴米油鹽上，而是每天都做一些讓自己的生命有所不同的事情。

當深入骨髓的那些信念被一一打破，當你跳出了為自己所設定的框架時，你將發現一切都會豁然開朗，你和你伴侶的關係不再是一潭死水，而是充滿激情與活力。

當然，團長這裡所說的打破某些信念的框架，是指打破那些禁錮我們思想的框架，打破框架必須在遵守法律、法規和社會倫理道德的基礎上。同時，也必須在整體上取得平衡，也就是「我好，你好，大家好」的基礎上。否則，你尋找的就不是激情，而是毀滅。

激情是一種能量，要避免不必要的消耗

影響激情的除了信念，還有一種重要的東西，就是能量。

當肉體的激情被喚醒了之後，你整個人都會充滿活力，你與伴侶之間的關係也能夠從親情的境界進入到愛中的境界。哪怕你們結婚五、六十年了，你也依舊能保持一份對伴侶的激情和美好感覺。

可是，為什麼有些人總是精神抖擻，活力十足；有些人卻總是像霜打的茄子一樣沒精打采呢？區別在哪裡呢？

我們來看看道家的觀點。道家認為，一個人有沒有活力、有沒有激情，跟精氣神有關。什麼叫精？精分為先天之精和後天之精。

父母康健，基因優秀，生出來的孩子就很壯實。先天帶來的良好基因，就叫「先天之精」。如果一個孩子生下來就體弱多病，比如說，我就是一個生下來先天不足的孩子，體質很弱。那像我這樣的孩子就沒希望嗎？不是。你有沒有見過一些看起來總生病的人活得卻比誰都長壽；而有些人看起來龍精虎猛的，一旦生起病來，身體一下子就垮了，這跟什麼有關呢？後天之氣。後天之氣從哪來呢？五穀、太陽，還有空氣等，這些都是能滋養人的。比如說五穀，我們吃進肚子裡一經吸收、運化，就能產生能量。道家把運行在我們經絡裡的這種能量、養分叫氣。

先天之精不足，我們就要後天來補養。把氣養好了，精神自然就好了。

那什麼叫神呢？如果我們把精跟氣比喻成汽油，汽油燃燒之後所產生的能量表現出來就是神。一個人如果精氣充盈，雙目就炯炯有神；如果精氣不足，表現出來就像一隻得了瘟疫的雞，無精打采的，因為精氣都被消耗得差不多了。所以，激情這種生命能量除了先天帶來的，還能靠後天修煉或調養。

人這一生就是一個消耗能量的過程。道家認為，人的身體大概消化了75%的能量，而這其中，25%的能量是性消耗的，另外50%的能量是為了生存而勞動所消耗掉的。剩餘25%的能量是我們的大腦消耗掉的，從這就可以看出，我們的大腦其實是高耗能的一個器官。

大腦消耗能量有兩個途徑：

1.不穩定的情緒。

2.內在思想的衝突。

我們先來看看情緒。為什麼說情緒會消耗能量呢？

刺蝟身上長滿了尖利的刺，當遇到危險時，牠的刺會豎起來，不是為了傷害其他動物，而是保護自己。

據說動物學家曾做過實驗，他們不斷攻擊刺蝟，讓牠處於長期的危險和恐懼中，牠的刺一直豎著，三個小時後，這隻刺蝟就奄奄一息，瀕臨死亡了，因為強烈的情緒消耗了牠大量的能量。

人也一樣。你是否發現，跟人爭吵完後會很累？不僅是身體累，心也累，因為憤怒會消耗你的能量。

恐懼也是一樣，如果你總是為某些事情擔驚受怕，一直處於恐懼的狀態下，你會根本提不起精神。

焦慮更不用說了，如果你處在高度的焦慮情緒中，你會吃不好、睡不穩，這樣的狀態持續不了多久，你就會精疲力竭。

所以，情緒的平和穩定，對一個人的能量使用效率非常重要。那些在困難面前越挫越勇、不輕易放棄的人，基本上都是情緒平和穩定的人。

第二個消耗能量的漏洞是思想的衝突。

什麼叫思想的衝突？

比如，你明明想出去旅遊一下，讓自己的生活有點改變，可是，內心又怕花錢；你明明想吃頓好的，可是內在有個聲音又在責怪你不該這樣浪費；你明明知道該起床了，可是，內心還有個聲音說「再睡一會兒吧」。

你是否也會有類似的情況？想做一件事情，可是又下不了決心，一直猶豫不決？前怕狼後怕虎，拿不定主意？如果有，這就是思想的衝突。

思想的衝突就像我們內在有很多小人，他們一直在「開會」，卻無法達成一致。這些內在的小人天天打架，哪有你不消耗能量的道理。

以前的團長為什麼會活得像個木頭，了無生氣？因為那時的我做事謹小慎微，做決定前猶豫很久，總是擔心這個擔心那個，這種思想上的衝突不僅讓我錯失了很多機會，更重要的是，這種模式還會消耗大量精力，導致我像個木頭一樣，了無生氣。

今天的我就不一樣了，比如現在比較流行的直播，雖然我不具備直播的大多數條件，但直播這種方式出現後，我就毅然跟上，沒一絲猶豫，雖然目前還做得不好，但我依然信心滿滿地堅持每週一次直播，並堅定相信我能做好。

是什麼讓我改變了呢？是心理學。學習心理學後，我的自我價值感大大提升了，我不但思想衝突少了，情緒也穩定了，因此大大降低了我的能耗，提升了能量的使用效率。

為什麼自我價值的提升可以同時減少思想的衝突和情緒的波動？我們首先要了解什麼是自我價值。

自我價值感就是自己對自己的主觀評價。你怎麼看待你自己，你覺得自己是個怎樣的人，這是一種對「我是誰」的認知。

為什麼這種認知會影響情緒和思想呢？我在《圈層突破》一書中用了這樣一個比喻：現代人都離不開手機。假設有一個完全不知道手機的從亞馬遜叢林來的野人，他看你整天拿著手機，笑話你說：「你整天拿著這個玩意幹嘛，又不能砸核桃，你太蠢了。」你會不會跟他計較？你的心情會不會受他影響？

你不會，你會認為他很傻，會覺得他「有眼不識泰山」。為什麼你不會受他的影響？因為你知道自己手機的價格和價值，你百分之百相信它是有價值的。

換個場景就不一樣了。假設你是古董收藏愛好者，你最近花重金買了件古董，可能是明朝的，可能更早，你甚至無法百分之百確定它是真的。如果它是真的，它可能價值連城；

如果它是假的，你投入的巨資就化為烏有了。

這時你找了位古董專家，當你把它交給專家鑑定，他捧著它左看右看時，請問你的心情是怎樣的？

此時你內在的思想鬥爭一定很激烈，情緒也無法穩定。因為你無法確定古董的價值，它是否有價值，並不由你決定，而是由專家。專家一句話，可能讓你上天堂，也可能讓你下地獄。

商品如此，人也一樣。如果你對自己的價值不確定，你會十分在意別人的評價，你的情緒就會受他人影響，你會有一顆玻璃心，一碰就碎。當你的情緒隨環境的變化而變化，又怎能穩定呢？

但如果你對自己的價值像對手機一樣確定，別人的任何評價你都會一笑置之。你成了情緒的主人，自己的情緒自己作主，情緒就不會過多消耗你的能量了。

思想也是一樣，當你能足夠相信自己，你就不再有太多內在自我衝突，因為你不會懷疑自己，你會身心一致地把決定付之行動，不僅不會消耗能量，還可以大大提高效率，讓你的內在能量聚焦在有益的事上。意之所在，能量隨來，這樣，你就能省下大量的能量，保持對生活的激情。

一個人的幸福，來自兩個人的關係。要想與伴侶保持長期穩定又美好的親密關係，你就需要把那些與激情相關的元素，如專注、未知和挑戰、變化和創新、想像和神秘等元素重新植入到你們的親密關係中，喚醒彼此的激情。一旦激情回來了，回歸到愛中也就不遠了。

遭遇「七年之癢」時，如何重新點燃激情？

雞蛋從內打破是生命，從外打破是食物。

激情是一種生命力，必須從內在喚醒，不能從外在強加。當我們擁有這種生生不息的生命力的時候，就會像大樹一樣，每天都會長出新的嫩芽，煥發新的生機。

經過前面對激情原理的講述，我相信各位聰明的讀者已經知道如何讓你的婚姻充滿激情了。下面，給大家分享一些簡單易行的方法，讓你的婚姻生活增添活力。

增加激情的方法有很多，大致可以分為兩大類。

第一類是動類，透過某種行動喚醒激情。

1. 運動

身體健康，是產生激情的基礎。保持身體健康，我覺得最好的一個方法就是運動。生命在於運動。運動可以刺激你的身體，喚醒你身體裡的荷爾蒙，讓你每天都活力滿滿。

而在各式各樣的運動方式裡，其中有一個動作能夠很好地提升一個人的性能量，這個動作就是深蹲，不但能刺激你雄性荷爾蒙的分泌，更能喚醒你的激情和性能量。

我在前面提到了，性能量的意義與範疇要遠遠超過純粹的性，是一種生命力的展現狀態。可以說，性能量和生命力這兩者基本上是可以劃上等號的。當一個人性能量足的時候，他生命裡的每一個時刻都是充滿活力的。同樣地，一個生活充滿激情和活力的人，他的性能量一定是豐盛的。相反，當一個人暮氣沉沉，完全沒有朝氣的時候，他的生命力是非常弱的，性能量當然也是匱乏的。這樣的人能夠享受到很好的良性關係嗎？

所以，一切都從運動開始，沒有了健康，也就談不上激情。

2. 舞蹈

前面提到的蘇西老師，八十多歲了還能保持激情和活力的一個最大原因就是，她非常喜歡跳舞。在她的課堂上，她總有一股特別的魅力能引領著學員們進入到一個舞蹈的世界，因為她每時每刻都在舞動她的身體。

無論是靈活溫柔內斂含蓄的舞蹈，還是搖曳多變激情四射的舞蹈，只要一個人不斷地舞動自己的身體，他的身體就能釋放出活力和激情。

3. 音樂

我不知道大家是否去過現場看演唱會，特別是搖滾演唱會。如果你體驗過演唱會現場的氣氛，你就會發現，每一位演唱者都充滿了活力、煥發著激情。比如說汪峰，儘管臉上有了歲月的滄桑，但只要他開嗓唱起歌來，他身上的每一個細胞都向外散發著活力，整個人都是綻放的、享受的。

所以，音樂也能夠喚醒我們身體的活力，因為音樂是流動的，在流動的優美旋律裡，身體裡的每一個動感的細胞都會被帶動，生命力也跟著流動起來。

運動、舞蹈、音樂，這些都是透過動的方式來喚醒我們的激情。接下來，團長跟大家分享幾種比較靜的、能夠喚醒激情的方法。

第二類是靜類。也許很多人都認為，激情一定是要動的，一定是要充滿活力的，其實不然，有一些激情可以很安靜，在安靜中，你的每一個細胞都激情澎湃。

1. 想像

為什麼很多夫妻都逃不過「七年之癢」呢？一個重要原因就是，距離太近了，沒了想像空間。

作家蔡瀾曾說過一句話：「男女一旦共有一個洗手間，蜜月期便過去了。」確實，洗手間是愛情的墳墓。大才子李敖跟大美女胡茵夢那段轟轟烈烈的婚姻想必大家都熟知。為什麼當初愛得那麼癡狂的李敖，婚姻不過才四個月就破裂了？李敖給出的回答是，有一天，他無意間推開沒有反鎖的洗手間的門，見蹲在馬桶上的妻子因為便秘滿臉憋得通紅，實在難看。

可見，兩個人一旦關係太過融合，性就會死寂。但是，生活中的很多夫妻一旦結婚之後就各種不避諱，把伴侶當成透明的存在，上廁所不關門，洗澡不關門，還當著對方的面換衣服……久而久之，結婚之初的那種神秘感、美好想像便消失殆盡了。這就是為什麼生活在一起很多年的夫妻，即便是赤裸相對也不會血脈賁張、立時性起，反倒是穿得若隱若現更能引人遐想，更能提高雙方的性趣。要知道，兩個人太熟悉後就沒有了新鮮感，就會向外尋找性。

距離產生想像，而想像產生美。所以，與對方保持適度距離，維持一點兒神秘，彼此擁有各自獨立的空間。當你能夠做到這一點的時候，我想你們的關係就能重新找回激情。因為空間是性的必要條件，只有當你們是兩個獨立的、不同的個體時，你們才有彼此之間的空間來安放激情。

對親密關係來說，我們更需要有一個想像的空間來喚醒自己內在的激情。

2. 按摩

有句話叫「不用則廢」，我們的身體也是這樣。其實，我們的身體原本是很敏感的一個器官，就像地震來臨前，螞蟻會搬家；下暴雨前，蜻蜓會低飛一樣，人類原本也具備這樣的感知能力，只是我們平時用腦比較多，身體動得比較少，長期如此，有些功能便開始變得遲鈍甚至是退化了。

怎麼喚醒身體裡那些逐漸退化的功能呢？按摩是一個好方法。

這裡說的按摩，不是傳統中醫講的經絡按摩。經絡按摩是非常痛的，可能會讓你很難受，並不一定能夠喚醒你的激情。

我說的按摩是一些比較高品質的SPA，比如，伊莎蘭按摩——一種有愛的按摩。這種按摩最好是夫妻之間互相來做。這種按摩的原則就是，輕柔的，有愛的，同時按摩者的兩隻手從按摩開始到按摩結束都不能夠離開對方的身體，總有一隻手與對方的身體是保持著接觸的。

當你身體的每一寸肌膚都被對方輕柔而有愛地撫摸著，他的手撫摸到哪裡，你那個身體部位的生理機能就都被刺激了，你會感覺很舒服，身體也會變得更加敏感。只有敏感的身體，才能體驗到激情，才能享受到讓你動容的兩性關係。

一個真正的按摩高手，他的內心是充滿愛的，他那雙手撫摸你的身體的時候，會讓你感覺到暖暖的愛意。因為人的身體其實是渴望被撫摸的。所以，如果你愛你的伴侶，不妨帶著深深的愛，透過按摩，去喚醒他那沉睡的身體，幫助他重新找回激情。

3. 呼吸。

人在一呼一吸之間能夠吸進大自然中的氧氣，而氧氣能夠滋養我們的生命，讓我們保持活力和激情。所以，呼吸是調整身體最有效也是最快速、最廉價的一個方法，因為空氣是免費的。

但可惜的是，絕大多數人的呼吸都是淺的、短的、快速的，吸進去的氧氣僅夠維持我們的生命，多一點都不願意吸了。請你留意一下你身邊的人，那些焦慮的、恐懼的、無精打采的人，他們的呼吸狀態都是這一種。

但你看看那些生命力旺盛的人，他們的呼吸一定是深沉的、長的、慢的，他們一口氣吸到丹田，讓身體充滿氧氣，他們吸入的氧氣是一般人的好幾倍。

人體內有兩組神經：交感神經和副交感神經。交感神經是讓我們興奮的神經，比如當我們演講、比賽的時候，它就會興奮，帶給我們力量、信心和勇氣；而副交感神經是讓我們放鬆的神經，讓我們進入安定、放鬆的狀態。

對於大多數人來說，並不知道如何調整這兩組神經，所以才會導致晚上該睡覺的時候興奮，不停滑手機；白天該拚搏的時候疲累，只想躺平。

如何才能掌控自己的狀態，讓自己保持激情呢？

要先學會調整自己的呼吸，呼吸方式有兩種：

1.腹式呼吸：吸氣肚子鼓起，呼氣肚子收緊。腹式呼吸可以啟動副交感神經，讓我們處於一種放鬆的狀態。所以，當你需要放鬆、睡覺時，可以採取腹式呼吸。

2.逆腹式呼吸：吸氣肚子收緊，呼氣肚子放鬆。逆腹式呼吸可以啟動交感神經，讓我們充滿力量和勇氣。所以，當你需要力量時，你可以採用逆腹式呼吸。

當你明白了這兩種調節神經的方式，就像你找到了自己內在的能量開關，當你需要動力的時候，就可以透過逆腹式呼吸讓自己更有力量。相反，晚上入睡前如果思緒繁雜，就可以透過腹式呼吸讓自己平靜下來，養精蓄銳。

本章小功課

如果你希望你跟伴侶之間能夠重燃激情的火焰，請完成下面的功課：

1.覺察：對照本章講述的原理，看看自己缺乏激情的原因是什麼？是受外在的環境影響呢，還是受內在的限制性信念的限制？抑或是自我價值不足導致的能量消耗？承認是成長的開始，先看見自己在哪裡，才能達到要去的目標。

2.本章提供的方法，你準備用哪種方法來提升自己的激情呢？

3.激情的三個關鍵詞——變化、創新，還有挑戰。如果你真的愛對方，就要不斷地做一些改變，讓另一半有眼睛一亮的感覺，這樣的話，我想你的生活一定充滿激情。你願意為你所愛的人做出哪些改變呢？

最後，與大家分享完形心理學領域的一首著名小詩，只有短短三行：

讓我們墜入愛河吧！
不過，
你先來。

這首小詩把愛的真諦說得淋漓盡致。「只要你改變，我一定願意改變。」可是，當兩個人都在等待對方改變的時候，那誰來先邁出第一步呢？不是你，又是誰呢？不是現在，又是什麼時候呢？

改變是不容易的，但改變是值得的。希望大家都勇敢地踏出改變的第一步，那等待你的將是煥發著生機和活力的激情人生。

Chapter 4

承諾：讓親密關係可以長久的力量

一段好的婚姻，承諾必不可少

一段完美的愛情和婚姻關係，激情、親密和承諾這三個元素是缺一不可的。在前面，我們講了親密和激情。從這一章開始，我們要聊的是三要素中關於「承諾」的部分。

在西式的婚禮上，我們經常會見到讓人感動的一幕：

牧師：「新郎×××，你是否願意娶×××，作為你的妻子，無論是順境或逆境，富裕或貧窮，健康或疾病，快樂或憂愁，你都將毫無保留地愛她，對她忠誠，直到永遠嗎？」

新郎：「我願意。」

牧師：「新娘×××，妳是否願意嫁給×××，讓他作為妳的丈夫，無論是順境或逆境，富裕或貧窮，健康或疾病，快樂或憂愁，妳都將毫無保留地愛他，對他忠誠，直到永遠嗎？」

新娘：「我願意。」

多麼讓人感動的承諾！

可是，婚禮是感人的，現實是殘酷的，數據顯示，全國的離婚率正在逐年上升，我從網路上摘錄一小段資料讓大家感受一下現實的殘酷：

從二〇〇三年到二〇一九年，我國離婚率已經連續十七年上漲，比如二〇一九年我國離婚對數已經超過四七〇萬，同比增長5.4%，離婚率達到3.4%。如果按照結婚對數跟離婚對數的比例來看，大家會發現離婚率更高，比如二〇二〇年全國結婚登記人數為八一三萬，對應的離婚登記人數為三七三萬，離婚占結婚比例為45.9%。

上面這一小段資料意味著什麼呢？我來幫大家解釋一下。離婚率3.4%的意思是，在一千個人中（包括新生嬰兒和老人）有近三．四人離過婚。離結比46%又是什麼意思？當年有一百對夫妻結婚，同年有約四十六對夫妻離婚，也就是說，在結婚的人中，有大概一半的人會離婚。

本書並不想研究人為什麼離婚，團長本人也並不反對離婚，只要用心理學的原理跟大家探討一下，為什麼有些人能遵守承諾，而有些人不能遵守承諾，以及如何才能增加婚姻中的承諾。

對於違背承諾的人，社會輿論會認為那是渣男或者渣女，基本上是大壞蛋才會有的行為。我原來也是這麼認為的，直到我遇到一位學員，為了方便講述他的故事，我幫他起一個名字叫「吳源澤」吧。

吳源澤是我們一位老學員，他是一家規模不小的服裝公司的老闆，不僅人長得帥，而且才華橫溢，只要他來到我們班，班裡的班服、徽標、畢業晚會都由他一手設計。他不僅愛學習，而且熱心助人，經常會回我們的課堂做助教，因為他的熱心和才華，老師和同學都很喜歡他。

我也十分喜歡他，經常讓同事邀請他來做我的課程助教，我個人比較偏理性，有他在，我的課程會變得感性很多。但有一天，有另外一位老學員向我提出抗議，他帶著憤怒質問我：

「團長，你認為你是在幫人還是在害人？」

我說：「當然是在幫人啦！心理學怎麼會害人呢？」

他說：「那你為什麼總讓吳源澤來做助教？」

我一頭霧水，問：「吳源澤怎麼了？」

他說：「你不知道吳源澤在每次課程後都跟一位女同學發生關係嗎？而且每次都是班上最漂亮的那位，有時候還是有夫之婦！」

這個我還真的不知道，我只知道那段時間吳源澤處在離婚階段，而且，聽說他經常離婚，已經離過好幾次婚了。

這位同學提出這個問題之後，我主動約吳源澤吃了一頓飯，因為我們的關係不錯，所以藉著點酒意，我轉述了那位同學對我提出的質問，向他求證，問他是否是真事，他毫不掩飾地回答我說是真的。

當時我有點生氣，帶著情緒質問他：

「你怎麼可以這樣玩弄女性呢？」

我至今還記得他當時的樣子，他一臉無辜地看著我，對我說：

「團長，你是我的老師，你怎麼能說我玩弄女性呢？我們是真愛啊！」

「既然是真愛，可是為什麼你們不長期在一起？」我繼續追問。

「可是後來又不愛了啊！」他依然一臉無辜。

「每一個都是真愛嗎？」我沒有放過他。

「當然，如果不愛，我們怎麼會在一起呢？」

我無語了。吳源澤是一個真誠的人，從他的表情和語音語調中，我看不出半點撒謊的跡象。也正如他自己所說的，像他這樣的人，誰跟他在一起都會痛苦，所以，他從不輕易結婚，但結婚之後，他總是輕易離婚。

我跟大家講這個故事，並沒有半點為吳源澤開脫的意思，只是我無論如何也無法把他跟「渣男」兩個字聯繫在一起。雖然，他的行為會讓很多人覺得很「渣」。當然，他也為自己這個「愛」的模式付出了足夠的代價：聽一位學員說，有一次，他的某一任太太發現了他出軌的證據，把他和他的母親趕出了家門，並且把他們母子所有的私人物品從陽台丟到了樓下。

吳源澤已經是年過五十的人了，推算一下，他的母親已是將近八十歲的老人了，一位年過半百的男人帶著一位八旬老太太在風中收拾行李，然後到處找飯店的畫面想想都有點淒涼。這也許就是粵語裡所說的「有幾多風流就有幾多折墮」的報應吧？

可是，就算這樣一個極具衝擊力的畫面也沒有改變他這方面的行為模式，後來還會偶然傳來他結婚、離婚的消息，只是，我再也不敢請他回來做助教了。

從這個案例中我們可以知道，生活中並不是壞人才會違反承諾的。從數據中也可以看到，既然離結比高達46%，但總不至於將近一半的人都是壞人吧？

反觀一些動物，比如天鵝，牠們對愛情忠貞專一，堅守一夫一妻制，總是出雙入對，而且當另一半去世後，牠們會變得鬱鬱寡歡，有的絕食殉情，有的撞牆自盡。

為什麼天鵝都可以做到專一專情，有些人卻做不到專一呢？

為什麼有些人很輕易地就選擇了離婚，有些人卻能夠跟伴侶白頭偕老呢？

如何才能讓我們的婚姻真正做到有所承諾呢？在承諾這個板塊，心理學是否有解決方案？

回答大家之前，我們先來看看什麼是承諾。

承諾是人類權衡利弊之後做出的理性選擇

要想知道承諾是什麼，我們先得弄清楚我們為什麼會做出承諾。

很多人把對伴侶忠誠歸結為道德高尚的結果。那忠貞不渝的天鵝難道是因為牠受過良好的思想品德教育嗎？顯然不是。一個人對另一半忠誠，跟思想道德品質高不高尚其實並沒有多大的關係。黑社會的人也會遵守承諾，所以不一定是好人才會信守承諾。我們要理性地看到這一點。

那承諾到底跟什麼有關呢？當我們做出承諾的時候，我們的大腦是如何運作的呢？

NLP有一個工具叫「理解層次」，是由美國心理學家羅伯特・迪爾茲發展出來的，他把人類大腦的具體運作分成六個層次（如下圖十八）：

簡單來說，就是他發現人類的思考有六個層次，分別是：環境、行為、能力、信念與價值觀、身分和靈性。下面分別向大家詳細介紹：

1.環境：環境就是在哪裡？你們現在在哪裡看這本書？是在家裡還是書店？這就是環境。

2.行為：行為就是做什麼？你正在看書，對吧？看書就是一種行為。

3.能力：能力就是怎麼做，用什麼方法做，你擁有什麼才華。比如現在正在看書的你，你之所以能夠看書，是因為你懂中文，具有閱讀的能力。

4.信念與價值觀：信念就是那些你會賴以行動的想法，是行為的指南針，是一個人的行為準則。價值觀是你認為什麼是重要的，是一

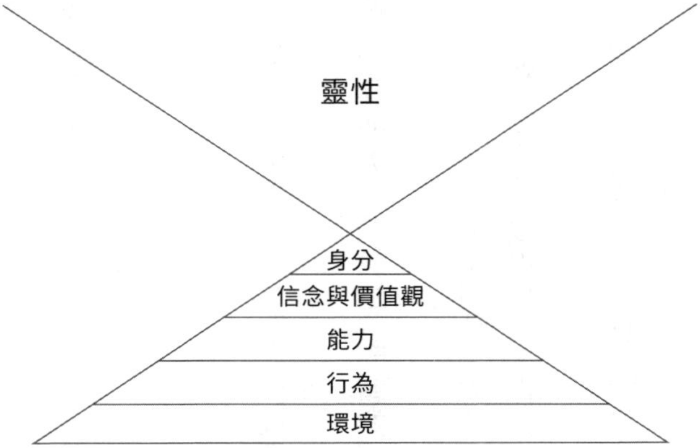

圖十八

個人動力的來源，你做或者不做什麼的判斷標準。

思考信念層面的問題通常會問：「為什麼？為什麼要這樣做？」當你問一個人為什麼要做一件事時，得到的答案通常就是信念。

比如，你為什麼會看這本書？此刻你心中的答案是什麼？也許是：

「學習可以改變我的婚姻狀況。」

「看書可以找到增加親密的方法。」

「別人有婚姻的解決方案。」

不管是哪一個想法，這些都是信念。信念是一個人的行為準則，是一個人做或者不做什麼的依據。

5.身分：所謂身分就是「你是誰」？你想成為一個什麼樣的人？關於這些問題的答案就是你的身分。

6.靈性：靈性就是為了誰？是一個人與他人及世界的聯繫方式，你是用什麼方式跟這個世界連接的。人注定會改變世界，不是讓世界變得更好，就是讓世界變得更糟。你是為他人及世界提供貢獻的還是造成麻煩和破壞的？這就是靈性。

這六個層次是相互影響的，「環境」會影響「行為」，相反的，「行為」也會影響「環境」。但層次越高，對下面的層次的影響力就越大。

違反承諾是一種行為。一個人做或者不做破壞承諾的行為，取決於他思想的最上面三層。

最具決定性的是「靈性」層面的思考。一個靈性高的人，是不願意給別人增添痛苦的，因為靈性高的人是與他人和世界合一的，別人的痛苦就是自己的痛苦。

一個靈性高的人做事是整體平衡的，也就是他會考慮大家的利益和感受，做事會以「我好，你好，大家好」為原則。

其次就是「身分」，你把自己定義是一個什麼樣的人，你希望別人怎麼看你？一個人如果把自己定義為遵守承諾的人，那麼他就會在行為層面遵守承諾；相反的，一個人如果把自己看成是個不受約束的人，那麼，他在行為層面就會有意無意地破壞承諾。

然後是信念層次。信念是一個人做或者不做一件事情的行為準則。什麼承諾？承諾就是堅持一個原則，用信念把自己放在一個框架中，是理性權衡利弊後的決定。承諾是大腦的選擇，是理性的力量，是人類發展到今天的智性之光。

婚姻制度，從某種意義上來說，是一種約束，是夫妻雙方共同遵守的一個契約，也是一個框架。一旦你走進了這個框架，就意味著你「放棄了其他可能的選擇」，主動留在這段關係裡，忠於自己的伴侶。所以，堅守一夫一妻制度並不是道德高尚的表現，僅僅是大腦理性的選擇。

從生物進化的角度來看，人類產生初期並沒有所謂的「一夫一妻」這樣一種婚姻制度，只是人類發展到了現在的文明程度，大腦開始高度發達並開始懂得理性地權衡利弊之後的自然選擇。

既然婚姻是一種約束，那為什麼會有婚姻這種東西的出現呢？特別是「一夫一妻」這樣的婚姻制度是怎麼來的呢？團長不是歷史學家，也不是社會學家，所以，只能從進化心理學的角度談談自己的粗淺看法。

有部電影叫《狼圖騰》，是根據同名小說改編的。小說裡面有一章讓我印象非常深刻——隨著幼馬的長大，到了發情的時候，馬群裡的頭馬就會想盡各種辦法把正在發情的年輕公馬趕出馬群。可是，小公馬怎麼願意離開自己從小生活的圈子？於是，為了趕走牠們，頭馬用牙咬、用腳踢，用盡了各種殘忍的手段。那一幕描寫得非常生動和血腥。

頭馬為什麼要這麼做呢？因為牠害怕小公馬會跟自己的姐妹進行交配。我們都知道近親結婚的嚴重後果。如果小公馬跟自己的姐妹發生交配，後一代出現畸形的可能性就非常高。

連馬都懂得為了種族的健康繁衍而做出有利於馬群的選擇。作為高等動物，人類當然也不例外。我們都知道，性生活如果是混亂的，後果將是嚴重的——近親結婚的結果是，後代因基因變異產生先天性殘疾的可能性非常高。

除了繁衍的因素之外，混亂的性行為還會導致性病的流行，而且，有些性病是致命的。為了後代的健康，為了安全，人類在進化的過程中，慢慢形成了今天的婚姻制度。所以，婚姻制度是動物進化到某個高度之後自然做出的選擇。

既然婚姻制度是人類發展到今天的最優選擇，那為什麼仍會有那麼多的人破壞承諾，破壞婚姻？

這跟馬路上的紅綠燈原理是一樣的。紅綠燈也是社會發展到一定程度後的產物，以前的馬路上並沒有紅綠燈這種東西，有了紅綠燈後，不管是對開車的人還是對過馬路的行人來說，無疑是一種約束，那為什麼人類還要發明紅綠燈來限制自己呢？

幾十年以前，馬路上確實不需要紅綠燈。可是，隨著城鎮化的發展，聚居在一起的人群開始增加，城市裡馬路上的人和車越來越多，如果沒有紅綠燈，十字路口的交通就會混亂。為了保障交通順暢，於是有智者發明了紅綠燈制度。

紅綠燈的出現，在保障了群體的利益的同時，也會對個體的自由有所約束。作為一個個體，如果罔顧紅綠燈的規則，確實會得到更多的自由，但他的自由是以破壞他人利益為代價的。所以，為了保障交通順暢，社會會對違反交通規則的個體予以懲罰。

婚姻制度也是一樣的，也是人類進化到一定程度後發展出來的制度，這種制度的出現，是為了保障大眾利益的。作為個體，如果破壞承諾，無疑會獲得更多的自由和個人利益，但是，這種利益很可能是以損害他人利益為代價的。

破壞承諾最尋常的行為是出軌。一說到出軌，大多數人都會以為這是男人的專利，其實，從心理學角度來講，男人女人都一樣，人人都有出軌的可能。因為人類從本質上來說是一種高等動物，但高等動物也是動物，也會有原始衝動，這是自然的本能。所以，你對異性有感覺，證明你是健康的、是正常的。如果你對異性沒感覺，那才是真正地有問題，說明你要嘛身體不健康，要嘛心理不健康，因為你習慣於壓抑自己。對於這一點，夫妻之間要坦然地去承認這一點。

你對婚姻以外的異性有原始的衝動，但你能夠用理性克制你的衝動，發乎情，止乎禮，依然選擇忠誠於你的伴侶，因為你也希望自己的伴侶能跟你一樣，尊重並忠誠於彼此之間的選擇，這就是承諾。

遵守承諾等於選擇接受部分約束，會失去部分自由。但破壞承諾是有代價的，肉眼可見的代價是家庭破碎、財產分割、孩子的心理健康會受到影響……還有無形的代價是心理受傷，從此對婚姻失望，選擇一個人孤獨終老等。無論是有形的還是無形的，破壞承諾的後果無異於一種災難。

自由會帶來代價，得到的同時也會失去。這就像有白天就會有黑夜一樣，有一利就會有一弊。

所以，承諾是人類發展到一定階段的一種智性之光，是人類權衡利弊之後做出的理性選擇。

遵守承諾等於失去自由嗎？

我觀察到很多心理學老師，特別是西方心理學老師都在宣揚一種觀點——尊重自己內心的選擇，這樣確實能夠讓人得到解放，但是它會給人、給家庭、給社會甚至是整個民族帶來很多的問題。

如果僅僅站在「我」的角度，一般人是不會輕易做出承諾的，因為對大部分人來說，承諾就意味著失去自由。可問題是，很多人就是因為不願意給出承諾，一輩子都孤獨地漂泊在尋找的路上，離他真正想要的自由越來越遠。

承諾的代價真的就是失去自由嗎？從表面上看，承諾會失去部分的自由，因為你做出了承諾，就得信守承諾，為了一棵樹而放棄一整片森林。實際上，承諾是自由的一個保障。為何這樣說呢？拿十字路口的紅綠燈來說，紅綠燈是不是限制了你的通行自由？可是，如果繁忙的十字路口沒有了紅綠燈呢？一片混亂，你更沒自由了。

正因為有承諾，我們才得以獲得更大的自由。

我曾寫過一篇文章叫〈沒有自律，談何自由〉。我到過幾十個國家和地區，讓我感覺到最放心的國家是新加坡。這個國家基本上沒有小偷，因為有殘酷的鞭刑。我即便是大晚上一個人背著包走在新加坡的街頭，也感覺到很踏實、很愜意、很自在。

而最讓我恐懼的，卻是被稱為最自由的西方國家——義大利。我曾兩次組團去義大利，兩次都有團友被偷。走在義大利的街頭，我整個人都是緊繃被束縛的狀態，根本無法真正做到自由自在地行走。

在以律法嚴苛著稱的新加坡，遵紀守法的你能享受到最大限度的自由。而在所謂的「自由國度」，你卻無法感受到真正的自由。

所以，承諾表面上看會失去部分自由，但它其實是自由的保障。

對婚姻制度來說也是如此。表面上看，婚姻不僅僅是雙方對彼此的承諾——忠誠，它還意味著法律與道德意義上的約束——關係的排他性，走進婚姻就彷彿是走進了一座圍城。因為害怕走進「牢籠般」的圍城，越來越多的人對待感情的態度是「不主動，不拒絕，不承諾」，結果到最後，他們往往會孤獨終老，失去了很多生而為人的樂趣。

婚姻制度確實會讓個體失去部分自由，但，它也是自由的保障，因為婚姻制度的出現，避免了倫理上的混亂。在婚姻這座所謂的圍城裡，你在失去有限的自由的同時，也獲得了更多的好處。

破壞承諾是個體意識；遵守承諾是整體意識，是一種顧全大局觀，是飛鳥視野，是站在一個更高的維度來看這個世界並做出的選擇，是出於長遠利益的一種考慮。

為什麼山盟海誓到頭來會變成「空頭支票」？

前面我們講清楚了，承諾是人的理性選擇，是智性之光。可是，為什麼有那麼多的人會破壞承諾呢？

既然承諾是一種理性的選擇，破壞承諾當然就是非理性行為。

什麼是非理性行為？非理性行為就是那些由非理性信念導致的行為。

什麼是非理性信念？非理性信念是由美國心理學家亞伯·艾里斯在一九五五年首次提出的，非理性信念是指那些引發個體情緒失調和行為失常的偏頗想法，其特性為無彈性、非事實依據、不合邏輯。非理性信念是不合理的、誇張的、絕對化的、完美主義的、缺乏清楚思考的、易引起負面情緒及造成困擾的荒謬想法。

艾里斯認為人天生就具備了非理性的人格傾向，因此每個人的思考或多或少都以某種無效或頑固的方式進行，再加上父母、師長或傳媒的影響，因而產生了許多不合理、不具邏輯性或與事實不符的非理性信念。

非理性信念主要有以下四大特徵：

絕對化

即從自己的主觀願望出發，認為某一件事件必定會發生或不會發生，常常帶有「必須」和「應該」的特點，講話時也常常帶有「必須」、「應該」等字眼。持有這種非理性信念的人很容易產生失敗感和挫折感，導致失落、自責或受到憂鬱等情緒、行為的困擾。

比如，在婚姻中會有如下這類信念：

「你必須在我生日時送我禮物，否則，你就是不愛我！」

「你應該懂我，你連我想要什麼都不知道，跟你生活還有什麼意思？」

「你必須按我的方式去做，否則我們就離婚。」

當你內心有一個「必須」或者「應該」式的想法，而對方並沒有按照你的「應該」去做時，也就是說，現實中的「如是」與你心中的「應該是」就會發生衝突，你就會感到痛苦，產生一系列不良情緒，在情緒的推動下，你可能會做出非理性的行為。

還記得在前面「冰山原理」那邊我講過林文采博士那個個案嗎？案主因為先生在她生日時沒給她買蛋糕，因此決定跟先生離婚，這就是典型的非理性行為。

極端化

先說一個故事。

有位女案主在找我做婚姻諮詢時，說她現在受不了她老公那聒噪的吉他聲和他那走調的歌聲，她老公一抱起吉他，她就煩。但不知為什麼，當年老公追她的時候，她卻感覺他的吉他和歌聲那麼好聽。

她還記得，老公是她大學的學長，比她高一個年級。當年為了追她，每天抱著吉他在她宿舍的樓下給她唱歌，好多舍友都受不了他的歌聲，紛紛用礦泉水瓶砸他，要把他趕走，唯獨她覺得他的歌聲十分動聽。

為什麼會這樣呢？這就是極端化的例子，當年由於荷爾蒙的作用，她只看到對方美好的一面，遮蔽了不好的一面；而現在，由於某種原因對老公感到失望，就反過來只看到老公不好的一面，遮蔽了好的一面。

這種非黑即白，執於一端的現象就是極端化。這類信念常見於兩大效應。

第一種叫光環效應，光環效應又稱暈輪效應，是指在人際相互作用過程中形成的一種誇大美好一面的社會印象，正如日、月的光輝，在雲霧的作用下擴大到四周，形成一種光環現象。心理學中的光環效應常表現在一個人對另一個人（或事物）的最初印象決定了他的總體看法，從而看不準對方的真實品質，由此形成一種好的「成見」。

光環效應在初戀時最為常見，那段時間由於荷爾蒙的作用，會無限放大對方的優點，無視對方的缺點，在你眼中，他幾乎是完美的存在。

光環效應在出軌時也會起作用，由於距離所產生的美化效果，別人的老公/老婆都是完美的。

在光環效應的作用下，人會產生非理性行為。比如，不少少女為了一個想像出來的完美對象，不惜對抗父母的反對毅然與對方私奔，最後遺憾終身；也有人因為別人老公／老婆的幾句溫暖的關懷而誤以為這個人才是完美的伴侶，甚至以身相許，導致家庭破碎。

第二種叫號角效應，又稱為「惡魔效應」或「魔鬼效應」。與「光環效應」完全相反，是指在人際相互作用過程中形成的一種反向誇大的負面印象，就像中國人看妖怪一樣，一旦認為你是妖怪，你所做的一切都是不好的，常表現在一個人對另一個人（或事物）一旦形成了不好的印象，就會形成一種全盤否定的「成見」。

號角效應常發生在關係的失望期，當一方對另一方感到失望時，就會放大對方的缺點，遮蔽對方的優點。在這種非理性效應的作用下，一個人很容易會產生衝動情緒，從而導致離婚、出軌等違反承諾的行為。

以偏概全

即憑藉自己對某一事物所產生的結果的好壞來評價自己或他人的價值，表現為：一方面對自己的非理性評價，常常憑自己做某件事的結果好壞來評價自己為人的價值，其結果就是自暴自棄、自責自罪，認為自己一無是處而產生焦慮和憂鬱情緒；另一方面對別人的非理性評價，別人稍有差錯，就認為他很壞，其結果就是一味地責備他人，並產生敵意和憤怒的情緒。

在婚姻中，以偏概全的現象比比皆是。比如伴侶某一次忘記了自己的生日，就會認為對方不愛自己了；一次犯了一個小錯，就判斷對方是個渣男／渣女；一次遲到就認為對方是個不講信用的人。

不管是哪一類非理性信念，都會導致破壞承諾的行為，給對方造成傷害。而且，這種傷害遲早有一天會反饋到自己身上，因為，任何缺乏整體平衡的行為，都會害人害己。

合理化

所謂「合理化」，其實就是一種自我欺騙。

當一個人在騙自己的時候，他並不知道自己在說謊。心理學研究發現，人們總想證明自己是對的，當人們一旦認定了某件事，或設定了某個目標後，可能環境已經發生了巨大的改變，原來的目標就算已經變得很荒唐，但為了證明自己是對的，人們總會找某些理由為自己開脫，使自己心理上得到安慰，從而看不到真正的事實。

合理化是心理防禦機制的一種，在無意識中，人們會搜集證據為自己的行為做合理的解釋，以掩飾自己的過失，緩解焦慮帶來的痛苦和維護自尊免受傷害。合理化表現通常有如下三種：

1.酸葡萄式：這個機制引申自《伊索寓言》裡的一段故事，對於狐狸來說，吃不到的葡萄都是酸的。人類也一樣，當所追求的東西因自己能力不夠而無法取得時，就加以貶抑和打擊，這種合理化模式稱為酸葡萄式。

2.甜檸檬式：狐狸吃不到葡萄，肚子又實在餓，就摘了一個酸澀的檸檬充飢，邊吃邊說檸檬是甜的。有時人們也會像這隻狐狸一樣，當我們無法得到更好的東西時，就會發展出另一種防衛機制，企圖說服自己和別人，自己所做的或擁有的已是最佳的抉擇，努力去強調事情美好的一面，以減少內心的失望和痛苦，這種防衛機制會妨礙我們去追求生活的進步。

3.推卸責任式：這種防衛機制是指將個人的缺點或失敗的責任，推給其他人或環境，從而讓自己的心靈保持平靜。這種方式在婚姻中最為常見，在兩性關係中，我們總會把責任推給另一方，總認為問題是由對方造成的。

以上三種合理化表現其實都是在說謊，只是這種說謊並不是欺騙別人，而是在欺騙自己。這個欺騙自己的過程，就是「合理化」。合理化是找藉口讓自己內心更好受的一種非理性思維方式，實際上是一種自我欺騙，這也是導致婚姻破裂的一個原因。

如何才能增加婚姻中的承諾

既然非理性信念會讓人受苦，那該怎麼辦呢？

面對非理性信念，最好的方法就是盡可能地讓其理性，也就是讓當事人看清楚事情的真相。當然，沒有絕對的真相，我們能做的是盡可能地無限趨近於真實。

什麼是「理性」？我在《別人怎麼對你，都因為你說的話》一書中對理性已做了詳盡的講解，下面摘錄小部分，讓本書變得完整。

什麼是理性？理性和非理性相對，指按照事物發展的規律和自然進化原則來考慮問題。理性思維下，人們處理事情不衝動，不憑感覺做事情，而是冷靜地面對現狀，並全面了解現實，分析出多種可行性方案，再判斷出最佳方案並訴諸行動。

法國哲學家、數學家笛卡兒是理性的代表人物，他是二元論及理性主義者。他所發明的卡氏座標系至今還廣為使用。什麼是卡氏座標系？如下頁圖十九所示：

對於那些不喜歡數學的讀者來說，我猜他們馬上會想：這是一個數學座標，跟我們生活有什麼關係呢？先別急，我換一張圖馬上就有關係了（見下頁圖二十）：

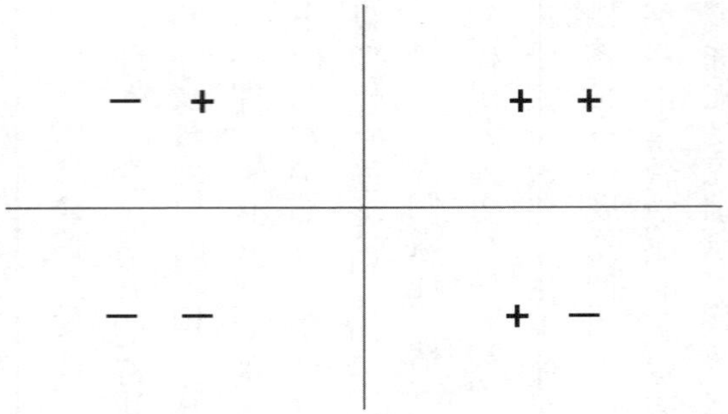

圖十九

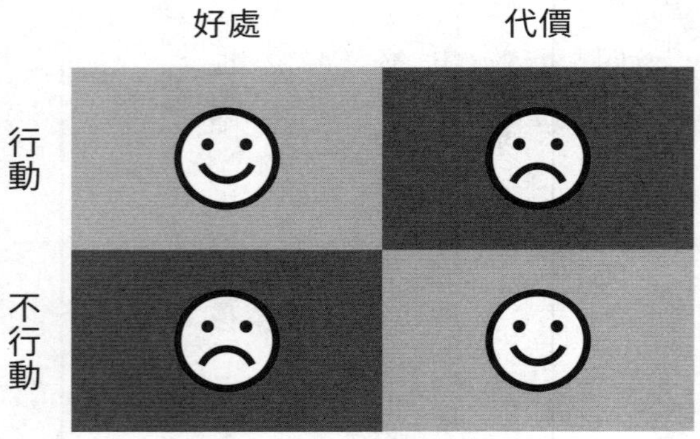

圖二十

做或者不做一件事，一定有它的好處和代價。比如，假如你有一位朋友婚姻遇到了問題，他問你：「我是否應該離婚？」

你該如何回答呢？這是一個兩難的問題。如果你回答「離」或者「不離」，然後找理由證明你的觀點，這就是「合理化」，是一種非理論的行為，因為，從卡氏座標系裡你可以看到，你只是看到了四個象限中的一個，就像中國經典故事〈盲人摸象〉中的盲人那樣，你的認知是狹窄的、片面的。

那理性主義者會如何回答這個問題呢？他會問如下四個問題：

1. 離，有什麼好處？
2. 離，有什麼代價？
3. 不離，有什麼好處？
4. 不離，有什麼代價？

問完這四個問題之後，他會反問朋友：那你離，還是不離？

從上述的案例中可以看到，理性思維已經比合理化全面太多了，可是，這依然是不夠的，因為卡氏座標系雖然有四個象限，但依然是平面的、二維的。在二維的世界裡，不管如何擴展，依然還是有限的。比如土地，就算你不斷拓寬你的領土，你最大限度也不過是擁有整個地球。但如果你增加一個向上的維度，你可以擁有整個宇宙。所以，維度越低，局限越大。

避免破壞承諾的小方法——反擊其身

在講述這個小方法之前，先跟大家分享《吠陀經》中的一個故事：有十個無知的人，他們一起過河。過河後，每個人都要點數量，看看是否有人落下了。他們每個人點出來的人數都是只有九個人，少了一人。他們都很痛苦悲傷，一起哇哇地哭。有一個人路過這裡，看到他們在那裡哭，問清了緣由後，他也數了數人數，是十個人啊，你們怎麼數的只有九個？原來，他們數人的時候只數別人，唯獨沒有算上自己。

這讓我想起了自己的一次親身經歷。有一次，我帶女兒去北京遊玩，由於一直鍾情於北京四合院，於是去之前就訂了一家四合院落腳，環境比較幽靜，裡面住的大都是對中國文化感興趣的外國人。有一天午後，大人們都在午休，幾個小朋友在院子裡玩，聲音有些吵鬧。

不一會兒，一位中國媽媽走到孩子們面前，大聲喝斥了那幫孩子：「不要吵！給我安靜！你們這樣吵鬧，會影響外國朋友休息的！」其實，最吵的恰恰是她自己。結果，正是她的那句話，把左鄰右舍的住客都給吵醒了，然而，她自己卻沒有意識到這一點。

在婚姻中，這種現象頗為常見——我們只會看到伴侶的問題，卻對自己的問題視若無睹。正因為這樣的盲點，導致了婚姻中的非理性行為。

這就是我們的習性，我們都很容易看到別人，特別是別人的缺點，但唯獨對自己的缺點視而不見。那怎麼辦呢？如何才能看見自己？

在心理學中有一個方法叫「反擊其身」，對於讓一個人看見自己會有所幫助。

我們先講一個故事：

孔融讓梨的故事，我們都很熟悉。孔融是東漢末年的大文學家，「建安七子」之一，他小時候除了孝順，還非常聰明。十歲那一年，在一次名人雅士的聚會中，孔融語出驚人，在場的人紛紛誇獎他，有一個叫陳韙的很不以為然，他說：「小時了了，大未必佳。」意思是小時候聰明，長大了未必就能出眾。孔融聽後，應聲答道：「想君小時，乃當了了。」他順應陳韙的邏輯，表面上誇讚他小時候一定很聰明，實際上是貶損他現在不出眾，一句話堵得陳韙張口結舌。

這個故事中，孔融回擊別人攻擊的技巧就是「反擊其身」——以其人之道，還治其人之身，借用對方的邏輯，推翻對方的觀念。

這種根據信念所定義的邏輯，或信念所陳述的標準，重新評估信念的方法，叫「反擊其身」。

所謂的「反擊其身」就是就順著對方的邏輯去破掉對方的信念。這個技巧適用於對方強詞奪理的時候，他的信念看起來無懈可擊，其實暗含著錯誤的邏輯，這時，我們不要跟他爭辯，只需要冷靜地傾聽，抓住他的邏輯漏洞，透過反擊其身對他進行反戈一擊。

「你真沒禮貌！」在公眾場合，比如捷運、圖書館、咖啡館裡，我們經常聽到有人這樣義正詞嚴地斥責別人，可是，他在公眾面前指責一個人沒禮貌的這種行為有禮貌嗎？顯然不是。抓住這個邏輯，我們就可以有力地回擊他。這就像照鏡子一樣，我們把他的邏輯照給他看，他就會覺得很荒唐。

全球著名投資界大佬達利歐曾說過一句話：「人類最大的悲劇，就是腦袋裡有錯誤的想法，而自己又意識不到。」大多數人在指責對方犯下的錯誤的時候，往往看不到自己正在犯同樣的錯誤。類似的情況還有很多：

一個大聲讓別人安靜的人，他是不是最吵鬧的？

一個不斷要求別人包容的人，他包容嗎？

一個不斷強調要放下的人，他真的放下了嗎？

一個執著於不執著的人，他是不是有更大的執著呢？

明白了這個道理之後，我們不妨用同樣的邏輯反問自己：

當我指責伴侶不愛我的時候，我真的愛他嗎？

當我抱怨伴侶不夠包容的時候，我真的做到包容了嗎？

當我攻擊伴侶身上的缺點的時候，這何嘗不是一個缺點？

當我指責伴侶不夠肯定我的時候，我有肯定他嗎？

當我抱怨伴侶心胸太狹窄的時候，我的心胸有多大呢？

當我認為伴侶不夠溫暖的時候，我自己溫暖嗎？

太極之道講究陰中有陽，陽中有陰；孤陰不長，獨陽不生；陰陽互藏，生生不息。我們自以為正確的，也許並不一定正確，如果能站在這個角度看，很多執念也就消失了。

為什麼成功的事業易得，而幸福的婚姻難求呢？因為事業成功與否，我們會把責任落在自己身上。而婚姻出現問題，我們都會把責任推給對方。

當我們把婚姻的責任推給對方時，也等於把主動權交給了對方，只有自己承擔責任，我們才能拿回生命的主導權，讓責任回歸，才是幸福婚姻的關鍵。所以，當你抱怨伴侶，對伴侶感到失望，打算背棄當初承諾的時候，請你用「反擊其身」的方式問問自己，也許你對自己的親密關係就會清醒很多。

既然承諾是人類理性的選擇，那麼只要我們能夠回歸理性，就會增加承諾，讓愛穩定持久。

因為這部分內容我在另一本書中講過，所以，這裡就不展開闡述了，如果想了解更多理性思維的方法，請閱讀我的另一本書——《別人怎麼對你，都因為你說的話》。

但願大家看清楚了婚姻的真相後，依然熱愛你的伴侶、你的家庭。

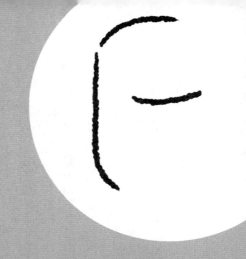

結語

完美與卓越：愛的終點不是完美

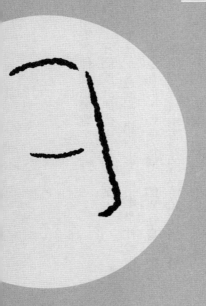

完美的愛情人人都嚮往。可是，完美的愛情和婚姻為什麼這麼難？關於愛情和婚姻，作家周國平曾說過這樣一段話，我們或許能從中找到答案：「性是肉體生活，遵循快樂原則。愛情是精神生活，遵循理想原則。婚姻是社會生活，遵循現實原則。這是三個完全不同的東西。婚姻的困難在於，如何在同一個異性身上把三者統一起來，不讓習以為常麻痺性的誘惑和快樂，不讓瑣碎現實損害愛的激情和理想。婚姻的困難在於，婚姻是一種社會組織，在本性上是要求穩定的，可是，作為它的自然基礎的性愛卻天然地傾向於變易，這種內在的矛盾是任何社會策略都消除不了的。面對這種矛盾，傳統的社會策略是限制乃至扼殺性愛自由，以維護婚姻和社會的穩定，中國的儒家社會和西方的天主教社會都是這種做法。這樣做的代價是犧牲了個人幸福，曾在歷史上——在較弱的程度上仍包括今天——造成無數有形或無形的悲劇。然而，如果把性愛自由推至極端，完全無視婚姻穩定的要求，只怕普天下剩不下多少倖存的家庭了。」

這番話可謂是醍醐灌頂，一針見血地道出了婚姻難的真相——羅伯特·史坦伯格告訴我們，完美的愛情和婚姻是激情、親密和承諾的完美組合，可是，有多少人的愛情和婚姻是恰如其分地同時具備愛情三要素呢？

有多少完美的愛情我不知道，我知道的是我自己的婚姻並不完美。

還記得在「承諾：讓親密關係可以長久的力量」那一章我講過的吳源澤的故事嗎？有一次我跟我太太與吳源澤和他的某一任太太一起吃飯，沒想到這頓飯成了我婚姻的一個魔咒。為什麼會這樣呢？

在這頓飯中，吳源澤的表現堪稱完美，可謂是暖男的教科書，從幫太太開門、拉椅子、脫外套，到挾菜、倒茶、清骨碟，就連裝好的湯也要先試過溫度適合才端給太太，這一幕被我太太當成了標準。老天，如果不是我太太經常拿這來說，我還真不知道有如此多的細節。

我太太所不知道的是，吳源澤先生對他太太如此，對其他漂亮的女士也是如此，正如他說的：「我對每一個女人都是真愛。」

也許生活中有不少人跟我太太一樣，要求伴侶既要像吳源澤對太太那樣體貼、浪漫，又要忠誠、承諾，同時還要充滿激情。我們總會看到自己伴侶缺失的部分，羨慕別人伴侶擁有的部分，於是，在婚姻中總是充滿了失望。

完美愛情是親密、激情、承諾這三個要素的完美組合，但事實是，並不是所有的愛情都能滿足這三個要素。因為親密、激情和承諾這三者之間既有相互支持的部分，也有相互衝突的部分，所以，在本書的最後，我想讓你看清真相。

1. 親密與激情

難以在夜晚去親吻整天對我謾罵的嘴唇。

——Notorious Cherry Bombs合唱團

美國歷史頻道曾經拍過一個紀錄片《一週性愛改善實驗》，節目組每一集都會邀請兩對夫妻參加這個性愛實驗，讓他們在實驗的一週中，無論白天發生了什麼，是否爭吵，晚上都必須要互相調情，談性做愛。一週之後，在大多數夫妻之間都發生了神奇的改變：那些平時爭吵不斷的夫妻，關係變好了；那些冷戰多年的夫妻，開始變得無話不談了；那些從不做家務的男性，開始幫助太太分擔家裡的工作了。

為什麼這些問題夫妻，沒有經過專業的心理諮詢，只是純粹完成任務般地完成每天的性愛功課，親密關係就會發生改變呢？

原來，親密與激情有相互促進的作用：激情後會分泌特定荷爾蒙讓關係變親密；親密會產生激情荷爾蒙讓你更加激情。這兩者就像雞與蛋一樣，不管先有了哪一個，都會自然誕生另一個。

既然是相輔相成的，那反過來也一樣，任何一個破壞後，都會直接影響另一個。親密關係破壞後，激情也會被破壞，就像Notorious Cherry Bombs合唱團那句經典的歌詞那樣：

「難以在夜晚去親吻整天對我謾罵的嘴唇。」同理，激情遭到破壞後，親密也無所依存，這就是那些無性婚姻最終會走向破裂的原因。

親密與激情也會有相互制約的作用。愛情需要有親近感，但太過於親近會讓性變得死寂，因為保持激情需要距離感和神秘感。

2. 親密與承諾

親密與承諾的關係也是相輔相成的，承諾是親密的保證，承諾會讓伴侶更有安全感，有助於親密關係的建立。同時，親密的關係會讓人更容易遵守承諾，因為親密的關係會生產一種吸引力，讓人更願意留在關係中。

3. 承諾與激情

承諾與激情是矛盾的關係，因為，承諾，是砌牆，是安全的需要；激情，是拆牆，是擴展的需要。關係需要安全，但安全會破壞活力，所以，激情需要在系統平衡的框架內，承諾需要在雙方協商中盡可能地拓寬框架。

長久的愛情需要承諾感，可是，激情浪漫的愛情往往需要變化。

所以，當你的伴侶對你忠貞不二的時候，你又會覺得自己的愛情和婚姻少了點浪漫和激情；當你的伴侶體貼浪漫、情感細膩的時候，你又會覺得自己的愛情和婚姻少了一份安定和安心。

在親密關係裡，我們是很難同時具備親密、激情和承諾這三個要素的。這就是完美的愛情和婚姻之所以難的根本原因所在。

世間沒有完美的伴侶，更沒有完美的愛情和婚姻。那為什麼有的人把婚姻過成了愛情的墳墓，有的人卻把婚姻過成了滋潤愛情的陽光雨露呢？關鍵在於你是否能做到覺察和接納。

你能否在婚姻中保持一份覺察？

所謂覺察，就是看清楚自己的婚姻真正存在的問題。

儘管愛情千差萬別，但現實生活中的愛情都是由親密、激情、承諾這三個要素組合而成的，不同的組合方式表現出了不同的愛情類型。比如說：

完美的愛是激情、親密和承諾三者兼而有之——這是人人都在追求和嚮往的；

只有親密的愛，僅僅只是喜歡——這種喜歡跟喜歡某個寵物、某個心愛物品並無多大差別；

只有激情的愛，就像煙花一樣來得快，去得也快；

只有承諾的愛是空洞的愛，家就像旅館，兩個人都活得各自冰冷；

浪漫之愛有親密、有激情，卻少了帶來安全感的堅定承諾；

陪伴之愛，有承諾、有親密，卻少了份激情和樂趣，兩個人就像左手摸右手；

當婚姻生活有承諾、有激情，卻少了親密時，這樣的愛又走不長遠；

如果三個元素都缺失，那就是無愛，這樣的婚姻還有什麼意義呢？**所有的愛情和婚姻問題，都可以歸因於某個要素的缺失**。只有當我們看到了自己的婚姻缺少了哪個元素時，我們才能對婚姻狀況做出調整，讓婚姻變得更幸福。

沒接觸心理學之前的團長也不懂得覺察，只會憑著自己的本能去愛，結果，我掏心掏肺的付出得到的卻是太太的不斷抱怨——「你不愛我」。當時的我也不理解，我把自認為最好的都給了我太太，結果她卻說我不愛她。

學習心理學之後，我覺察到了我太太抱怨的真正根源——我的婚姻有親密、有承諾，但是，我太理性、太冷靜了。人一旦過於理性，就很難浪漫起來。

看見是改變的開始。當我覺察到自己的婚姻缺少了激情之後，我便經常有意地製造一些浪漫帶給我太太驚喜。自此之後，我發現，我太太的抱怨越來越少了，我們之間的關係也開始有了一點點的浪漫。

我可以做到，你當然也可以。具體怎麼做呢？簡單說就是缺什麼，就去補什麼。比如說，當你覺察到自己的婚姻過於平淡、單調時，能有意地將與激情有關的元素，如專注、未知和挑戰、變化和創新、想像和神秘等重新植入到自己的親密關係中，喚醒激情；當你覺察到自己的親密關係不夠親密時，有意識地卸下層層防衛和盔甲，開始與伴侶談感受，談觀點，談需求和渴望；當你覺察到自己的婚姻缺少承諾的時候，能主動做出一些改變來增進親密關係中的承諾感……

當你覺察到了這一點，並有意識地去改變自己的時候，我敢保證，你的婚姻一定會越來越美好。

你能否接納伴侶的不完美、婚姻的不完美？

親密關係中的絕大多數問題和矛盾，其實都源自無法接納對方的不完美。比如說：

我習慣於家裡乾乾淨淨、井井有條，你卻老是丟三落四；

我習慣於吃飯的時候安安靜靜的，你卻說個不停太討厭；

擠牙膏大家都是從末端開始擠，你卻硬要從中間開始擠；

我理想中的伴侶應該是上進的、努力的，你卻沉迷於遊戲不思進取。

不接納的結果就是，這些生活瑣事就像火苗一樣，一點就著，甚至會形成燎原之勢，讓你的婚姻生活不得安寧。

每個人都是不完美的。既然愛情和婚姻注定不能完美，那我們該怎麼辦呢？我們需要做的，不是去尋找一個能給自己親密、激情和承諾的所謂「完美伴侶」，而是去接納伴侶的不完美、婚姻的不完美。

雖然這世界上並不存在所謂的「完美」，但我們可以去追求卓越。而讓婚姻變得更加美好的唯一方法是——去成長、去行動。如何成長、如何行動呢？我們整本書都在回答這個問題。相信大家看到這裡，心中已有答案。

最後，團長送給大家一句話，不管你結婚與否，不管你的婚姻狀況如何，不管你的婚姻正處於多麼難的一個境地，請你永遠相信，人是活的，只要生命還在，一切都有可能改變。只要你願意學習，只要你願意成長，只要你願意去付諸行動，我相信，你將會獲得最適合自己的「卓越愛情」。

附錄

沒有壞人，只有病人

01

某網站曾做過一次調查：「你在什麼情況下會選擇離婚？」

有十個選項：

①當我覺得我自己走了九十九步，而他卻一步也未曾向我靠近的時候。

②對話只剩下：哦、好、嗯、知道了。

③發現自己沒有他，反而過得更好了。

④找我借錢的時候。

⑤失望太多次，終於絕望。

⑥沒有過得更好，一直在過得更壞。

⑦你看了他一下午，他看了手機一下午。

⑧得不到回應。

⑨當發現自己連爭吵、解釋的慾望都沒有了，只想安安靜靜睡一會兒的時候。

⑩等對方關心，等到心灰意冷不想自我折磨了。

調查中，所有網友選得最多的是第六項：兩個人在一起後，沒有過得更好，反而過得更壞。

作家蘇更生說：「愛情是一場不斷爬樓梯，向上親吻到星空的運動；如果你們不斷向下，連大地的花草都失去的話，愛情就會成為一場悲劇，愛情就是墳墓。」

以我二十多年的心理導師經驗來看，把愛情換成婚姻也是一樣的。人們總說婚姻是愛情的墳墓，大多都是因為越走越向下，沒有過得更好，反而過得更壞。

為什麼會這樣呢？我們又該如何避免讓婚姻向下墮落，而是不斷地向上爬，觸到星空呢？

02

我們來看這樣一個案例。

記得有一次我在江西開授「重塑親密關係」課程，課堂上的付新和李霞夫妻，相戀七年才決定結婚，但沒承想，才結婚三年，婚姻就變成了愛情的墳墓。

在做夫妻諮詢前，我一般會先問當事人，婚姻遇到了什麼難題，很多人這時都會拿起話筒一頓抱怨，而付新卻只說了三個字，這三個字，讓全場都安靜了下來，也讓坐在他身邊的李霞把頭垂得更低，他說的是：

「她出軌！」

我問李霞，丈夫說的是真的嗎？她羞愧地點了點頭，後來解釋道，她和對方並沒有發生關係，只是經常一起聊天解悶，自己還會給對方錢花。但是，「我並不愛他的，我不是認真的，我……」

付新聽到後，厭惡地把頭轉向一邊，顯然對這些說辭他已然厭倦，覺得這只不過是藉口罷了！

同時，他舉起話筒無奈地說：「我自己就是諮詢師，我的妻子還出軌……這一切還有什麼意義……」

李霞也忍不住了：「就是因為你是諮詢師，你天天都把時間花在來訪者身上，你的愛都給了他們。那我呢？我知道我對不起你，但是……我也需要你啊……」

「別找藉口了！錯了就是錯了！別把責任推到我身上……」

「停！」我打斷了付新的話，安撫他先冷靜些，讓妻子把話說完。我已經感覺到了，李霞說的不是所謂「藉口」，恰恰是這段婚姻差點破碎的關鍵。

李霞繼續說：「我去年辭掉工作，準備今年和朋友一起做服裝生意，沒想到碰上疫情……一轉眼我就在家待了三個月，好不容易可以開始正常做生意，但我們原本二十多人的團隊，縮減到現在只剩三個人，我扛的事情越來越多，壓力好大，經常晚上想回來和你聊聊天，想你像以前那樣親親我、抱抱我，但是你一回家就說自己累了，我要是有什麼委屈，都不敢和你說……」

我想，很多人可能看到這裡會為付新感到不平。明明自己被「綠」了，還要回過頭來聽這些牢騷。

但我們如果只是揪著某個「過錯方」的行為不放，而不去看背後的原因，除了得出一個「婚姻就是圍城」的結論，對生活又有什麼幫助呢？

婚姻破碎，家庭不和，孩子失去了父親或母親，這難道就是我們想看到的嗎？團長不是想教大家什麼大道理，只是不希望看到更多人，僵化地用一些有限的理解與應對方式，自己深挖婚姻的墳。

如果你已經認定，渣男（渣女）就該天誅地滅，即使是自己的伴侶，那這篇文章你不用往下看了。但如果，你真的想看看背後的原因，對未來還有所希冀或者希望以後自己的關係不要踩坑，那麼，接下來的內容，值得你好好閱讀。

03

我請李霞在台下找人扮演她的父母，用薩提亞雕塑的手法，帶她去探尋自己的內在。

講台上，李霞的爸爸（扮演者）和媽媽（扮演者）都用手指著她，呈指責的姿態。而她（扮演者）則是單膝跪在地上，呈討好的姿態，淚眼婆娑地望著自己的父母。

原來，李霞生長在一個重男輕女的家庭，她剛好趕上了計畫生育的浪潮。爸媽一直覺得她占了「名額」，她媽懷孕時，還聽鄉下奶奶的話，冒著胎兒畸形的風險吃了「轉胎丸」，希望生下的是個兒子。

結果，她非但不是男孩，還自幼體弱多病，更招父母嫌棄。

後來，父母以上班繁忙為由，把她託付給鄉下奶奶照顧。奶奶也想抱孫子，對她也是冷言冷語，說她柔柔弱弱幹不了活就算了，還白吃家裡那麼多飯，拿去餵豬都更有用。

所以，從小，她受了委屈也不敢和人說，只能夜裡默默流淚。

直到遇到丈夫，她的心門才被打開。心理諮詢師出身的他，懂得共情，也懂得關懷。總能聽她訴說傷心的過往，夜裡聽她打電話可以聽好幾個小時。天冷了，還親自下廚，坐公車從城南到城北給她送「秋天第一碗熱湯」。

她覺得自己簡直是世界上最幸福的女人，但由於沒有安全感，她一直不敢踏進婚姻的門，因為她聽過太多人說，婚姻是愛情的墳墓，可是一晃七年了，他對她依然溫暖，她告訴自己，這個男人是值得的，於是，走進了婚姻的殿堂。

可隨著孩子出生後，丈夫的影響力也越來越大，生意也越來越好了，工作事務更加繁雜，接診的病人也越來越多，常常一整個週末都要待在諮詢室。而當丈夫休假時，她卻要去上班。

就這樣，一天天，一夜夜，她只能守著空房過日子。小時候那種寂寞無助的感覺又襲來了，也就是這時，一個男下屬走進了她的生活，她知道自己不愛他，但這個比她小的男人太會關心人了，跟當年交往時的丈夫一樣，彷彿找回了那些失去的愛，於是她明知這樣做有負丈夫，但依然身不由己，甚至明知對方只是想向她要錢，也依然無法自拔。

04

當做完這個雕塑後，我的眼前已經出現了妻子李霞的冰山，也順勢找到了她「出軌」的原因之所在——內在的匱乏。

從薩提亞女士發展出來的「冰山原理」中，可以看出行為背後的種種原因。**如果關係出現問題，往往是因為彼此看不到對方行為背後的深層「需求」**。

我們每個人就像一座漂浮在水面上的巨大冰山，能夠被外界看到的行為表現或應對方式，只是露在水面上很小的一部分，大約只有八分之一露出水面，另外的八分之七藏在水底，這八分之七，才是影響我們關係的關鍵。

李霞因為從小缺愛，在渴望層面上形成了一個巨大的空洞，就像一個飢餓的人，會不由自主地尋找食物一樣，總在尋找一個能彌補當年失去愛的人。當她遇到從事心理諮詢師的丈夫時，心理諮詢師那受過訓練的、具有特強共情能力的溫暖品質，一下子滿足了她精神上的缺失。所以，當年她與丈夫的結合，並不是愛，是「錯把需求當成愛」的典型。

結婚之後，丈夫忙於工作，不能再像戀愛時那樣滿足她的渴望了，於是，內心深處的匱乏感再次浮現，特別在工作遇到壓力的時候，那種需要被愛的匱乏感就會更加嚴重。碰巧這個時候，有另一個溫暖的男性出現在她的生活裡，讓她感覺到被愛、被看到、被理解、被重視，於是，她和這位男士發展了極其曖昧的關係（行為）。

李霞的情況並不是特別的，很多婚姻出軌的案例都有同樣的原因。那些千夫所指的「渣男渣女」，與其說他們是壞人，不如說他們是病人，是在成長過程中由於缺愛而在內心留下一個空洞的病人。

為了填滿內在那顆匱乏的心，很多人都會做出社會倫理所不能容忍的「壞」行為。比如：

那些在家庭、學校備受指責的學生，會沉迷網路遊戲，因為在虛擬的世界裡，比在現實的世界更容易獲得成就感。

那些在關係中傷痕纍纍的人，會沉迷於酗酒、毒品、賭博、性等行為，因為這些上癮性的行為可以暫時麻醉自己，可以暫時不用去面對關係中的痛苦。

還有，那些備受讚譽的工作狂，其實也是這一類心病所導致，那些自小缺愛的孩子，長大後往往會沉迷工作，因為工作上的成就能夠暫時填補一下那顆匱乏的心。

這類病人有一個共同的特徵，他們在人際關係中無法獲得足夠的心理營養，只能牢牢抓住那些便捷的填補方式，比如婚外情、性、酒、遊戲、毒品、工作等來暫時性地告別痛苦。這樣做表面上看好像能夠緩解缺失的痛苦，但事實上反而會讓問題變得更加嚴重，帶來更大的空虛，這就是大多數上癮症背後的原理。

而在婚姻中，這種空虛、匱乏的感覺跟毒癮是一樣的。明知道婚外情不好，但是它總能誘惑你、提醒你，滿足它會有多少快感。

精神上的匱乏通常是童年落下的病根，一個人在成長的過程中如果心理營養不足，也就是說被愛的需求一直得不到滿足，就會產生強烈的匱乏感。一個心理營養不足的孩子，長大成年後就會把當年從父母那裡得不到的需求轉移到伴侶身上，潛意識裡總渴望對方能成為那個完美的客體，看到「我」，滿足「我」。當對方滿足不了自己時，就會在婚姻外尋求滿足，就像是一個餓了的人，一定要去尋找食物一樣。

所以，「壞人」，不過是「病人」而已！那些所謂「渣男渣女」，只不過是一群精神「飢餓」的病人。

05

這聽起來有些「無望」，讓人覺得「不敢再愛了」。因為我們常常聽到這樣的言論：「因為我從小沒有被愛，或者現在我沒有在愛中，所以我也不能去愛人。」

但其實，缺少愛的經歷和滋養，不等於缺少愛的能力。只要找到「病因」，我們就有重新獲得幸福的可能。

經歷會影響人，但不能決定人。如果你的身邊有這樣的「病人」，該怎麼辨呢？

第一，喚醒你的慈悲心。

「壞人」的內在是「病人」，當你能夠看到這一點，你的慈悲心就會生起。

請你想像一下，如果你的伴侶生病了，你會怎麼做呢？除非你是一個惡毒的人，否則，我相信你會對他照顧有加，因為你愛他，希望他能早日康復。可是，絕大多數人對心理上有病的人，不僅不會關愛，反而會落井下石、雪上加霜。為什麼會這樣呢？

原因只有一個，因為我們看不到他是個病人，在我們眼中，他只是個壞人，是渣男、渣女！

第二，療癒或者離開。

當雙方褪下情緒的外衣，明瞭彼此內心真正的感受和渴望，看到了行為背後的核心，面對全新的彼此，你可以做一個明智的抉擇。

如果你還愛對方，或者你還在意共同創建的那個曾經溫暖的家，還在意共同擁有的孩子和親人們……你可以選擇去幫助對方療癒他那顆受傷的心，就像你會願意幫助你的伴侶治癒他患病的身體那樣。只要傷口癒合，受傷的靈魂得以治癒，失去的愛就能回來，瀕臨破碎的家也會重現溫暖，煥發生機。更重要的是，那個差點失去家庭溫暖的孩子，又可以擁有一個幸福的成長環境，不再需要用一生去療癒他不幸的童年。

當然，如果你看清楚真相後，選擇分手，也是可以的，我尊重你的任何選擇。只是，在選擇之前，也請你看清楚自己的冰山，看看自己是否跟對方一樣，也是個病人，也有一個由匱乏造成的洞，也在同樣渴望著別人填滿……如果真的是這樣，那麼，在選擇分手前，最好先療癒自己。否則，帶著創傷是很難找到幸福的。不僅如此，還會繼續禍害他人，何苦呢？

兩個人既然在一起，何不彼此顧念？每個人都渴望被愛，正如我們自己也渴望被愛一樣。

一個受傷的人，最需要的不是被指責，而是有人能夠幫他包紮傷口。如果連他的家人都不願意幫他療傷的話，又有誰願意為他療傷呢？如果每一個家庭都把受傷的人推向社會，那我們所處的社會會變得如何呢？也許，這就是為什麼社會上「渣男渣女」越來越多的原因吧。

06

在幫李霞、付新夫妻做了一些家庭重塑的治療工作後，我給付新留下了一個小小的功課。

我問他：「你是專業的諮詢師，以前是因為當局者迷，你看不到太太是個病人，現在你已經清楚地看到這一點了，在你做是否離婚的決定之前，你願意先把她當成你的客戶，為她療癒內心的創傷嗎？」

付新：「我願意。」

團長：「以你的專業水準，你需要多長時間？」

他想了一想說：「一年吧。」

但願他在接下來的一年時間裡，像對待他的來訪者那樣對待他的太太。當然，我知道這是一件不容易的事情，但為了他們共同的孩子，也為了未來的幸福，再難，也是一件值得做的事情。

我明白，和一個「病人」相處不容易。但是，路仍然在你的腳下，而我也相信，愛始終在你的心中。如果不愛，請別互相傷害；如果很愛，請愛夠一世春暖花開。

如果非說婚姻是愛情的墳墓，那這座墳一半是父母挖的，另一半則是自己挖的。當兩個人都只是停留在行為層面去互動，沒辦法穿越冰山看到對方的痛苦，只會把這座墳越挖越深，最終埋葬了自己，埋葬了家庭。

美國著名心理學家埃里希．佛洛姆在《愛的藝術》中說：成熟的愛是我愛你，所以我需要你；是一個成年人可以用自我負責的方式，更真實地看到對方和自己。

如果你願意學習心理學，願意療癒，讓自己成長，同時用對待自己的方式去支持伴侶的成長，即使父母當年幫你挖了一個深坑，你們也可以選擇在坑上種一棵大樹。只要你們願意共同培育這棵大樹，它一定會回報你們幸福的果實。

國家圖書館出版品預行編目資料

別人怎麼愛你，都因為你怎麼愛自己/黃啟團著.
-- 初版.-- 臺北市：平安文化, 2022.12面；公分. --
（平安叢書；第748種）（溝通句典; 58）

ISBN 978-626-7181-45-4（平裝）

1.CST: 戀愛心理學 2.CST: 兩性關係 3.CST: 成人心理學

544.37014　　111020694

平安叢書第 0748 種
溝通句典 58

別人怎麼愛你，都因爲你怎麼愛自己

作　　者—黃啟團
發 行 人—平　雲
出版發行—平安文化有限公司
台北市敦化北路 120 巷 50 號
電話◎ 02-27168888
郵撥帳號◎ 18420815 號
皇冠出版社（香港）有限公司
香港銅鑼灣道 180 號百樂商業中心
19 字樓 1903 室
電話◎ 2529-1778　傳真◎ 2527-0904
總 編 輯—許婷婷
執行主編—平　靜
責任編輯—張懿祥
美術設計—嚴昱琳
內文插畫—馮聖欣
行銷企劃—許瑄文
著作完成日期— 2022 年
初版一刷日期— 2022 年 12 月

法律顧問—王惠光律師

讀者服務傳真專線◎ 02-27150507
電腦編號◎ 342058
ISBN ◎ 978-626-7181-45-4
Printed in Taiwan
本書定價◎新台幣 380 元 / 港幣 127 元